인간 면허증

사람이 사람답게 사는 길
사람다운 사람이 되는 길

백규인 지음

울도국

목 차

책을 쓰면서

세상이 너무 어지럽다. 아니 세상이 너무 불안하고 무섭다.

평범하고 순수한 일반인들이 사고하고 생활하는 모습과는 전혀 다르고, 일반상식과는 너무나 먼, 최소한의 기본적인 인간의 모습을 저버리기도 하는 사건/사고들이 하루도 걸러 본 적이 없는 불안과 공포의 세상에서 살아가고 있다.

그것도 도둑이나 소매치기 같은 단순한 사건들이 아니다. 흉기를 소지한 강도는 말할 것도 없고, 날마다 수없이 일어나는 성폭력 범죄들을 비롯해서 사람을 죽이는 것이 그냥 일상인 것처럼, 아무런 죄의식이나 고민이나 망설임도 없이 저질러지는 살인 사건들이다.

살인 사건의 행태를 보면 평생에 한 번 어쩌다가 실수로 저질러지는 것이 아니다. 하루에 두 세 명도 아무런 죄의식 없이 죽이는 경우도 허다하다. 아는 사람끼리도 그렇고 아무런 관계도 없는 모르는 사람에게도 가해를 한다.

그런가 하면 자식이 부모를 죽이기도 하고, 부모가 자식을 그렇게 하는 경우도 있는가 하면 형제간에도 자주 일어나곤 한다. 참으로 어이가 없고 한심하고 답답하기 그지없는 세상에 우리는 그들과 하늘을 향해 머리를 맞대고 살아가고 있는 것이며 살아갈 수밖에 없는 것이다.

사소한 금전적인 문제가 있는가 하면 자신의 성적인 쾌락을 목적으로 사람의 목숨을 쉽게 유린하는 철면피들이 있기도 하고, 알량한 자존심 때문에 연루된 사고도 있고, 사회적인 불만을 불특정다수에게 표출하는 경우도 있는가 하면 심지어는 층간 소음에 의한 시끄럽다는 이유만으로도 사람을 죽이는 그야말로 인간이기를 포기한 사건들이 매일같이 다반사로 일어나고 있다.

이런 말로 표현하기도 어려운 다양한 사건/사고들을 보면서 인명경시니 인간의 존엄성 상실이니 하는 고상한 용어만 사용하는 것은 사치인 것 같다.

뭔가 사회적인 운동이 일어나든지 제도적인 장치를 마련하든지 해야지 현행법의 테두리에만 의존해서는 해결이 안 되고, 영원히 이런 불안정 속에서 몸을 도사리면서 "오늘도 아무 사고 없이 지냈으니 다행이다."라고 안주하면서 그렇게 살아가는 것은 아니지 않는가 하는 생각을 지울 수가 없다.

필자도 사회구성원의 한 사람으로서 이런 제반 문제들에 대해 불안하고, 걱정스런 마음을 가지고 어마어마한 스트레스 속에 살면서도 현행법에만 의존하는 것 가지고는 해결책이 안 되겠다는 생각을 하면서도 뾰족한 해결책이나 방법이 없다는데 늘 어떤 한계 같은 것을 느끼면서 그냥 그렇게 살아왔다. 개인적으로는 "법이 바로 서야 나라가 바로 선다."라는 주제 하에 사형이 선고 된 사람들에 대해서는 서릿발같이 집행을 하면 자기 목숨도 죽임을 당할 수 있다는 생각들을 갖게 되면서 살인 행위는 조금 자제되지 않겠는가? 라는 취지로 법무부

장관에게도, 청와대 대통령님께도 건의를 해보기도 했지만 늘 명쾌한 답을 듣지는 못하였다.

아무튼 인간에 대한 전반적인 문제들을 한번 짚어보고 종합적인 해결책은 없을까 하는 안타까운 마음으로 오랫동안 고민해오다가 인간에게 어떤 자격증, 어떤 면허증제도를 적용하면 어떨까 하는 엉뚱한 생각에 이르러 책으로 한 번 엮어서 뜻있는 사람들에게 호소함으로서 공감대를 확산하고, 다문 한 사람이라도 바른 인생을 살아가고자 하는 사람이 늘어남으로써 밝고 명랑한 사회, 맘 편히 살 수 있는 안전한 사회를 이룩하는데 일조 할 수 있기를 바라는 마음으로 펜을 들기에 이르렀다.

졸작이 독자들에게 도움이 안 되는 것 아닐까 하는 의구심도 없는 것은 아니지만 공감하는 사람이 단 한 명이라도 있게 된다면, 그래서 그 한 명이 다른 한 명에게라도 전파하고 싶은 마음이 들게 된다면 필자는 소기의 목적이 달성된 것으로 위안을 하려한다.

제 1 장
인체(人體)는 어떻게 구성되어 있는가?

　인간을 논하기 전에 자기 한 몸은 어떻게 구성되어 있는가? 그 기본부터　알아보는 게 먼저라고 생각된다.

　인체는 하드웨어와 소프트웨어의 융합체로서 하드웨어인 육체와 소프트웨어인 정신으로 구성되어 있다. 인체를 일컬어 육신이라고 하는 것은 몸과 마음의 합성어인 것이다.

　물리적으로 육체는 60조개가 넘는 천문학적인 숫자의 세포로 구성되어 있는데 그 많은 세포들을 소프트웨어인 뇌가 컨트롤 타워 역할을 하면서 조정, 통제를 하고 있다. 그 세포들이 매일 100억 개 이상이 수명을 다하여 죽고 다시 대체되는 세포가 태어나는 반복 속에서 신체는 유지되고 있다.

　물론 인체를 구성하고 있는 기관들마다 세포의 수명은 다 다르다.
예를 들자면 간세포는 20일 정도이며, 피부는 28일, 근육은 7-8개월, 뼈 세포는 2년 정도이고, 뇌세포는 평생 그대로 유지된다.

이런 과정에서 매일 새로 태어나는 세포들이 건강하고 튼튼한 세포가 태어나면 건강을 유지하게 되는 것이지만 만약에 병들거나 건강하지 못한 나약한 세포가 태어나면 주변의 다른 건강한 세포를 오염시키게 되고, 일상생활 속에서 접하게 되는 각종 나쁜 환경들에 대해 적응하지 못하거나 면역성이 약해져서 질병을 유발하게 되는 것이다.

이처럼 우리 육체는 사람으로서는 상상하거나 인지할 수 없을 정도로 복잡하고, 미묘하고, 섬세하게 구성되어 있으며 이외에도 조금 더 전문적으로 들여다보면 놀랍게도 우리가 살고 있는 지구 구조와 똑같이 생겼다는 것을 알 수 있다.

● 이해를 돕기 위해 지구와 인체를 비교해서 소개해보자면

구분	지구	인체
구조	5대양 6대주	5장 6부
거리	지구 둘레 96,000km	인체 혈관길이 96,000km
수분	물 70 % 점유	수 분 70%
계절	4 계절	4 지
개월 수 (간지)	12 개월	12 간지
일수(경락)	365일	365 혈
구성	흙, 돌(바위), 물, 숲(나무)	살, 뼈, 수분, 털

어떤가? 신비롭고 경이롭지 않은가? 이토록 오묘하고 신비한 인체를 일컬어 소우주라고 하는 것이다. 비록 몸은 내 몸이지만 내 맘대로 해서도

안 되고, 함부로 할 수도 없는 존재라는 것을 알아야 하는 것 아니겠는가?

그뿐인가 인체의 내부조직들은 자율신경계통이라 하여 뇌의 지시나 명령 없이 자동적으로 움직이고 활동한다. 그런 반면에 신체의 외부조직들은 뇌의 지시나 명령에 의해 움직이며 외부자극에 대해서도 뇌로 자동 보고되는 시스템을 유지하고 있는 것이다. 이 외부조직이란 오감기능을 가지고 있는데 보는 것, 말하는 것, 듣는 것, 냄새를 맡는 것, 맛을 느끼는 것 등이 그것이다. 아프다거나 가려운 것, 간지럽다거나 쓰라린 것 등 육안으로 볼 수 있고 만질 수 있고 알 수 있을 것 같은 육체만 해도 이토록 사람이 알 수 있는 경지를 초월하고 있는 것이다.

그런데 정신은 어떻게 설명할 수 있으며 뇌(머리)는 어떻게 설명할 수 있겠는가? 형태도 없고, 보이지도 않고, 알 수 있는 영역도 아닌 정신세계에 대해 단 한 점, 단 한 부분이라도 자신 있게 안다고 말 할 수 있겠는가?

또한 가슴은 어떠하며 마음이라는 것에 대해 알 수 있다고 생각하는가?

기분이 좋거나 나쁜 것, 감정이 상한다느니 기쁘거나 슬픈 것, 재미가 있거나 없는 것, 상쾌하거나 불쾌한 것, 신바람이 나거나 우울한 것 등 이런 형이상학적인 현상들에 대해 사람이 알 수 있겠는가?

이토록 오묘하고 신비스런 육신임에도 불구하고 우리 인간은 이 육신을 잘 운용하는 법을 배워 본적도 없고, 배움의 필요성을 느껴 본적도 없으며 인간으로서의 아주 기본적인 역할이나 기능 그리고 사회구성원으로서의 책임이나 의무에 대해 피부에 와 닿게 공부해 본적이 없다.

이렇게 말하면 독자들은 무슨 소리냐? 학교에서 다 배울 만큼 배웠지 않느냐? 라고 의아심을 갖고 반문하시는 분이 계실는지 모르겠지만 우리는 그런 것을 배웠다 하더라도 시험목적으로 도덕이나 윤리시간이나 사회과목 등에서 아주 얕은 것들을 수박 겉핥기식으로 조금, 아주 조금 배우긴 했을 것이다. 그러나 시험만 치르고는 다 반납했지 사회인으로서 필요한 부분에 대해 절실하게 필요성을 느끼도록 공부해 본적이 없었다.

때문에 육신을 잘 운용하는 방법도, 요령도 모르고 살아가고 있다고 생각하는 것은 무리인 것일까? 말하자면 무면허 인간 운전자들 속에서 뒤범벅이 되어 살아가는 세상이다 보니 상상할 수 없는 일들이 일상사처럼 벌어지고 있는 것이다.

자동차 한 대를 구성하고 있는 구성품은 기껏해야 2~3만 가지에 불과하다고 한다. 그렇게 간단한 기구하나도 운전 면허증이 없으면 운전을 할 수 없다.

비행기 면허증이 어렵겠는가? 우주선 운행요령이 어렵겠는가? 약간의 어려움은 있겠지만 조금만 배우면 운행 못할 것은 없을 것이다. 그런 인간이 발명하고 만들어낸 과학기기들에 비하면 감히 비교할 수 없을 만큼 복잡하고 오묘하고 신비한 인체를 운영하는데 자격증이 필요한가? 면허증이 필요한가? 여기에 인간사회의 어려움이 있고, 비극이 있는 것은 아닐까 하는 생각을 하게 되는 것이다.

모두에 언급했듯이 각종 포악하고 흉악한 사건 사고 속에서 벗어나 보다 안전하고, 편안하고, 포근한 인간의 정서를 느낄 수 있는 사회 환경을 조성하기 위해서는 인간이 제작한 모든 기기에 면허증을 따야 운영할 수 있는 법 조항이 있듯이 인간 자체도 면허증 제도를 도입하여 그 면허증을 발부 받은 사람만이 인간으로서의 가치와 존엄을 인정받고, 사회활동에 참여할 수 있는 어떤 법이나 제도를 만들어 보면 이상적이겠다는 돈키호테같은 생각을 해 보는 것이다.

제 2 장
인생(人生)은 어떻게 전개되는가?

인생!

어떻게 정의할 수 있을까? 사전적 의미로만 간단하게 설명할 수 없는 것이 인생 아닐까? 인생길이라는 말도 하고, 인생행로라는 말도 있는데 인생 행로를 사전에서 찾아보면 "사람이 한 평생 살아가는 길"이라고 서술되어 있다. 그러면 그 한 평생이라는 것은 어떻게 전개되는 것일까? 거기에는 단계가 있다고 생각한다.

그 인생의 단계를 엄밀하게 구분지어 보자면 태어나서 20대까지는 자기 인생이 아니다. 20대 이전의 사람들은 말도 안 되는 소리라고 반항하고 싶겠지만 잘 한번 생각해보면 충분히 공감할 수 있고, 이해가 될 것이다. 어렸을 때는 자기도 엄연한 인간이라고 주장하고 싶고, 확실하게 하나의 인격체라고 믿으면서 살아왔겠지만 인생 전체를 돌이켜 세심하게 들여다보면 태어나서 20대까지는 엄밀하게 말하자면 인생 준비단계이다.

이때는 인간 아무개가 아니라 인간 아무개의 아들, 딸 아무개로 살아가는 기간이다. 건물을 지을 때는 기초공사를 한다. 그 기초가 튼튼해야 건물의 안전은 장기간 보장될 수 있다. 지반을 단단하게 다지지 않거나 기반을 튼튼하게 설치하지 않거나 수평이 맞지 않게 된다면 그 건물은 오래가지 못하고 주저앉게 될 것이다. 인생 또한 이런 이치와 한 치도 다를 게 없다. 인생 준비단계에서 어떻게 준비되었느냐에 따라 인생이 좌우되는 것이다.

그런데 이 준비는 자기 스스로 하는 비중보다는 맨 먼저 부모에 의해서 이루어지는 비중이 훨씬 높을 것이다. 다음은 학교의 선생님들도 작용하고, 또한 사회의 모든 환경들도 이들의 성장에 영향을 미치는 것은 물론이지만 자기 스스로 열심히 노력해야 한다. 그러나 그 열심히 받아들이는 부분 자체가 부모의 영향에 의해 좌우된다는 것을 모든 부모들이 명심해야 하는 것이다.

이 때 자녀를 키우는 부모들은 부모의 기대나 욕심을 주입시키려 하면 실패한다. 진정 아이의 미래를 어떻게 살며, 어떤 사람으로 살아가도록 하게 할 것인가, 인생의 종합설계도를 스스로 만들 수 있는 사람으로 키워내야 한다. 높은 사람이 돼야 한다거나 돈을 많이 벌어 부자가 돼야 한다거나 하는 것은 자기의 욕심이지 아이의 인생을 위한 교육은 아니다. 뿐만 아니라 그런 것들이 인생을 잘 살아가도록 하는데 전부는 아닐 것이다. 아이에게 꿈과 목표, 인생의 이상을 갖도록 교육해야 한다. 그리고 이를 위해서 어떻게 해야 하는가를 스스로 터득할 수 있도록 지도해야 하는 것이다.

이렇게 지도되고 난 연후 20대부터 60대까지가 본격적인 자기 인생단계이다. 이때는 아무개의 아들, 딸이 아닌 독립적인 인간 아무개로 살아가는 것이다.

인생길에는 헤아릴 수 없을 만큼의 많은 길들이 있다. 사회에 첫발을 내딛으면서부터 창의적, 도전적인 자세로 창업을 하는 사람도 있을 것이며, 기업체라거나 공직에 취업을 하는 사람 등 다양할 것이다.

이 시기에 인생을 어떻게 살았느냐에 따라 세계적으로 필요로 하는 과학물이 발명될 수도 있을 것이고, 나라를 살찌울 수 있는 기업체를 만들어 낼 수도 있을 것이며, 종교적으로 세계적인 존경을 받는 사람이 될 수도 있을 것이며, 국가를 한 차원 높게 업그레이드 할 수 있는 지도자가 될 수도 있을 것이다.

물론 모든 사람이 다 이렇게 성공적인 인생을 만들어 가지는 못한다. 어떤 사람은 노숙자로 전락하거나 교도소를 들락거리는 실패한 인생이 되기도 한다.

이 시기에는 자기 인생에도 최선을 다해야 하지만 인생을 준비하고 있는 자녀교육에도 전력을 기울여야 한다. 그 자녀를 어떻게 교육하느냐에 따라 남은 인생정리단계가 어떻게 평가받느냐 좌우되는 것이다. 그렇게 자기인생단계는 60대까지로 보면 맞을 것이다.

60대가 지나고 나면 인생 정리단계라고 봐야 한다. 예외적인 경우도 많이 있기도 하다. 80대에 정열적인 인생을 살아가면서 세계적인 명작을 남긴 예술인들이 있기도 하고, 60대 이후에 창업을 하여 성공적으로 기업을 일군 입지전적인 사람들도 있긴 하지만 대체적으로 60대 이후에는 노년기라고 하여 살만큼 살았다고 생각하는 사람들이 대부분이다.

이때는 인간 아무개가 아니라 인간 아무개의 아버지 또는 어머니 아무개가 되는 것을 부정할 수가 없다. 자기 스스로는 부정하고 싶겠지만 사회의 통념이 어쩔 수 없는 것이다.

자기는 인생을 성공적으로 살았다고 자부하더라도 자녀들이 사회의 지탄을 받는다거나 현행법을 위반하여 범법자가 되거나 탈법적인 행위를 하여 언론에 오르내리거나 하는 경우에는 그 지탄을 부모도 감수해야 한다.

우리나라 ㅎ 모 기업의 대표가 아들의 비행을 보호하고, 비호하기 위해 폭력적인 행사를 함으로써 법적으로도 제재를 받았을 뿐 아니라 사회적으로도 상당한 비난을 받은 적이 있지 않았는가?

때문에 인생은 하루 한 순간도 소홀히 하거나 적당히 넘길 수 있는 분야가 없다고 봐도 과언이 아닐 것이다. 죽는 날까지 모든 일, 모든 분야에 최선을 다해도 만족스러울 수만은 없는 것이 인생이 아닐까 하는 생각을 금할 수가 없다.

그러면 이제부터 인생 각 단계별로 깊이 있게 짚어보고자 한다.

1. 인생 준비단계

20대까지는 부모로부터 출생하여 유아기를 거쳐 유년기, 청소년기 등 복잡하고 어려운 과정을 겪으면서 부모에 의해 양육된다. 이때는 인간 아무개가 아니라 누구의 아들, 딸 아무개로 지칭되는 기간이다.

모든 건축물은 기초공사가 중요하다. 기초가 부실하면 건축물은 사소한 태풍이나 풍수해에도 지탱하지 못한다. 와우아파트가 기초공사 부실로 붕괴되었으며 성수대교가 그랬고 삼풍백화점이 그래서 한 순간에 무너진 과거 역사가 있지 않은가?

이 준비를 얼마나 잘 했느냐에 따라 인생이 성공적인 삶이 되느냐 실패자가 되느냐 판가름 나게 된다.

가정환경에 따라 어떤 부모를 만나느냐? 어떤 환경에서 자랐느냐? 에 따라 거의 절대적인 영향을 받게 된다.

작금의 사회현실을 보면 쉬이 공감할 수 있을 것이다.

기업가 집안 자녀들은 기업가로, 정치인 집안의 자녀들은 정치인으로, 교육자 집안의 자녀들은 교육자로 명성을 떨치는가 하면 연예인들의 자녀들은 연예인으로 두각을 나타내는 걸 자연스럽게 볼 수 있지 않은가? 그것이 성장환경이다. 그 성장환경이 인생을 좌우하는 것이다.

이따금 자녀들이 부모의 기대에 어긋날 때 또는 더 심하게는 속을 썩일 때 "자식이 아니라 원수"라는 표현을 쓰는 경우를 종종 보는데 그 원수를 누가 만들었는가? 옛말에 "부모가 온 효를 해야 자식이 반 효를 한다."는 말이 있는데 결국 효자를 만드는 것도 부모요, 원수를 만드는 것도 부모 자신인 것이라는 걸 모든 부모들이 알아야 한다.

교육 분야에서 심도 있게 다루겠지만 인생의 준비단계는 단순하게 가정이나 부모의 교육만으로 좌우되는 것이 아니다. 당연히 부모의 능력이나 수준은 절대적이겠지만 학교의 선생님들이나 주변의 사회 환경도 상당부분 영향을 미칠 수밖에 없다는 것을 모든 사람이 공감해야 하는 덕목이다.

어린이나 청소년이 공공장소에서 눈살을 찌푸리는 행위를 하거나 불법적이거나 탈법적 행위를 했을 때 바로잡아주려는 노력을 기울여야 하는 것이 기성세대의 몫이요 의무라는 것을 알아야 한다.

2. 자기 인생 단계

이렇게 준비과정을 마치고 20대가 되면 비로소 자기인생의 단계가 전개되는 것이다. 20대는 자립(自立)을 해야 하는 단계이다.

자립이란 글자 그대로 스스로 설 수 있어야 한다. 자립이란 대개 경제적으로 해결할 수 있는 능력쯤으로만 생각하기 쉬운데 의식주는 물론이지만 스스로 생각하고, 말하고, 행동하는 모든 것에 대해 자기 자신이 책임을 지는 것을 의미한다. 말하자면 자기 스스로 자신의 인생에 대한 책임자가 되는 것이다.

준비단계에서 미흡한 부분들에 대해서는 스스로 보완하고 보강하는 의지도 필요할 것이며 성장하고, 발전하면서 성공적인 인생을 영유하려는 노력을 끊임없이 해야하는 것이며, 맡고 있는 업무는 물론 책임이나 의무에 대해 최상의 상태를 달성함으로써 소속된 기관에 기여해야 하는 것이다. 그 능력에 따라 인정을 받고 보상이 따르는 것이며, 이런 일련의 과정을 통해 인간 아무개로 불리워지는 것이다.

이 과정에서 성공적인 인생도 있고, 실패한 인생도 있을 것이며, 그저 어정쩡한 인생 등 다양한 부류의 인생으로 평가되게 된다. 여기에서 독자들도 느낄 수 있겠지만 자기 인생을 잘 살 수 있는 것이 준비단계에서 얼마나 잘 준비되었느냐에 따라 지대하게 영향을 미칠 수 있겠다는 생각을 하게 될 것이다.

예전에는 직업도 많지 않던 시절이었지만 "개천에서 용난다."는 속담처럼 어려운 환경에서 자란 사람도 사회적으로 성공적인 삶을 살아가는 사람이 더러 있기도 하였지만 오늘날에는 직업도 다양하고, 그 숫자도 부지기수로 많기는 하지만 어려운 가정환경에서 자란 사람이 사회적으로 성공하는 경우는 하늘의 별따기 만큼이나 어려운 것이 현실이다. 오죽하면 금수저, 은수저, 흙수저라는 신조어들이 생겨나며 심지어는 "왕대밭에서 왕대난다."는 자조적인 말들이 회자되겠는가? 아무튼 이런 자기인생의 단계가 60대까지로 봐야 한다.

이 자기 인생단계를 잘 살아야 한다. 매사에 최선을 다해 노년에 후회가 최소화 될 수 있도록 해야 한다.

그러면 어떻게 사는 것이 잘 사는 것일까? 이런 부분에 대해서는 제8장 행동 면에서 짚어보기로 하겠다.

3. 인생 정리단계

세상의 어떤 인간도 세월 앞에서는 장담할 수 있는 것이 아무것도 없다. 정신없이 아등바등 살아온 인생, 절대 늙지 않을 것 같고, 노후에 대해서는 생각도 안 해보고 열심히만 살아왔지만 자기도 모르게 어느덧 60대는 오게 되어 있다.

자기 인생의 단계에서 성공적인 삶을 살았건 그렇지 못한 삶을 살았건 이제는 인간 아무개로 불리워지는 것이 아니라 아무개의 아버지 아무개로 불리워지게 된다는 것이다. 설혹 자기 인생은 성공적으로 살았다하더라도 내가 낳아 기른 자식이 인간다운 삶을 살지 못하면 자기가 쌓은 명성은 하루아침에 무너지고 사회적으로 불명예스럽게 즉 망신스럽게 된다는 것이다.

자식 때문에 나의 입지가 좁아지는 경우만 있겠는가? 나 때문에 자식의 사회활동에 지장을 주는 부모가 되어서도 안 될 것이다.

국회의장을 역임한 국가의 지도자 위치에 있었던 70대 노인이 골프장 캐디를 성추행을 한 사람이 있었는가 하면 검찰총장을 했다는 사람이 공원에서 사람들 보기 민망한 혐오스런 짓을 해서 세상천지에 웃음거리가 된 사건도 있었다. 그 외에도 인생 말년에 집착이나 과욕으로 사회적, 법적으로 물의를 일으킴으로써 법정 구속되는 뉴스를 보는 경우들이 더러 있는데 그런 모습은 차마 자녀에게 보여서는 안 되는 것 아니겠는가?

나의 아버지가 날 잘 키워주었으면 나는 인생을 잘 살 수 있었을 것이고, 내가 내 자식을 잘 키워주었으면 나 또한 인정받고 대접받는 인생을 살 수 있을 것이다. 역으로 나의 아버지가 날 제대로 잘 키워주지 못했다면 내가 사회적으로 성공적인 인생을 살아내기가 힘들었을 것이고, 내가 내 자식을 잘 키워주지 못했다면 내 자식 또한 그의 인생을 잘 살아내기가 너무나 어려울 것이다. 그래서 옛말에도 "농사 중에 제일 중요하고 어려운 것이 자식 농사"라는 말이 있었던 모양이다.

　이토록 인생의 모든 단계가 연결고리 선상에 있는 오묘한 것이다.

이런 인생 단계들을 보면서 인생은 요람에서 무덤까지 한 순간도 소홀히
할 수 있는 순간이 없으며 한 순간도 적당히, 대충, 어물거릴 수 있는
순간이 없다는 것을 뼈저리게 느껴야 한다.

제 3 장
인간(人間, 사람)을 어떻게 정의할 것인가?

인간!

사람을 인간이라 한다. 인간이 인간다웠으면 좋겠다는 뜻을 가지고 이 책을 생각하게 되었는데 그 인간에 대해 한 번 고민해 보는 장이 되었으면 좋겠다.

사람 인자를 한문으로는 人이라고 쓴다. 이 人자 하나에도 심오한 뜻이 있단다. 작대기 하나로는 설 수 없기 때문에 작대기 1(/)과 작대기 2(\ )의 작대기 두 개가 서로 받쳐주고, 의지하고, 보완하며 협력하는 그런 모습이 사람 인자라는 것이다.

그런데 정작 사람을 표현할 때는 人자 하나 써놓고 사람이라고 하지 않는다. 사람이라고 표현할 때는 반드시 人間이라고 쓰지 않는가? 인간의 의미는 무엇인가? 사람과 사람 사이가 인간인 것이다. 그냥 사람인자 한 자 가지고는 인간이라 할 수가 없는 이치 아니겠는가?

1. 사람과 사람 사이에 있는 것이 사람이다.

즉 관계 속에 있을 때 사람인 것이다. 세상은 혼자 살아가는 것이 아니다.

하늘에서 뚝 떨어지거나 땅에서 불쑥 솟아난 사람은 없다. 아버지와 어머니 사이에서 태어났으며 형 또는 누나 그리고 동생들 사이에 위치하고 있는 것이며 자라면서는 주변의 이런 저런 다양한 사람들로부터 직, 간접적인 지도와 도움 등 영향을 받으면서 성장해가는 것이다.

사람을 일컬어 "사회적 동물"이라고 칭하는데 사람은 그냥 한 사람으로서의 존재는 가치가 없으며 사회적으로 더불어 살고 있을 때, 무수한 사람들과의 관계 속에 있을 때 사람이라는 총괄적인 표현이 아닐까? 말하자면 사회적 동물로서의 기능을 다하지 못 하고 있다면 사람으로서의 기능을 다 잘 하고 있다고 보기는 어렵다는 의미일 것이다.

일정한 나이가 들면서부터는 정규 학교교육을 통해 인생의 이치, 세상의 이치, 삶의 이치를 하나씩 깨우쳐 간다. 이런 과정에서 선생님과 교우들 사이에 내가 있었던 것이라는 것을 나이가 들어가면서 알게 된다.

그리고 나이가 들어서 세상을 조금 바라보는 시각이 들면 사람이 외롭고 고독하다는 것은 사람이 아무도 없는 무인도에 있을 때 외롭고 고독한 것이 아니라 세상 속에 속해 있으면서도 나를 알아주는 사람이 없거나 나와 대화가 되는 사람이 없거나 나와 소통하는 사람이 없을 때 외롭고 고독하다는 것을 인지하는 시기가 있다. 인간은 인간과 사이가 좋아야만 근본적으로 인간일 수 있는 것이며 나아가 인간다운 대접을 받을 수 있다. 인간은 자연과도 사이가 좋아야만 자연의 보호를 받으면서 살아갈 수가 있다. 어쨌든 사람과 사람 사이에 존재하는 것 그것이 인간이다.

티벳트의 지도자 달라이라마의 행복론에 의하면 세계에는 70억 명에 달하는 인간이 살고 있는데 그들이 국가가 어디든 피부색이 어떻든 문화가 다르더라도 세계 모든 사람들이 인연이 안 닿아 있는 사람이 없이 연결고리 선상에 있다고 강조했다.

그러면서 연결선상에 있다는 것을 강조하는 의미에서 우리가 입고 있는 옷을 한가지의 예로 설명하였다. 옷이 그냥 하늘에서 떨어진 것이 아니라면서 하나의 옷이 사람의 몸에 입혀질 때까지의 일련의 과정을 설명하였다.

화학섬유를 만드는 사람들도 있겠지만 목화를 재배하는 농민도 있고, 목화를 실로 만드는 사람, 실을 천으로 짜는 사람, 천을 염색하는 사람, 천들을 다양한 모양으로 디자인하는 사람, 재단하고 재봉하여 옷을 제조하는 사람, 유통하는 사람, 판매하는 사람 등 수없이 많은 사람들이 연관되어 있다는 것이었다.

그 뿐이겠는가? 우리가 타고 다니는 자동차 한 대만 해도 2만여 가지의 부품으로 조립되어 있다. 그 부품 하나의 공장에 열 명 씩만 종사한다고 가정해 보더라도 2십 만 명이 관련되어 있는 것이다.

가깝게는 우리의 식탁도 과거처럼 자급자족하는 시대가 아니며 오늘날에는 세계의 모든 나라에서 재배되고 생산된 먹을거리들이 우리의 밥상을 50% 이상 차지한다고 하니 우리가 한 번도 본 적이 없고 알고 지낸 적도 없는 사람들이 우리의 안전, 우리의 건강이나 영양에 대해 영향을 미치고 있는 것이다.

그 뿐이겠는가? 옛날에는 외국에 다니는 경우도 많지 않았지만 오늘 날에는 외국을 나다니는 것도 밥 먹듯이 쉬이 다니고 있기도 하고, 우리가 나가지 않는다 하더라도 관광이라거나 사업 등 다양한 목적들로 우리나라를 찾는 외국인들을 우리 주변에서 매일같이 부딪히면서 살아가는 게 현실이고, 또 우리나라 사람과 결혼을 한다거나 이민까지 와서 살고있는 외국인들이 얼마나 많은가? 그들을 우리는 다문화가족이라고 칭하는데 그만큼 우리 일상의 연관선상에 세계의 모든 사람들과 같이 있는 것이다.

예를 단편적으로 들었지만 우리가 태어나서 지금까지 살아오는 과정에서 얼마나 많은 사람들이 연관되었으며 우리의 인생에 영향을 외국인들이 끼쳤는지 조금 더 심오하게 한 번 생각해 보는 기회를 가져보자.

맨 처음 태어날 때 산부인과 의사와 간호사들이 나를 받아주었을 것이다. 주변의 수많은 지인들의 축하를 받았을 것이다. 그리고 자라나면서 각종 예방주사도 수없이 맞아야 했고, 아플 때는 병원을 찾아다녔으며, 약국에서 약을 제조해서 먹어야만 건강하게 성장할 수 있었다.

그 뿐이겠는가? 무수하게 많은 옷이나 신발, 장난감, 생활에 필요한 도구들을 사용하면서 살아왔다. 거기에 종사한 사람들은 또 얼마이겠는가?

그리고 학교에 다니면서 친구들과 선생님들이 있었고, 대중교통을 이용했을 때 나의 생명을 보장하는 운전사들 등등등등 한 번 상상해보자 얼마나 많은 사람들이 연결되어 있는가? 그 많은 사람들이 직접적으로 또는 간접적으로 나의 인생에 영향을 미쳤으며 그런 영향들 속에서 나는 자라왔고 살아온 것이라는 걸 부정할 수 없는 것이다. 이렇듯 오묘하게 엮어져 있는 것이 인간이질 않는가? 그러면 이런 인간과 인간들 사이에서 관계를 어떻게 할 것인가에 대해 고민해봐야 하지 않겠는가?

2. 관계가 좋아야 사람이다.

이렇게 복잡하고 다양한 관계 속에서 한 사람이 영향을 받고 만들어진다는 이치를 깨닫게 되면 나와 부딪치는 수많은 사람들이 중요하지 않는 사람이 없다는 것을 알게 된다면 그는 훌륭한 사람이라 할 수 있다.

관계를 잘 맺기 위해서는 배려하는 마음이 첫째로 중요하다고 생각한다. 배려는 관심에서 출발한다. 그리고 배려는 이해심이 전제되어야 한다. 역지사지의 마음이 없다면 배려는 허구에 불과하다고 봐도 과언이 아니다. 배려는 상대와 같은 방향에서 봐야 한다. 그래서 상대의 생각을 공감해주고, 상대의 입장을 이해해주고, 국악에서 추임새를 넣어주면 소리가 빛나듯이 눈을 마주치면서 고개를 끄덕여주고, 공감을 같이 해주어야 하는 것이다.

가까운 가족 간의 관계에서도 이따금 보면 상대의 마음을 이해하려는 자세보다 자기의 생각을 얘기하려는 자세를 보는 경우가 많다. 언제나 상대가 말을 할 때는 상대가 저 말을 왜 할까? 하는 생각을 먼저 하고, 상대의 말에 대한 행간을 이해한 다음에 반응을 하는 것이 순서이다.

그러려면 상대의 말이 끝난 다음 어느 정도의 시간적 공간이 필요한 법인데 말이 끝나기도 전에 아무 생각 없이 즉각적으로 반응하는 사람들을 자주 보게 되는데 그런 사람은 배려심이 깊지 않다고 보면 맞다. 그런 반응이 상대에게 얼마나 실망감과 공허감을 주며 심하게는 상처를 주는 건지 전혀 의식하지 못하고 있는 것이다. 이런 자세는 결코 좋은 대인관계의 자세가 아니다.

경희대를 설립한 조영식 박사님은 "인간이 다를 수 있는 것은 인격을 전제할 때다. 인격을 전제할 때에만 문화인, 지성인이 될 수 있기 때문이다." 라고 지적하면서 그가 쓴 "인류사회 재건"이라는 책에 "천사의 기도"를 개재하였다.

1994년 파국에 처한 인간세계를 보다 못한 조 영식 박사님이 천사가 인간을 대신하여 하느님께 간곡하고도 애절한 기도를 드리는 형식으로 쓴 기도문을 소개한다.

천사의 기도문 - 조 영식 박사 지음 -

 내가 죽을 때에는 신 앞에 달려가 저 세상에서 내가 겪었던 온갖 고뇌와 쓰라렸던 고통들을 모두 털어놓고 힘껏 울며 호소해보렵니다. 고통스러웠습니다. 때로는 뭐가 뭔지 몰랐고 억울한 일도 많았습니다.

 전지전능하시고 자애로우신 주님!

 이 말은 저 세상에서 많은 인간들이 저에게 하소연 해오는 진실 된 고백이요, 고해의 이야기입니다.

 인간들은 300여만 년이나 지구 위에 살아오면서도 일관되고 통일된 가치판단기준 하나 세우고 있지 못합니다. 따라서 정사선악(正邪善惡)에 관해서도 그 시대 시대의 형편에 따라 적당히 해석하고 제멋대로 고집합니다.

 인간들은 하느님과 자연과 인간과의 관계를 모르고 있기에 무엇이 행복한 것인지, 값있고 보람 있는 것인지를 몰라 우왕좌왕하고 있습니다.

 따지고 보면 거의 모든 사람들은 자신, 즉 인간이 무엇인지 또 어떻게 살아야 하는지를 모르고 한세상을 살고 있습니다.

 어떤 의미에서는 인간이란 가장 현명할 것 같으면서도 가장 우직한 하느님의 창조물이기도 합니다. 계명을 주어도 제대로 못 지키는 인간에게 자유를 주고 그 책임을 엄히 다스리며 또 주어진 주, 객체의 여건적 상황이라는 각기 다른 필연 위에서 이루어지는 모든 일에까지 그 책임을 묻는다는 것은 확실히 과중한 문책이 아닐 수 없습니다.

 그러나 인간은 영리합니다. 아니 어느 의미에 있어서는 신도 놀랄 만큼 뛰어난 재능이 있는가 하면 한편 어리석기도 하고 또 교만하기도 합니다.

내일이 어떻게 될는지는 몰라도 오늘의 일은 자상하며 큰 것에는 어두우면서도 작은 것에는 밝습니다.

인간들은 천지창조와 더불어 지식과 기술을 넓히기만 하면 스스로 완전해지고 행복해질 수 있다고 잘못 알고 있습니다.

최대 생산, 최대 소비는 오늘 날 인간생활의 2대목표가 되고 있습니다.

즉 개발 위주의 합리화와 능률화, 또 과학화와 조직화만이 인간이 지상천국을 이룰 수 있는 유일한 길이라고 착각하고 있습니다.

이렇게 진보라는 신을 위해 존재하는 물질숭배자로 전락하고 말았습니다.

기계와 물량이 지배하는 개발위주의 산업개발사회에서는 인간이 물질의 하나로 계산되기에 양심은 점차 무의미해져 오직 어떻게 해야 더 많은 수입을 올릴 수 있는가에만 집착함으로써 자신을 하나의 상품으로 생각하고 유리하게 투자할 것에만 전념하고 있습니다.

즉 현대인은 급료를 받는 일에 고용되고 있습니다.

근대에 와서는 이성을 신과 바꾸어 놓더니 과학을 과신하는 현대 사람들은 자신을 신의 위치에까지 올려놓고 있습니다.

그리고 나서 그들은 이 세상의 주재자연하고 있습니다.

자비로우신 하느님! 인간을 긍휼히 여겨주옵소서.

과학화, 합리화, 효율화만으로 인간은 결코 행복해질 수도 완전해질 수도 없다는 것을 그들이 깨닫게 하여 주옵소서.

이성과 감성을 공유하며 사는 인간은 도덕적 존재이면서도 경제적 동물이기에 선악과 정사의 복합된 사회에 살고 있는 일원이라는 것도 알게 하여 주옵소서.

인간은 육신을 갖고 살아가므로 물욕에 빠지기 쉬우나, 인간생활의 물질적 측면은 목적이 아니라 그에 이르는 수단에 불과하다는 것과, 참된 인간 생활의 목표는 역시 정신적인데 있다는 것을 알게 하여 주옵소서.

그리고 완전무결, 영원불변이라는 것은 이 세상에서 추구되는 것이지 성취되는 것이 아니라는 것도 알게 하여 주옵소서.

과학이 아무리 발달되어도 현세에 천국이나 낙원이 건설될 수 없다는 것을 깨닫게 하여 주옵소서.

사실 인류는 지금까지 기술적 진보가 성취될 때마다 그만큼 인간권리를 축소시켜왔으며, 행복감과 함께 불행감도 느끼며 살아왔습니다.

오늘에서 보는 인간의 소외현상마저도 인간이 창조해낸 모든 것에 굴종하는 데에서 오는 것이며 앞으로는 자유와 질서의 융화, 정신과 물질의 조화, 그곳에서 참다운 인간생활의 가치가 구현될 수 있다는 것을 깨닫게 하여 주옵소서.

아무리 이성적 판단 하에서 이루어지는 사회라 할지라도 인간미가 없으면 그것은 인간이 바라는 사회가 아니며, 또 물질적 풍요가 인간의 가난과 결핍을 모두 해소해준다고 해도 포만감을 느끼는 유아와 같은 생활이 결코 인간의 값있는 생활이 못 된다는 것을 알게 하여 주옵소서.

인간은 항상 불완전한 존재이기에 보다 높은 곳에 목표를 두고 살아야 합니다. 감성에서 이성에로, 불완전한 데에서 완전한 데에로, 이에 이르기 위하여서는 옳은 교육을 통해 지식과 기술과 교양을 넓혀야 합니다.

"판단은 현실에서, 계획은 미래에서"라는 말과 같이, 세상의 모든 위대한 것은 진실과 완전이라는 두 기초 위에서 이루어져야 하므로 인류사회의 장래 문제도 인간의 숭고한 정신과 목적이 같이 작용한 설계에 의하여 꾸며진 것이 아니면 안 된다는 것도 알게 하여 주옵소서.

주님! 그러한데도 인간들은 지금 도대체 누구를 위해 어떠한 세상을 만들고 있는 것입니까? 하느님을 위해서이옵니까? 인간 자신을 위해서이옵니까? 그렇지 않으면 로봇세계의 창조이옵니까?

인간의 과학개발은 그 한계점에 이르렀습니다. 과학기술의 확대재생산은 인간부재의 사회를 만들었고, 인류문명은 창조주의 고삐를 벗어나 구원의 시간이 지난 그 너머로 떨어져 나가고 있습니다.

　인간의 자기상실을 보십시오. 인구폭발과 식량, 그리고 생활필수품의 부족을 보십시오. 지식과 기술의 폭발적 증식과 산업공해 및 오염을 보십시오. 세대 간의 반목에서 오는 불신 풍조와 문명 그리고 체제에 대한 전면적 거부 현상을 보십시오. 문명에 쫓기는 현대인들의 정신적 불안감과 공포심, 자학지심을 보십시오. 동서이념의 갈등과 남북 간의 빈부의 격차에서 오는 이질감, 무종교에서 오는 살벌한 싸움과 경쟁, 불륜 그리고 아마겟돈 전쟁을 방불케 하는 현대 과학전을 보십시오. 그러한데도 과학, 기술, 문명은 지금도 인간의 목적과는 아무런 관계없이 자기증식을 하고 있습니다.

　인자하신 주님! 이와 같은 인간의 세계를 그대로 저버려 두셔야 되겠습니까? 이제는 인간의 힘만 가지고는 어찌할 수 없는 막바지 길에 다다랐습니다. 그들이 교만과 야욕을 버리고 인간본연의 자로 돌아갈 수 있게 하여 주옵소서. 하느님은 자연과 더불어 존재하는 것이 아니라 인간과 더불어 살고 계시며 또 바로 인간의 마음속에 있지 않습니까?

　전부를 바라지 않기 위해서도 인간을 긍휼히 여겨 주옵소서.
하느님 자신을 버리지 않기 위해서라도 인간을 버리지 마시고 구원해주옵소서. 인간들은 진실로 하느님의 아들딸들이요, 하느님은 그들과 함께 계셔야 할 성령이옵니다.

　뜻있는 인간들은 위기의식 쏙에 싸인 오늘의 인류문명을 보고 크게 개탄하고 있습니다. 아니 인류사회의 종말적 현상을 몹시 두려워하고 있습니다.

인간이 만들어놓은 비인간의 세계에서 하느님의 형상뿐만이 아닌 자신의 모습까지도 완전히 잃어버리고 일차원적으로 보고 느끼고 움직이는 인간 기계로 전락된 상태에서 마지막 구원을 바라는 손길을 내저으며 호소하고 있습니다.

주님! 인간들은 이렇게 울부짖고 있습니다. "아무리 궁리해보아도 아리송합니다. 아무리 노력해보아도 미치질 않습니다. 우리의 지혜와 힘만 가지고는 참된 삶의 길을 이 이상 더 해쳐나갈 수가 없는가봅니다.' 라고 합니다.

주여, 습관은 인간의 제2의 천성이 아닙니까. 마음이 바뀌면 모든 것이 바뀔 것입니다. 물질문명을 통해 할 수 있는 인간정신을 되찾아 인간성을 회복시켜 하나의 인류사회를 재건할 수 있게 하여 주시는 것이 인간을 바로 구원해 주시는 길이라고 믿습니다.

세상에서 인간이 하느님을 우러러보며 사회와 문명의 주인으로서 지역적, 종교적, 파벌적, 계습적인 배타성과 이기심을 버리고 자원을 아끼며 과학문명을 조정하여 자연파괴를 중지하고 환경오염과 인구, 식량문제를 대비하며 살아갈 수 있게 하여 주옵소서.

그리고 세계는 하느님의 한 나라요, 또한 하느님이 지어 주신 형제자매의 사회라는 동류의식을 가지고 서로 사랑하고 호혜 협동하며 평화롭게 살아갈 수 있게 하여 주옵소서. 바로 그것이 하느님의 말씀에 의한 참되고 영원한 나라가 아니겠습니까.

인간들은 "그 인류사회를 향한 위대한 행진"의 대열에 서기를 원하고 있습니다. 진정한 하느님의 아들딸로서 보람과 가치를 느끼는 인간으로서 살아갈 것을 참마음으로 희구하고 있습니다.

주님! 주의 어지신 손길을 펴서 인간을 무지와 혼란과 악에서 구원해주옵소서. 그리고 참되고 바른 본연의 인간이 될 수 있도록 인간 복권을 하게 하여 그들이 참마음으로 원하는 "하나의 인류사회", 즉 하느님의 제2의 천국을 이 세상에 재건케 하여 주옵소서. 아멘

조 영식 박사님은 심지어 "사람은 타인을 위해 존재한다. 우리의 행복은 타인의 웃음과 복지에 달려있다. 그리고 잘 모르는 타인들이지만 우

리는 연민의 유대를 통해 그들과 같은 운명에 있을 수 있다. 나는 나의 모든 삶이 이미 죽었거나 살아 있는 타인의 노력 덕분에 가능한 것이고, 내가 이미 받았고, 지금도 받고 있는 것만큼 혜택을 타인에게 돌려주기 위해 노력해야 한다는 생각을 하루에도 수없이 한다. 나는 검소하게 생활하려고 부단히 노력하며 혹시라도 내가 타인들의 노동의 대가를 부당하게 빼앗고 있는 것은 아닌지 자문한다.

나는 계층 간의 차별은 부당한 것이며 결국에 가서는 무력에 의존하게 되는 것이라고 생각한다. 그리고 나는 소박하고 검소한 삶이 모든 사람들에게 정신적으로나 육체적으로 유익하다고 믿는다." 라고 말씀하셨다.

이토록 관계는 인간에게 전부라고 해도 과언이 아닐 만큼 중요하고 절대적인 것이다.

3. 필요로 하는 때와 장소에 있어야 하고 제 기능을 해야 사람이다.

속담에 "멀리 있는 친척은 가까운 이웃만도 못하다"는 말이 있다. 과거에는 대가족이 한 지붕 밑에 살면서 서로 정신적, 물리적 영향을 주고받으면서 살았었지만 오늘날에는 핵가족화를 이루면서 가족이나 친척 간에도 얼굴 보며 살 일이 별로 없는 것이 현실이다. 가족 간에 상당한 우애가 있는 집안이라야 생일이랄지 명절이나 제사 등 어떤 행사가 있을 때는 상면하는 경우가 있긴 하지만 유교적인 관심이 깊지 않거나 가정교육이 잘 되어 있지 않거나 효심이 깊지 않다면 일 년에 한, 두 번 얼굴 보기 어려운 식의 삶을 살아가고 있을 것이다. 이런 환경에서 멀리 있는 부모가 편찮은 경우에 이웃에서 늘 정을 나누며 왕래를 하고 사는 사람이 가족보다 더 필요하고 중요한 존재가 되는 것이다. 또한 최악의 경우에 화재사고나 어떤 강력사건 같은 것이 발생하는 경우에도 이웃주민은 도움을 줄 수 있지만 멀리 있는 가족은 어떤 도움을 줄 수 있겠는가? 이런 경우엔 사람의 기능을 다하지 못하는 것으로 표현해서는 안 되겠지만 비록 고의적이거나 의도적인 것이 아니라 할지라도 이토록 사람의 도리를 다하기는 어려운 시대적 상황 속에서 우리는 살아가고 있는 것이다.

 필자는 자녀들을 다 출가시켜서 그들은 그들대로의 독자적인 삶을 잘 살아가고 있음에도 불구하고 이따금 TV 드라마라거나 주변을 돌아볼 때 부모가 안 계심으로써 겪는 설움과 고초를 보게 되는 경우가 더러 있는데 이럴 경우에는 부모라는 사람은 꼭 어떤 역할이나 기능을 하지 않더라도 존재하는 것 그 자체가 필요한 경우가 많구나. 그 자리에 그대로 있어줘야 되는 거로구나 하는 생각을 할 때가 더러 있다.

 그런가 하면 손자와 손녀들을 보게 될 때도 할아버지와 할머니가 있어주는 것이 얼마나 얘들에게 유익한 삶을 줄 수 있는가? 하는 생각을 할 때가 많이 있다. 말하자면 있음(존재) 그 자체로 사람의 도리, 사람의 기능을 (완전치는 않다 하더라도 일부나마라도) 하고는 있구나 하는 생각을 할 때가 더러 있다.

 이처럼 사람이라는 구실, 사람이라는 역할, 사람이라는 기능을 다 하려하면 한도 없고 끝도 없이 다양하고 복잡한 것이 사람이다.

 때문에 사람다운 사람이 되기 위해서는 간단하고 단순한 부분이 아니다. 늘 고민하고 항상 생각해야만 조금쯤 사람으로서의 역할을 해 볼 수 있을 것이다.

제 4 장
인성(人性)은 어떻게 형성되고
어떤 인성을 지녀야 하는가?

　사람을 평가할 때 인성이 참 훌륭하다. 또는 인격, 인품이 아주 고매하다. 라는 표현을 흔히 하게 되는데 인성은 무엇이고 인격, 인품은 무엇인가?

　인성이라 하면 여러 가지 말로 표현할 수 있겠으나 인간의 성품을 일컬으며 주로 성질, 개성, 인격, 인품, 마음 등의 뜻을 포함하여 본성 또는 기질이라 말 할 수 있다. 인성이란 인간이 지닌 특징적인 반응양식이며 후천적 요인에 의해 도덕적 판단기준과 외부의 환경에 반응하는 개인의 품성이다. 품성은 정신적인 본성이나 개인과 사회의 기준을 만드는 도덕적인 질을 말한다. 결론적으로 인성은 도덕적인 인격을 형성하는 인간의 내면적인 성품, 성격이나 본인의 의지라고 할 수 있다.

　인격이라 하면 인간이 생각하고 느끼며 행동하고, 타인과 관계하는 어떤 형태라거나 독특한 방식이라고 정의한 학자들이 있는가 하면 인격은 개인의 삶의 방향과 모형을 보여주는 지식과 감성과 행동의 복합적인 조직이다. 라고 정의 한 학자들도 있다. 필자는 인격을 외부의 작용에 반응하는 개인의 자세 또는 형태가 아닐까 생각해본다.

어떤 스님께 중생이 욕을 하는데도 전혀 성질을 내거나 얼굴빛이 변하는 기색 없이 인자한 표정을 하고 있는 것을 본 제자가 의아하게 생각하여 어떻게 욕을 하는데도 참을 수 있느냐? 라고 물으니 그 스님이 껄껄 웃으면서 하는 말인 즉 "누군가가 선물을 주었을 때 그 선물을 받지 않으면 그 선물은 누구 것이냐?" 라고 물었다. 당연히 주려고 했던 사람의 것이라고 대답을 하니 "바로 그거다. 욕을 나에게 주었는데 내가 받지 않으면 욕은 그 사람 것이지 내 것이 아니지 않느냐?" 라고 했단다. 그 것이 인격이요 인품이 아니겠는가?

성격은 환경에 대한 독특한 적응방식을 결정하는 정신적, 신체적 체계를 가진 개인 내부의 역동적 조직이다. 성격은 개인의 욕구, 흥미, 태도, 기질, 재능, 신체적 특성 등을 총 망라한 개인의 특징이라 말 할 수 있다.

미국에서는 초, 중학교에서 사회관 교육을 하는데 14가지의 가치와 신념을 제시하여 인성교육을 실시하고 있다고 한다.

그 내용은 정의, 평등, 책임, 준법, 자유, 다양성, 타인의 사생활 존중, 인간의 존엄성, 공정성, 통합성, 개인의 배려, 충성심, 국제적 인권, 권위 존중 등이다.

그런가 하면 프랑스에서는 초, 중학교에 교과과목으로 시민교육을 개설하여 교육하고 있는데 주요 내용은 개인 위생을 비롯해서 안전, 타인존중, 책임감, 근면, 성실, 협동, 규칙준수, 환경보호 등 다양하다.

이렇게 인성은 한 개인이나 가정에만 의존하고 마는 것이 아니라 사회, 국가적으로 환경을 조성해주는 것이 개인의 인성 함양에 지대한 영향을 미칠 것이며 그 개인의 인성들이 모여서 곧 국민성이 된다.

그것을 국가적 문화라고도 하고 정서라고 얘기들 한다. 한 사람, 한 사람

국민들이 그런 요소들이 모여서 국가의 격이 된다는 것을 모든 국민이 알아야 한다.

각자가 지닌 인성에 따라 사회의 분위기가 달라질 수 있을 것이다. 어떤 사람이든 각자가 가지고 있는 기능에 따라 주변에 어떤 형태로든 영향을 미치고 있다.

내가 주변으로부터 받는 영향이 있을 것이며 또 내가 주변에 미치는 영향이 있을 것이다. 그것이 좋은 영향인가 나쁜 영향인가 하는 것은 한 사람의 인성에 따라 좌우된다.

어떤 사람은 다른 사람을 의욕에 차게 하고, 열정을 갖도록 하며, 매사를 긍정적으로 보도록 하기도 하고, 겸양지심을 가지게 함으로써 주변사람들에게 겸손을 실천하도록 하는가 하면 측은지심을 전념시켜 불우이웃을 도우려는 봉사나 희생정신을 고양시키는 사람이 있어 어려운 사람도 용기와 희망을 갖도록 힘을 실어주는 사람이 있기도 하다.

사람은 어떤 사람을 만나느냐에 따라 인생이 좌우된다. 만남은 미리 알기 어려운 숙명적인 사건이며, 만남은 은혜인 것이다. 좋은 사람을 만나면 좋게 되겠지만 나쁜 사람을 만나면 나쁘게 될 수밖에 없다. 내가 좋은 사람이면 주변에 좋은 영향을 줄 것이요 내가 나쁜 사람이라면 주변에 나쁜 영향을 줄 수밖에 없을 것이다. 때문에 개인의 인성이 주변에 미치는 영향이 사회 환경의 일부를 조성하는 것은 당연한 이치이다.

● 인성을 구성하는 요소들

인간의 근본이 되는 인성의 자질에는 어떤 것들이 있고 또 그 자질들은 어떤 의미를 가지고 어떻게 작용하는지 깊이 있게 알고 있다면 일상의 생활에도 많은 유익을 줄 것으로 확신한다.

그 요소들로는 양심, 정직, 덕, 신념/신뢰, 융화, 인내, 끈기, 집중, 균형감각, 관대함, 시간준수, 긍정적 사고와 적극적 자세, 담대함/대범함, 사려 깊은 마음, 책임감, 경청, 교양, 봉사/희생정신, 감사, 의리/정, 사랑, 이해심, 자신감/자부심, 겸손, 배우는 자세, 용기, 유머감각/유연성, 자제력, 꿈/목표, 애국/충성, 근면/성실, 칭찬/격려, 배려 등을 떠올려 볼 수 있겠지만 그 외에도 헤아릴 수 없을 만큼 많은 요소들이 있을 것이다.

이러한 인성의 요소들에 대해 독자들도 다 아는 얘기이겠지만 일부 잘 모르고 있거나 알고 있다하더라도 막연하거나 추상적으로만 앎으로써 그게 뭔데? 라고 되물으면 말이 막히거나 더듬거리는 경우들에 대비하고 또 알고 있더라도 한 번 되새겨보는 계기로 삼고자 그 의미를 하나하나 짚어보고자 한다.

○ 양심(良心)

한문의 뜻으로 단순하게 표현하자면 어진 마음이 양심이다.

그러면 어진마음이란 무엇인가? 마음이 너그럽고 성질이 인자한 걸 의미한다.

즉 순수하고 깨끗한 마음, 밝은 마음, 하늘을 우러러 한 치의 가책이 없는 마음, 마음이 넓은 사람, 가슴이 따뜻하고 큰 사람, 이해심이 넓고 생각이 깊고 후덕한 그런 사람이라고 보면 큰 하자가 없을 것이라고 생각된다.

그런가하면 사전적으로는 양심에 대해 도덕적인 가치를 판단하여 정선(正善)을 명령하고 사악을 물리치는 통일적인 의식이라고 정의하고 있다.

양심은 가장 기초적으로 한 사람의 행동양식을 정할 수 있는 기준이나 중심이 될 수 있을 것이다. 그 기준이고 그 중심인 양심이 흔들리면 사람이 어찌되겠는가? 눈동자가 흔들리고, 가슴이 흔들리고, 자세가 흔들리고, 행동이 엇갈리게 되지 않겠는가? 때문에 사람은 언제나 양심에 기초해서 사고하고 판단하고 행동해야 하는 것이 기본이라는 것을 알아야 한다.

○ 정직

 사람은 정직해야 한다. "모든 사람은 누구나 일순간은 정직할 수 있다. 그러나 오래도록 영원히 정직하기는 어렵다."는 말이 있다. 그렇다. 그 정직이라는 것도 각자가 처한 환경에 따라 달라질 수 있다고 본다.

 아랫사람이 정직하지 못한 윗사람에게 옳을 것을 주장할 때, 약자가 강자 앞에서 양심에 저촉되는 일을 강요받았을 때, 빈자가 부자의 강요에 양심을 지키는 일 등 모든 상황에서 끝까지 정직할 수 있다는 것은 어쩌면 목숨을 거는 일일 수도 있기 때문에 상당히 어려운 면도 있다는 것을 알 수 있다. 그러나 어쩔 수 없는 불가항력적인 상황을 제외하고는 가능한 한 정직하려는 자세와 정직해야 된다는 인생의 원칙 같은 것을 가지고 살아가야 하지 않겠는가. 그런 원칙을 가지고 있더라도 어떤 최악의 경우에는 허물어질 수 있기도 할 텐 데 그저 그냥 양심을 저버리는 것을 밥 먹듯이 한다면 세상은 너무 어지럽고 거짓된 허상이 되지 않겠는가?

○ 덕

 우리는 통상 사람들에게 어떤 고마운 것을 느꼈을 때 "덕 봤다"라는 표현을 한다. 그리고 그런 일을 자주 보는 경우에 인덕이 있는 사람이라고 한다. 남에게 무언가 베풀었을 때 상대는 덕을 봤다고 하는데 말의 의미대로 해석하자면 덕이라는 것은 준 것이 아니라 보여준 것이다. 그렇다. 덕은 물질적인 어떤 것이 아니라 정이요, 마음으로 상대에게 뿌듯한 마음, 고마운 마음, 풍요로운 마음을 느끼도록 하는 것인가 보다. 물론 물질이 매개 역할을 하는 경우도 있겠지만 덕성스런 마음이 없다면 베풀수 없으니 결국 덕은 마음이다.

그리고 덕은 행한다고 하지 않고 쌓는다고 표현한다. 행한다는 표현은 수평적 개념인 것 같은데 쌓는다는 것은 수직적 개념인 것 같지 않는가? 쌓는다는 것은 쌓다보면 위로 올라가는 것이다. 쌓고, 쌓고, 쌓다보면 덕은 하느님의 감동을 사게 되고 그 덕은 다시 자기에게 훨씬 더 큰 은혜로 되돌아오는 것이다.

옛날에는 선조가 덕을 쌓아야 후대가 덕을 본다고 알고 있었다. 그래서 어떤 일이 잘 풀리고, 집안이 잘되는 집을 보면 조상이 덕을 많이 쌓았나보다 라는 얘기들을 하곤 했다. 그러나 오늘 날에는 초스피드시대가 되어서 그 덕도 바로바로 효과를 본다고 한다. 그래서 당대에 베푼 만큼 당대에 덕을 본다고 얘기들을 하기도 한다.

○ 신념, 신뢰

무엇을 믿는다는 것은 자기가 알지 못하는 것, 보지 못한 것에 대한 믿음을 의미하는 것이라고 한다. 그래서 믿음을 보이지 않는 것의 실체라 하지 않는가? 말로는 신념에 대해 말하기는 쉽지만 그만큼 어떤 부분에 대해 믿음을 갖는다는 것은 결코 쉬운 일이 아님을 알 수 있다. 신념은 어떤 일이나 사실에 대한 자신감이며 열정을 자아낼 수 있는 원천이라고 할 수 있을 것이다. 신념이 없다면 무엇을 전념할 수 있으며 전념하지 못하고 무엇을 얻을 수 있겠는가? 그래서 신념이 뚜렷한 사람을 보면 의연해 보이고, 당당해 보이기 때문에 주변에 신뢰감을 주는 것이다.

신뢰는 곧 신용이다. 신용을 재산이라고도 하는데 신념은 내 자신에게 주는 믿음이요, 신뢰는 다른 사람으로 하여금 나를 믿게 하는 것이다. 그것은 하루아침에 이루어질 수 있는 요소가 아니다. 오랜 시간 동안 보아온 결과로 쌓여진 것이다. 경중을 떠나서 약속을 잘 지키는 사람이라거나 또는 자기에게 주어진 일에 대해 완벽하게 수행해내는 사람도 신뢰가 높을 것이며, 리더라도 늘 솔선수범하거나 모범된 언행으로 아랫사람들에게 롤 모델이 되는 사람은 신뢰가 높을 것이다.

○ 인내심
 한문의 참을 인자(忍)는 마음에 칼을 얹어놓고 있는 상황이란다. 가슴에
칼을 꽂아놓고 참고 있는 것이다. 육체적인 어려움을 이겨내는 것, 정신
적인 불편이나 상처를 참아내는 것이 인내다. 그래서 인내는 쓰다고 한
다. 이런 인내심은 자신의 발전뿐만 아니라 주변을 아우르는데도 기여하
는 바가 클 것임은 두말할 나위가 없는 것이다. 어떤 사소한 결과물이라
도 인내심 없이는 얻어질 수 있는 것은 없는 법이다. 인내심이야말로 성
공의 가장 기초덕목이라고 해야 할 것이다.

○ 극기(克己)
 글자그대로 자기를 극복하는 것이다. 인내의 절정이라 할까?
 극한 상황을 참아내는 것, 아무리 어렵고 힘든 상황에서도 끝까지 이겨
내는 것이다.
 그것이 육체를 힘들게 하는 것이든 정신적으로 참기 어려운 상화에서든
참아내는 것이 극기일 것이다.
 군부대에서 하는 훈련 중에 유격훈련이라는 절정에는 100km 철야행군
을 한다. 잠을 한 숨도 자지 않고, 칠흑 같은 야밤에 지형도 모르는 곳
에서 방향을 찾아가며 목적지를 찾아가는 것인데 인내의 절정을 경험하
는 과정, 즉 자신을 이겨내는 극기를 경험하는 것이다. 그런가하면 특전
사에서는 특수전술 훈련과정의 마지막 정점에 천리행군을 실시한다. 일
주일 이내에 천리(400km)를 걸어야 하는데 비가 오나 눈이 오나 고려하
지 않고, 험악한 야전을 산 넘고 물 건너 하루에 5~60km를 걸어서 일
주일 이내에 주파한다. 그야말로 인간으로서 참아내기 힘든 과정을 통해
서 자신을 이겨내는 극기를 체험토록 함으로써 강인한 육체와 정신을 함

양하도록 하는 것이다.

이런 종류의 훈련을 기업체에서도 벤치마킹하여 특전사나 해병대에 입소시켜 훈련을 받도록 하는 경우도 있고, 자체적으로 산행을 강하게 하는 경우도 있는 것으로 알고 있다. 왜 그럴까? 그렇게 자신을 이겨냄으로써 어려운 환경에 처했을 때 대처하는 자신감을 키워주는 것이 아닐까 싶다.

육체적으로만 극기가 필요한가? 그것은 어쩌면 일차원적인 극기일 수도 있을 것이다. 인간관계에서 인생을 좌우할 만큼의 배신을 당했다거나 죽임보다 더한 수모나 치욕적인 모욕을 당했을 경우에도 극기는 절대적으로 필요한 것이다. 이럴 때 그 배신이나 수모, 치욕을 참아내지 못하고 감정조절이 안 된다면 어떻게 할 것인가?

저주를 갖고 복수를 단행할 것인가? 그러면 하찮은 그 인간으로 인해 내 인생이 없어지는 것이다. 때문에 그를 위해서가 아니라 나 자신을 위해서 참아내는 극기심이 필요한 것이다. 그런데 극기라는 것이 하루아침에 쉽게, 편하게 이루어 질 수 있는 것이 아니다. 꾸준하게 노력하고 훈련해야 최종적으로 가꾸어질 수 있는 것이다.

불가에서 수양하고 도야하는 것들도 다 극기의 해탈경지에 이르는 것이 아니겠는가?

○ 끈기

세상에 공짜는 없다는 것이 우주의 법칙이다. 쉽게 이룰 수 있거나 얻어지는 것은 가치가 없는 것이다. 뭔가 의미가 있고, 가치가 있는 것은 이루어 질 때까지 꾸준한 노력이 있어야 가능하다. 그것이 끈기이다. 악착같이 매달리는 것, 끈임 없이 될 때까지 노력하는 것, 그런 끈기를 가져야 한다.

○ 집중 / 몰입

 집중은 몰입이다. 사소한 일이든 대단한 일이든 집중하지 않고 이룰 수 있는 일은 없다. 집중하기 위해서는 자기를 잊어야 한다. 쉬운 것, 편한 것, 좋은 것을 버려야 한다. 내일로 미루는 습관을 바꿔야 한다. 무언가 주어진 업무에 대해 최선을 다하는 모습은 신뢰감을 주고 이루어 낼 수 있는 끝을 보여준다.

○ 균형감각

 사람과의 관계이든 어떤 이치나 논리에 대한 토론이든 균형감은 아주 중요하다. 말하자면 중심을 잡는 것이다. 그런데 그 균형이나 중심을 잡는 것이 간단하게 이루어지는 것이 아니다. 좋고 나쁨, 옳고 그름, 상하좌우를 다 입체적, 종합적으로 알고 있어야 균형을 잡을 수 있고, 중심을 잡을 수 있는 것이다. 단순한 낱말로서의 균형감이 아니라 핵심을 알고 있어야 균형을 잡을 수 있는 것이다.

○ 관대함

 관대함이라는 것은 그 사람의 크기를 나타내는 것이다. 포용력이 없고 아량이 없다면 관대함이란 기대할 수 없는 자질인 것이다. 용서하는 넓은 마음, 이해하는 수양된 마음이 없이 관대함이 나올 수 있겠는가? 때문에 사람이 관대하다는 것은 그 사람이 그만큼 매사에 자신감을 갖고 있다는 것이고, 능력이 탁월하다는 증좌일 것이다.

○ 긍정적 사고와 적극적 자세

 누구나 다 아는 얘기이지만 사람들은 긍정적인 사람과 부정적인 사람이 있다.

 긍정적인 사람은 밝은 면을 보려는 자세를 가진 사람, 좋은 면을 보려는 사람, 가능성을 보려는 사람, 희망적이고 창조적이며 미래지향적인 사람으로 매사에 적극적인 사람일 것이다.

그러나 그 반대인 사람은 어두운 면, 나쁜 면, 안 되는 부분, 절망적인 사람으로 매사에 부정적, 냉소적, 회의적, 염세적인 사람이다. 어떤 면을 갖추려는 노력을 해야 할 것인지 자명한 이치인데도 불구하고 사람들은 후자의 성향을 가진 사람이 있다는 것이 이해하기 어려운 부분이기도 하다.

세상의 모든 사물이나 이치에는 양면성과 이중성을 가진다. 전/후, 좌/우, 상/하, 고/저, 명/암, 좋고/나쁨, 옳고/그름 등 다양한 면을 가지고 있다. 여기에서 어느 쪽을 비중 있게 보느냐 하는 그 사람의 성향이나 인품, 인격에 따라 결과는 엄청난 차이가 나게 될 것이다. 치우치지 않는 것이 가장 관건인데 주관이나 원칙, 철학 등 기준이 없는 것도 문제다. 긍정적인 사고를 가지고 보느냐, 부정적인 사고를 가지고 보느냐에 따라 그 개인이나 주변에 미치는 영향이나 결과는 크나큰 차이가 나타날 수 있을 것이다. 계곡의 물도 젖소가 먹으면 젖이 나오는데 독사가 먹으면 독이 나온다. 똑같은 사물이나 이치도 좋게 작용되는 경우가 있을 것이고, 나쁘게 작용되는 경우가 있을 것이다. 그 사물이나 이치의 고유한 성격은 변함없는데 적용하는 사람의 성향에 따라 다르게 되는 것이다. 언제나 부정적 사고는 부정적 결과를 초래하게 되고 긍정적 사고는 긍정적 결과를 양산하는 것이다. 특히 인간관계에서는 절대적으로 작용할 수밖에 없는 것이다. 우리는 부정적인 감정을 이기는 법을 배워야 한다. 그것은 성숙한 사람이 되기 위한 영적인 임무라고 한다. 긍정적인 감정을 가꾸는 일을 마음의 습관이라고 말한다. 사랑이 느껴지지 않을 때도 사랑하고 불만스럽더라도 친절하게 행동하며, 감사의 마음이 생기지 않을 때도 감사의 태도를 보여야 한다. 이렇게 마음의 습관을 가꾸다보면 내키지 않는 일일지라도 기꺼이 행할 수 있도록 생각과 태도가 긍정적으로 변한다.

팔만대장경을 한자로 줄이면 마음 심(心)자라고 한다. 그만큼 절대적으로 중요한 것이 마음이다. 불가에서 일상적으로 자주 활용하는 한문에 일체유심조(一體唯心造)라는 말이 있다. 즉 모든 일은 마음먹기에 달려 있다는 말이다.

○ 담대함/ 대범함

자연을 보는 시각에는 다양한 분야가 있을 수 있다. 산을 보는 사람, 숲을 보는 사람, 나무를 보는 사람, 나무도 전체를 보는 사람, 가지를 보는 사람, 잎이나 꽃 등 세세한 부분을 보는 사람 등, 물론 필요에 따라 보는 부분이 달라질 수는 있을 것이다. 그러나 습관적으로 보는 범위(스케일)가 한정된 사람도 있다. 그것이 사람마다의 수준이고 지향하는 관심 분야일 수 있다. 담대함에서 왜 이런 논리를 전개하는가 하면 언제나 국지적인 것보다 대국적인 것, 지엽적인 것보다 총체적인 것부터 보고 대처하는 자세를 갖는 것이 중요한 것이라는 생각을 하며 대세에 영향을 미치지 않는 사소한 것들에 대해서는 간과할 수 있는 여유로운 자세를 갖는 것이 대범함이요 담대한 마음이라고 생각한다.

○ 사려 깊은 마음

사려가 깊다는 것은 생각이 많다는 것이요, 마음이 깊고 너그럽다는 뜻이다. 그것은 이해심이 넓은 것이요, 이해심이 넓다는 것은 역지사지하는 넓은 가슴을 가진 사람일 것이다. 역지사지는 남의 입장을 이해하는 것인데 말하기는 쉬운 것 같지만 실생활에서는 상당히 어려운 부분이다. 그것은 배려하는 마음을 가져야 할 것이고, 사람에 대한 존엄성을 알아야 할 것이며, 내가 낮은 자세로 대하는 겸손을 갖춰야 할 것이다.

○ 책임감

 자기에게 주어진 일에 대해 완벽하게 처리해야 한다는 사명을 갖는 것, 자기가 한 말에 대해 자기의 얼굴과 이름을 걸고 책임을 지는 것. 그런 책임감이 강한 사람이라면 어떤 기관, 어떤 조직에서도 필요로 하는 존재가 될 것이고, 그런 책임감이 강한 사람이라면 반드시 성공적인 인생을 살아갈 수 있을 것이다.

○ 경청

 남의 말을 듣는 것은 상당히 어려운 것이다. 귀로만 들어서는 말의 의미를 다 간파할 수 없다고 생각한다. 상대의 말에 대해 어떻게 대응할까를 생각하고 자기의 의사표현 요령에 대해 신경을 쓰는 것은 듣는 자세가 아니다. 온 마음을 동원해서 가슴으로 들어야 한다. 들을 때는 상대의 눈을 마주보고 표정을 살피면서 말하는 사람의 마음을 읽으며 상대의 마음과 하나가 되어야 조금 들릴 수 있는 것이다.

 조 신영, 박 현찬 씨가 공저한 "경청"이라는 책의 내용 중에 떠오르는 주요한 내용들을 소개하고자 한다.

- 진정한 듣기는 말하는 상대의 생각과 마음을 읽는 것이다.
- 한문의 들을 청(聽)자의 의미를 잘 새겨 볼 줄 알아야 한다. 즉 귀를 임금님 귀처럼 하고 10개의 눈을 가지고 하나의 마음으로 집중해서 들어야 한다는 의미이다.
- 말하는 사람의 이야기를 성실하게 들어주는 그 자체가 그 사람에 대한 존중이고 사랑인 것이다.
- 청각장애를 가진 사람들은 마음의 귀가 열려 있는 사람이 많다.
- 마음으로 듣기, 눈으로 듣기, 영혼으로 듣기를 위해 노력해야 한다. 사

람에게는 영혼의 귀가 있다고 하는데 그런 자세나 능력을 가진 사람은 많지 않다.

- 듣고 있으면 내가 이득을 얻고, 말하고 있으면 남이 이득을 얻는다.

- 말 하는 것은 씨를 뿌리는 것이요, 듣는 것은 수확을 하는 것이다.

- 말하는 것은 지식의 영역이고, 듣는 것은 지혜의 영역이다.

- 세상을 바꾸는 것은 달변이 아니라 경청에 있다.

- 이심전심이란 귀 기울여 들으면 사람의 마음을 얻을 수 있다는 의미이다.

- 듣는 것은 귀만 기울여도 가능하지만 경청을 하려면 모든 것을 동원해야 한다. 얼굴표정, 손짓, 자세, 추임새 등 모든 것을 다 동원해야 하지만 가장 중요한 것은 바로 눈을 마주치는 것이다.

- 올바른 경청은 상대가 그 자신을 중요한 존재로 느끼게 만든다. 데일 카네기는 "다른 사람 스스로를 중요한 존재로 느끼게 만들어 주는 것보다 더 중요한 사회적 기술은 없다."고 말했다.

○ 교양

교양의 사전적 의미는 문화에 관한 광범한 지식을 쌓아 길러지는 마음의 윤택함이라고 정의되어 있다. 마음이 윤택하다. 참으로 적확한 표현인 것 같다. 깨끗하다. 빛난다. 그렇게 사람에게서 빛나는 모습을 보는 것은 얼마나 좋은 세상이 될까? 모든 사람이 교양이 풍부하다면 정말 세상은 살만한 세상이 될 것이다. 교양 있다는 것은 곧 사람답다는 것이 아닐까? 예절이 밝은 사람, 경우에 어긋나지 않는 사람, 지식이나 지혜가 풍부하여 상황에 맞게 대처하는 사람 등을 보았을 때 참 교양 있다는 말들을 한다.

○ 봉사정신/ 희생정신

봉사정신은 희생정신이다. 희생이란 자기를 바치는 것이 아니겠는가? 수양을 많이 한사람이라거나 인격이 도야된 사람들이 이구동성으로 하는 얘기 중에 사람이 가장 보람을 느끼거나 행복을 느끼는 것은 이타적인 삶을 갈구했을 때라고 말한다. 이기적인 삶에서는 보람이나 행복의 극치를 맛 볼 수 없다는 것이다. 그것이 궁극적인 봉사정신일 것이다.

그런데 봉사는 어려운 사람을 막연하게 도와주는 것으로는 부족하다. 신체적이든 경제적이든 그들 스스로 일어설 수 있는 능력이나 자세, 자신감을 갖도록 도와야 하는 것이 봉사의 궁극적인 목표라야 하는 것이다.

○ 감사

세상을 살아가면서 일어나는 모든 현상들은 감사해야 할 일들이라고 생각한다.

맨 먼저 태어난 것 자체에 대해 무한한 감사를 알고 살아야 한다. 신체의 모든 기능이 정상인 것에 대해 조금 불편한 사람에 비교한다면 엄청난 특혜요 혜택이라는 감사한 마음을 가져야 한다.

부모님과 형제들과 친척, 친구들 그리고 선생님들과 살아오는 과정에서 만나고 헤어진 수많은 사람들에게 감사할 줄 알아야 한다.

날마다 빈번하게 일어나는 사건/사고에 연루되지 않은 것에 대해 진정으로 감사할 줄 알아야 한다. 물론 하느님이 계신 것이 맞기는 한 건가? 하는 의구심이 드는 불만스러운 경우도 있을 수 있다. 그러나 감사를 먼저 생각하느냐? 불만을 먼저 생각하며 사느냐? 하는 것이 그 사람의 인품이요 인격이요 인성인 것이다.

태도는 마음가짐 즉 삶을 바라보는 자세를 뜻한다고 하는데 태도에는 많은 것을 바꿀 수 있는 힘이 있다. 때문에 태도를 바꿀 때 세상이 달라 보인다. 어떤 자세로 살아가는가에 따라 세상이 아름다워 보일 수도 있고, 어두워 보일 수도 있다. 그러므로 사랑하고 감사하고 기뻐하는 긍정적인 마음가짐으로 세상을 바라보면 세상이 아름답게 보이는 것이다. 감사할수록 삶뿐만 아니라 영혼도 더욱 풍요로워지는 것을 느낄 수 있다. 감사의 태도는 자신과 만물을 이어주는 연결고리인 것이다. 더 많이 감사할수록 더 풍요로운 삶을 사는 비밀이 있다.

 감사해야 할 내용들에 대해 각자 각자가 보다 더 가슴으로 느껴보기 위해 세세하게 생각해보고자 한다.

○ 눈으로 볼 수 있는 것에 대해 감사하자.
○ 귀로 들을 수 있는 것에 대해 감사하자.
○ 코로 냄새 맡을 수 있는 것에 대해 감사하자.
○ 코로 공기를 들이마실 수 있는 것에 대해 아무런 생각 없이 넘기지는 않았는가?
○ 이빨이 튼튼하여 음식을 씹을 수 있는 것에 대해 감사한 생각을 해야 한다.
○ 음식을 먹으면서 맛을 느낄 수 있는 것에 대해 감사를 생각해 본적이 있는가?
○ 말 할 수 있는 것에 대해 감사하자.
○ 음식이 소화되어 건강이 유지되는 것, 자율신경계통인 내부 장 기관에서 잘 흡수되고 배설이 순조롭게 이루어지는 것에 대해 감사하다는 마음을 가져야 한다.
○ 머리카락 하나라도 빠지지 않고 보기 흉하지 않는 모습을 간직하고 있는 것에 감사하자.
○ 손이나 발의 양쪽 길이가 같은 것에 대해서도 감사할 줄 알아야 한다.

○ 손가락 발가락 하나라도 비정상이 아닌 것에 대해 감사하자.

○ 외부 신체기관이나 내부 자율신경계통의 신체 기관들이 건강하게 제 기능을 하고 있는 것에 대해 온 마음으로 감사해야 한다.

○ 사람을 만나고, 자연을 접하고, 사물을 보고 살아가면서 아무런 생각이 없는 사람이 아니라 느낌을 가질 수 있다는 것에 감사함을 알아야 한다.

○ 이렇듯 모든 신체조건이 건강을 유지하고 있는 것에 대해 날마다 감사할 줄 알아야 한다.

○ 더 심오하게 생각해보자면 우리가 어딘가 아픈 곳이 있을 때 간사한 인간의 마음은 "다른 데는 다 아프더라도 여기만은 안 아팠으면 좋겠다."는 생각을 하기도 한다. 특히 이빨 같은 경우 독자들도 공감하리라 생각한다. 그렇듯이 어떤 장애를 가지고 있는 사람이라 하더라도 다른 장애가 없는 것에 대해 감사할 줄 안다면 더 좋지 않겠는가하는 생각을 해본다.

○ 화재사고, 교통사고라거나 각종 천재지변으로부터 안전했던 것에 대해 감사한 생각을 해야 한다.

○ 도둑이나 강도, 성폭행 등으로부터 안전하게 하루를 보낸 것에 대해 감사하자.

○ 출근할 사무실이 있고, 나를 필요로 하는 직장이 있는 등 아침에 눈 뜰 이유가 있음에 감사해야 한다.

○ 저녁에 잠자리에서도 잠을 편하게 잘 잔다는 것이 얼마나 감사한 일인가?

○ 내가 할 수 있는 일이 무엇이든 그러한 능력을 갖추고 있음에 감사해야 한다.

○ 나의 아버지 어머니가 건강하게 살아계심이 언제나 감사하다.

○ 내 자녀들이 건강하게 잘 살고 있는 것에 대해 감사하자.

○ 내가 사랑하는 사람들, 내가 알고 지내는 사람들 그들이 건강하고 걱정스런 일 없이 살아가는 것에 대해 감사하다는 생각을 해본 적이 있는가?

○ 심지어는 목숨을 걸고 자유를 찾아 국가를 탈출하는 탈북자나 세계적으로 보트피플들을 보면서 국가가 나를 지켜주고 있다는 것에 대해서도 얼마나 감사할 일인지 모른다.

　얼마만큼 감사해야 하는지에 대해 독자들의 공감을 확장할 수 있으리라는 기대를 가지고 두 팔과 두 다리가 없는 선천적 장애를 가지고 태어난 닉 부이치치의 책을 여기에 간추려 소개하고자 한다.

　닉 부이치치는 그가 쓴 "허그"라는 책을 통해 여러 가지 감사하고 행복한 삶들에 대해 피력해 놓았는데　그　내용을 간추려 소개하고자 한다.

▷ 나는 정말 축복 받은 사람이다. 지금 나는 그 누구도 상상하지 못했던 인생을 즐기고 있다. 나는 내 삶을 사랑한다.

▷ 겁나고 두려운 시기가 없었더라면 믿음과 목적의식이 지금처럼 단단히 여물지는 못했을 것이다.

▷ 사람이 살아가면서 가장 중요한 것은 자신의 가치를 깨닫는 것이다.

▷ 손에 쥐지 못한 것을 아쉬워하는 마음을 버리고 당장 가지고 있는 것들에 감사하는 마음을 갖는 것이 중요하다.

▷ 꿈을 포기하는 것은 창조주를 상자 안에 가두어 두는 것이나 다름없다.

▷ 하고 싶은 일을 이루지 못했다면 주변의 환경이 아니라 자신의 내면에서 이유를 찾아야 한다.

▷ 삶의 즐거움을 맛보고 싶다. 마지막 한 방울까지, 내 앞에는 숨 막히도록 멋진 삶이 펼쳐져 있기 때문이다.

▷ 하느님은 나에게 기적을 보여주는 대신 나로 하여금 다른 사람들에게 기적이 되게 하셨다.

▷ 남들과 다르다는 사실이 무언가 특별한 일로 세상에 유익을 주는 자원이 될 수 있음을 실감하게 해 주었다.

▷ 의미 없는 삶에는 소망이 없다. 소망이 없는 삶에는 믿음도 없다.

▷ 세상에 저절로 되는 것은 없다. 숨 한 번 쉬는 것도, 발 한 걸음 내딛는 것도, 모두 하느님의 섭리 가운데 이루어지는 것이다.

▷ 삶은 소유가 아닌 존재인 것이다. 신체적으로 장애가 없이 정상이라 하더라도 아무리 많은 돈을 가졌다하더라도 인간적으로는 비참한 삶을 살 수도 있다.

▷ 세계를 돌아다니면서 깨달은 놀라운 사실은 넓은 땅에 으리으리한 집을 짓고 사는 부자 동네에서보다 가난한 아프리카의 고아원에서 즐거워하고 행복해하는 사람들을 많이 만날 수 있다는 것이다. 왜 그런 일이 벌어지는 것일까? 크나큰 집, 고급 자동차, 멋진 옷이나 보석 등의 사치품들이 인간에게 행복을 가져다주는 것이 아니기 때문이다.

▷ 슬픔까지도 삶의 목적을 이루는 도구가 될 수 있음을 잊지 말라.

▷ 성경에서는 믿음을 "바라는 것들의 실상이요, 보이지 않는 것들의 증거" 라고 정의한다. 인간은 믿음 없이는 살 수 없다. 다시 말해서 입증할 수 없는 무언가를 신뢰하지 않고는 생활이 불가능하다. 때로는 이유를 알 수 없는 일이 일어나기도 한다는 사실을 인정해야 한다.

▷ 당장은 길이 보이지 않을 수도 있지만 눈에 보이지 않는다고 해서 길이 없는 것은 아니다. 태도를 바꾸면 인생도 바뀐다.

▷ 열등감이나 피해의식은 사지마비보다 더 깊은 구덩이로 끌어내리지만 감사하는 마음은 삶을 끌어올리는 축복이 된다.

▷ 세상에는 팔다리가 없는 것보다 더 심한 장애가 수두룩하다. 그 중에서도 특히 두려움은 우리의 몸과 마음을 허약하게 만들어 어떠한 성취도

이루지 못하게 한다. 두려움이 우리의 발목을 잡고 늘어지면 마음에 소원하는 목표와 이상을 이루지 못한다. 하지만 두려움이라는 것은 그저 느낌일 뿐 현실이 아니다. 용감하게 행동하면 결국 용감한 사람이 되는 것이다.

▷ 나는 내 삶에 한계가 없다고 믿는다. 비록 팔다리가 없지만 나는 뭐든지 다 할 수 있는 온전한 사람이다.

▷ 모든 것은 보기 나름이다. 완벽하게 완전한 삶은 없다. 나는 나의 장애를 축복을 가져다주는 통로로 인식하면서부터 내 삶은 극적이리만치 긍정적으로 변했다.

▷ 삶의 목적을 찾는 것만큼 소중한 것은 없다. 분명히 말하지만 누구에게나 세상에 보탬이 될 만한 구석이 있는 법이다.

▷ 사람들은 어떤 의미에서든지 도우미가 필요한 존재이다. 번쩍이는 아이디어를 줄 수 있는 도우미, 솔직하게 충고를 해 줄 수 있는 도우미, 격려나 위로를 줄 수 있는 도우미, 멘토나 역할모델이 되어 줄 수 있는 도우미 등 도우미를 필요로 하는 것도 있겠지만 자신은 어떤 도우미가 될 수 있는지를 돌아보는 자세, 자신을 키워나가는 자세가 중요하다.

▷ 나에게 장애는 여러 가지 측면에서 큰 축복이었다.

이 책에 실린 이야기와 메시지들이 모든 독자들에게 삶의 목적을 발견하고, 소망을 품고, 믿음을 지키고, 자신을 사랑하며, 긍정적인 마음가짐을 갖고, 두려움을 이겨내며, 불굴의 의지를 기르고, 변화를 받아들이며, 신뢰할만한 인품을 기르고, 열린 마음으로 기회를 붙들고, 위기 앞에서 몸을 사리지 않고, 이웃에게 넉넉히 베풀고자 하는 너그러운 마음을 가진 사람으로 변화하는데 큰 보탬이 되기를 바란다.

감사라는 덕목에서는 뜻풀이만으로는 미흡한 감이 있어 M. J. 라이언이 쓰고 정 지현 씨가 번역한 "감사"라는 책을 요약해서 소개하고자 한다.

감사 (인생을 긍정적이고 올바른 방향으로 이끄는 힘)

▷ 감사는 잘 못된 것 대신 올바른 것을 바라보게 하므로 항상 기쁨을 느끼게 한다.

▷ 감사하는 삶은 항상 생기가 넘치게 된다. 감사하는 삶은 세월이 흐를수록 삶의 아름다움과 신비로움에 감동이 더해가며 그 마음을 기쁨으로 다른 사람에게 나누어주는 생기 넘치는 삶을 살게 된다.

▷ 감사는 자연산 우울증 치료제이다. 감사하면 시야가 넓어진다. 그래서 바로 코앞에 어려운 일이 닥쳐도 그 옆의 해결책을 발견해낼 수 있다. 반대로 우울증이나 스트레스가 심하면 시야가 좁아져서 눈앞에 닥친 문제의 어려움 밖에 보지 못한다. 해결책을 찾지 못하고 절망하게 된다.

▷ 감사와 사랑과 같은 긍정의 자세가 건강의 비결이 된다. 긍정적인 감정은 혈관에 엔돌핀을 분비하여 면역체계를 강화시켜 병에 대한 저항력과 자연치유력을 높여준다. 엔돌핀은 혈관이 늘어나도록 자극해서 심장을 안정된 상태로 만들어주는 효과가 있다.

감사하면 근심, 걱정이 없어진다.

▷ 첫째, 걱정은 미래에 일어날 부정적인 생각인 반면 감사란 지금 바로 이곳에서 존재하는 긍정적인 생각이다. 둘째, 항상 감사하면 삶에 대한 생각과 태도가 바뀌게 된다.

▷ 감사하면 매력적인 사람이 되고, 감사하면 고통과 분노가 사라진다.

▷ 감사하면 부족을 받아들일 수 있다.

▷ 감사하면 공허하지 않고 지금 이 순간이 소중해진다.

▷ 감사할 줄 알면 모든 사람과 소통할 수 있고 모든 생명체와 교감할 수 있다.

▷ 감사의 마음을 키우는 자세

1. 세상이 나에게 친절하다고 생각하라.
2. 공짜로 받은 삶에 감사하라.
3. 더 많이 감사하기로 결심하라.
4. 긍정적인 부분에 초점을 맞추라.
5. 나는 사랑 받을 자격이 있는 사람이라는 생각을 하라.
6. 나는 특별하다고 생각하라.
7. 감사하기 싫을 때 더 감사하라.
8. 소중한 것을 잃을 뻔 했던 기억을 떠 올려보라.
9. 이미 갖고 있는 것을 찾아보라.

▷ 우리는 부정적인 감정을 이기는 법을 배워야 한다. 그것은 성숙한 사람이 되기 위한 영적인 임무이다. 긍정적인 감정을 가꾸는 일을 마음의 습관이라고 한다. 사랑이 느껴지지 않을 때도 사랑하고, 불만스럽더라도 친절하게 행동하며 감사의 마음이 생기지 않을 때도 감사의 태도를 보여야 한다. 이렇게 마음의 습관을 가꾸다보면 내키지 않은 일일지라도 기꺼이 행할 수 있도록 생각과 태도가 바뀐다.

▷ 태도는 마음가짐 즉 삶을 바라보는 자세를 뜻하며 태도에는 많은 것을 바꿀 수 있는 힘이 있다. 따라서 태도를 바꾸면 세상이 달라 보인다. 어떤 자세로 살아가는가에 따라 세상이 아름다워 보일 수도 있고, 끔찍해 보일 수도 있다. 그러므로 사랑하고 기뻐하고 감사하는 긍정적인 마음가짐으로 세상을 바라보라. 그러하면 눈에 보이는 세상도 아름다워 진다.

▷ 태도와 감정은 참으로 알 수 없는 영역이다. 내키지 않는데도 표현을 하면 그 감정을 느낄 수 있다. 그래서 사랑을 많이 표현할수록 더 큰 사랑을 느낄 수 있고, 기쁨을 더 많이 전할수록 더 큰 기쁨으로 돌아온다. 그리고 감사할수록 삶뿐만 아니라 영혼도 더욱 풍요로운 것을 느낄 수

있다.

▷ 감사의 태도는 나와 만물을 이어주는 연결고리이다. 그 고리를 당기는 순간 풍요로움이 삶 속으로 가득하게 흘러들어온다. 여기에 더 많이 감사할수록 더 풍요로운 삶을 사는 비밀이 있다.

▷ 감사는 무언가를 베푸는 대상에게 보내는 반응이다. 따라서 자신이 뭘 받았는지 확실히 알아야만 감사할 수 있다. 선물을 받았다는 사실 자체를 모르거나 스스로 받을 자격이 없다. 라고 생각하면 감사와 기쁨을 느낄 수가 없다. 예쁜 얼굴이나 건강한 신체, 다양한 여행의 기회, 근사한 새 직장 등 아무리 좋은 선물을 받았어도 자신감이 부족하면 감사가 생길 자리가 없다.

▷ 우리가 살아있다는 자체가 이미 큰 선물을 받은 것이다.

▷ 감사할수록 일이 더 잘 풀리고 축복도 더 커진다는 것을 알아야 한다.

▷ 닥치지 않은 불행에 감사하라. 나쁜 일을 당하지 않았다는 것만으로도 얼마나 감사할 일인가?

▷ 감사의 실천

1. 매일 열 가지씩 감사한 일을 떠 올려보라. 글 쓰는 사람이 한 동안 글을 쓰지 않으면 글이 막힌다. 운동선수가 매일 운동을 하다가 한 동안 운동을 끊으면 몸이 굳어진다. 감사의 태도도 이와 마찬가지이다. 더 많이 더 자주 표현할수록 더 쉬워진다. 비관주의자는 부정적인 근육을 단련하나 낙관주의자는 긍정적인 근육을 단련해서 좋은 습관으로 만든다. 감사하는 마음가짐이 바로 긍정적인 근육이다. 어떤 근육을 만들지는 자신의 선택이다. 매 순간 감사하는 연습을 통해 감사의 근육을 단단하게 만들어보라.

2. 그럼에도 불구하고 감사하라.

3. 지금 하는 일에 성실을 다하라.

4. 감사의 마음을 가꾸기 이전에 먼저 용서하라.

5. 익숙해진 것에서도 감동을 찾아보라.

6. 진정 원하는 것을 돈으로 살 수 있는 것이 있는가? 생각해보라.

7. 어떤 결과가 나와도 괜찮다는 생각을 키우고, 모든 것은 지나간다는 것을 알아라.

8. 잠깐 멈추고 삶의 빈 순간을 만들어보라. 주변에 축복이 가득하다는 사실을 아는 순간 삶이 풍요로워진다.

9. 잘못된 것을 버리고 옳은 것에 초점을 맞추어라. 장점을 보기 시작하면 사람과 사람사이에 공감대가 형성되고 창조적인 사고와 한계극복능력이 향상된다.

10. 현재 일어나고 있는 일들에서 교훈을 찾아라. 잘 못된 일 자체를 부정하지 말고 거기에 숨어있는 의미를 찾아보라. 부모님과의 말다툼은 문제해결을 위해 차분히 대화하는 법을 배우라는 뜻이고, 접촉사고는 안전운전에 대한 경고이며 몸이 아프다는 것은 건강에 신경을 쓰라는 신호인 것이다. 지금까지 가장 힘들었던 일 열 가지를 적어보라. 그리고 그 속에서 어떤 교훈이 들어있는지 찾아보라.

11. 어릴 적부터 감사하는 습관을 들여라.

12. 나의 신체 하나하나에 감사하고, 그 신체가 정상기능을 하고 있는 것에 감사하라.

13. 스승에게 감사하고 부모에게 감사하고 친구, 친척에게 감사하며 무엇보다 자기 자신에게 감사하라.

14. 오늘이 인생의 마지막 날인 것처럼 살아라. 그러면 감사하지 않을 건 아무것도 없다.

○ 의리, 정, 사랑

 의리라 함은 사람으로서 지켜야 할 바른 도리라고 한다. 감사할 줄 아는 사람은 의리가 있는 사람이다. 부모에 대한 의리가 효도요, 배우자에 대한 의리가 변함없는 사랑이요, 자식에 대한 의리가 끝없는 사랑이요, 형제에 대한 의리가 깊은 정이다. 감사해야 할 사람에 대한 의리가 존경이요, 보은이다. 의리가 깊은 사람, 정이 많은 사람, 사랑이 가득한 사람, 그런 사람이 훌륭한 인격자요, 진정 성공한 인생이요, 존경 받을 수 있는 사람이다.

○ 이해심

 이해심이 넓다는 것은 그 사람의 가슴이 넓다는 것을 의미한다. 이해심이 넓다는 것은 도량이 크다는 것이며 대범하다는 것이요, 자신감이 넘친다는 것이요, 결국은 그 사람이 그만큼 크다는 것을 의미한다. 옹졸한 사람, 소심한 사람, 능력이 부족한 자신감이 없는 사람 그런 사람에게서 이해심이 넓을 것을 기대하는 것은 죽은 나무에서 과일을 기대하는 것이나 다름없을 것이다. 이해심은 그냥 스스로 생겨나는 것이 아니다. 자신을 닦는 노력을 해야 하고 훈련을 해야 한다. 어차피 세상사라는 것이 다 이해할 수 있는 부분들만은 아닌 것이다. 우리나라 5,000만 국민이 다 다르고 세계의 70억 인구가 한 사람도 같은 사람은 없다. 그걸 이해하면 이해심은 넓힐 수 있다. 사람은 다 다르다는 것을 인정하면 왜 그럴까? 하는 소심한 생각을 놓을 수 있다. 그러려니, 그저 그렇구나. 하는 초연한 마음을 가질 수 있다. 그것이 이해심이 넓어지는 것이다.

○ 자신감/자부심

 자신감이란 자기 스스로를 믿는 마음이다. 자기가 자기 스스로를 믿을 수 없다면 과연 누가 나를 믿어 줄 수 있으며 내가 누구를 믿을 수 있겠는가? 그러면 자신감은 어디에서 기인할 수 있는가? 그것은 다양한 지식이요, 무엇이든 할 수 있다고 믿는 능력이다. 능력이 미흡하다면 어디에서 어떻게 자신감이 나올 수 있겠는가? 그러면 그 지식과 능력은 어떻게 배양할 수 있는가? 그것은 오직 노력이요, 성실이요, 최선을 다해서 얻어지는 결과물이다. 어떤 일이든지 자신감이 없다면 시도하기도 어렵고, 도전할 엄두가 나지 않을 것이다. 결국 자신감의 결여는 무가치한 인생, 이룰 수 있는 것이 없는 인생, 실패한 인생이 될 수밖에 없는 것이다. 때문에 자신감의 확대를 위해 매사, 매순간 최선을 다해야 하는 것이다.

이렇게 자신감에 충만했을 때 자신에 대한 능력을 믿게 되는 것 그것이 자부심인 것이다.

○ 겸손

앞에서도 겸손에 대해 언급되었기 때문에 자세하게 언급하는 것은 생략하기로 한다. 그러나 짧게 얘기한다면 겸손하지 않고 이룰 수 있는 것도 없음을 알 수 있다. 거만하고 오만하고 자가당착적인 사람이 이룰 수 있는 것은 무가치한 것이거나 아무것도 없을 수 있다. 그리고 설혹 겸손하지 않는 사람이 뭔가를 이루었다면 그것은 영원하거나 여러 사람에게 유익하지 않은 이기적인 자기만족 형의 결과일 것이다. 그것은 그 누구에게도 존경을 받거나 부러움을 사거나 도전의욕을 북돋울 수 있는 그런 일은 아닐 것이다. 겸손하지 않은 사람이나 교만하고 오만한 사람이 뭔가를 이뤘거나 이루고 나서도 겸손을 모른다면 그것은 사회에 역기능을 하는 일이요 부작용이 더 많은 일일 것이다.

○ 용기

용기를 갖는 것은 자신을 믿는 마음이다. 도전정신에 충만한 사람이요, 뭔가 다른 일에 대한 호기심이 많은 사람이며, 미래에 대한 꿈과 희망이 가득한 사람일 것이다. 그들은 주변의 다른 사람에게도 용기를 전파할 수 있고 꿈과 희망을 갖도록 할 수 있는 사람들이다. 용기가 없다면 이룰 수 있는 것도 없고, 취할 수 있는 것도 없을 것이다. 심지어는 "미인을 얻는 것도 용기 있는 자의 몫"이라는 말이 있을 정도인데 용기 없이 얻어질 수 있는 것이 무엇이겠는가? 그런데 그 용기가 무모해서는 안 된다. 진정한 용기를 갖고자 한다면 실력을 갖춰야 하고 능력을 겸비해야한다. 결국 용기 또한 노력 없이 가져질 수 있는 것이 아니라는 걸 알수 있다.

용기는 정신적으로 더 강해지며 강직한 사람이 되게 하며 우리가 완전한 사람이 되도록 도와주며 더 나은 사회를 만드는 받침이 되는 것이다.

○ 유머/유연성

유머는 인생의 반찬이다. 유머가 없다면 사회는 얼마나 건조하고 몰인정하고 각박할까? 유머는 삶의 활력소가 된다. 과거 농경시대나 산업시대에는 권위의식과 위엄이 필요했을는지도 모르지만 지식, 정보시대에와 있는 현대에 있어서는 리더들에게도 유머가 필수덕목으로 요구되고있는 현실이다. 기업인도 그렇고, 정치인도 그러하며, 사회 모든 분야에서 필요로 하고 있다. 실제로 유머러스한 조직이나 단체에서는 화기애애한 분위기 속에 발전을 거듭하지만 권위의식이나 위엄으로 군림하는 리더가 있는 조직에서는 퇴보하거나 폐쇄되는 경우도 많음을 알 수 있다. 유능제강이라 했는가? 부드러운 것이 강한 것을 이기는 것이다. 자연도그렇지만 사람도 마찬가지로 강한 것은 부러지기 쉬운 법이다. 언제나부드러운 것, 유연하고 탄력성이 강한 것이 주변을 아우르며 융화와 단합을 촉진하여 발전하고 장구하는 요인이 되는 것이다.

○ 객관성

세상을 보는 눈, 타인을 판단하는 기준이나 원칙이 자기만의 눈, 관점, 지식에 기초해서 보면 안 된다. 항상 다른 사람은 이 일을 어떻게 볼까? 그것도 다른 한 사람이 아닌 여러 다른 사람들의 눈, 보는 기준 등을 참조하는 것 그것이 객관성이다. 자기만의 기준을 주관적이라 한다. 그것은 미흡할 수도 있고, 편협할 수도 있을 수 있기 때문에 자제하고 경계해야 하는 것이다. 사소한 일이든 큰일이든 언제나 객관적 기준을 가지려는 자세를 갖는 것이 그 사람의 인품이요, 인격이요, 그 사람의 크기인 것이다. 객관성을 키우기 위해서는 다양한 실력을 배양해야 할 것이고 담대한 마음을 가져야 할 것이며 다른 사람을 이해하려는 역지사지의 인간미를 겸비해야 가능할 것이다.

○ 자제력

정상적인 사고를 가진 사람이라면 자신을 억제하고 제재할 수 있는 바탕을 갖고 있을 것이다. 그러나 우리는 이따금 자제력이 부족한 사람들을 더러 보면서 열을 받기도 하고, 스트레스를 받기도 한다. 현대의학에서는 자제력 부족을 하나의 병으로 보기도 한다. 무슨 증후군이라는 명칭 하에 다양한 병증으로 진단하고 있지 않은가. 세상은 다른 사람들과 더불어서 같이 공존하는 것이다. 때문에 법과 규정, 도덕이나 양심 범위 내에서 어긋나는 행위를 해서는 안 되는 것이다. 사소한 자기의 이익이나 편의를 위해서 다른 사람의 눈살을 찌푸리게 한다거나 나아가 피해를 주는 일이 있어서는 안 되는 것이다. 자기의 욕심이나 편의가 다른 사람의 권리나 자존심, 사생활과 충돌했을 때는 자기를 자제할 줄 알아야 하는 것이다.

○ 지식/지혜

세상에서 가장 무서운 것이 무지라고 한다. 무지! 아는 것이 없음을 의미한다. 매일 책을 한 권씩 80평생을 본 사람이 마지막 죽어가는 순간에 "아는 것이 하나도 없다." 라고 한다는데 평생 책을 한 권 본 사람은 모르는 게 없다. 고 한단다. 이게 정말 무서운 무식이요, 무지요, 제일 무서운 것이다.

지식이라 함은 계속 반복되는 말이지만 전문분야를 연구하는 사람들 같은 전문지식을 갖추거나 학문적 수준을 달성한 박사학위 수준의 실력을 요구하는 것이 아니다. 그저 인생을 살아가는데 있어 평범한 이치라거나 양심이라는 것이 무엇인지 아는 것, 도덕, 윤리가 무엇인지 아는 것, 인간의 도리가 무엇인지 아는 것 등 일반상식들에 대해 알고 이를 어기지 않으려는 노력을 하거나 자세를 갖는 것을 의미한다. 그런데 인생을 살아가는 데는 지식이 많은 것보다 지혜가 풍부한 것이 자신을 발전시킬 수 있고, 세상에 더 많은 것을 기여할 수 있다. 학문을 많이 알고 수학을 잘하고 회화를 능란하게 잘 한다 할지라도 자녀를 어떻게 지도하는 것이 미래를 위해 가치가 있는 건지 모른다면 그 지식이 어떤 의미를 가질 수 있는가? 학문적인 분야들은 박사수준이면서 이웃 간의 조화에 대해 전혀 무관심하고 이기적이라면 그 실력이 어떤 의미가 있겠는가? 그래서 인생을 살아가는 데 있어서는 지식보다 지혜로운 사람이 사회와 국가에 이바지 할 수 있는 사람인 것이다.

그런 지식을 갖추는 것은 얼마나 열린 마음을 가졌느냐? 에 따라 상당부분 좌우된다고 생각한다. 나와 다른 사람들의 삶의 방식을 눈 여겨 보는 것이다. 모든 게 교훈이요 교육적일 수 있을 것이다. 그렇게 삶 속에서 지식을 터득해 가는 것이지 어디 학교나 학원 등 가르치는 시설이나 공간이 따로 있는 것이 아닌 것이 인생살이에 있어 지식인 것이다.

○ 배우는 자세
어느 철학자는 인생은 미완성 교향악이라고 했다. 그러면서 그는 인생은 죽는 날 까지 완성되지 않은 상태로 살다가 가는 것이라고 했다. 사람은 죽을 때까지 배움의 연속이라 하고, 죽을 때까지 배워도 다 배울 수가 없다고 한다. 그러할 진데 학교를 졸업하면 배움이 끝나는 것처럼 책을 덮고 책과는 담장을 쌓고 살아가는 사람들이 많다. 그런 사람은 발전이 없을 것이다. 발전이 없고 정지되어 있는 사람이라면 어느 조직, 어느 단체에서 필요로 하며, 어느 누가 가까이 하려하겠는가? 인간은 모든 신체기관을 총 동원하여 죽는 날까지 배우려는 자세, 한 가지라도 더 알려는 욕심을 가지고 살아야 한다. 그것은 꼭 무슨 학술적인 분야를 칭하는 것이 아니다. 사회생활을 하면서 알아야 할 상식들, 수천 또는 수만 가지의 세상물정들, 현대사회를 정보의 홍수, 정보의 바다라고 한다. 그 무수한 정보들에 대해서도 귀를 열고 열린 마음을 가지고, 과연 내게 또는 주변에 긍정적으로 순 기능 할 수 있는 것이 무엇이고, 역기능을 할 수 있는 것이 무엇인지 아는 것들을 총체적으로 포함해서 알려고 노력하는 것이 배우려는 자세일 것이다.

배우는 자세는 겸손해야 가능하다. 자신을 낮추는 자세, 아는 게 없다는 자세가 되어야만 배우려는 자세가 나올 수 있을 것이다. 이런 배우는 자세는 주변을 감동시킬 수 있고, 가족 간에도 전이가 될 수 있다. 결과적으로 배우는 자세는 자기만이 아니라 가족이나 주변을 발전시키고 향상시킬 수 있는 아주 바람직한 자세인 것이다.

○ 애국/충성

나라를 사랑하는 것은 곧 내 가족을 사랑하는 것이요, 내 집을 지켜내는 것이다. 우리는 이따금 가정과 국가에 대해 별개의 개념으로 생각을 하는 경우가 있는데 그래서는 안 된다. 그런 마음이 팽배해진다면 나라는 아주 위험해지게 되고, 나라가 위험해 진다면 결국 가정은 지켜 내려야 지켜 낼 수가 없게 된다. 세계적으로 역사적으로 한 번 되새겨보라,

나라를 잃은 국민이 설 땅이 있었던가? 오늘 날에도 세계의 빈곤국가나 독재국가의 국민들은 국가를 버리고 자유를 찾아, 기아의 해결을 찾아 목숨을 걸고 자기 나라를 탈출하고 있는 것을 우리는 잘 보고 있지 않은가?

한 번 깊이 생각해보자. 땜이나 대형 저수지가 조성된 곳에는 그곳에서 살던 사람들을 보상을 해서 이주를 시켜준다. 그런데 이주한 그 사람들은 땜이나 저수지 밑바닥을 쳐다보면서 자기가 살던 어린 시절의 추억을 더듬으며 향수를 느끼곤 한다고 한다. 하나의 지역에서 살면서도 자기의 집과 자기의 고향을 잃었다고 생각하는데 나라를 잃거나 나라를 벗어날 수밖에 없다면 그 비참한 설움을 어떻게 헤아릴 수 있겠는가? 자기 나라가 없는데, 자기나라를 벗어났는데 어느 나라에 가서 무슨 인정을 받고 대접을 받을 수 있으며, 보호를 받을 수 있겠는가? 자기 국민을 보호할 수 없다면 그것은 이미 나라도 아닌 것이다. 때문에 내 나라는 내가 잘 지키려는 애국심, 그리고 충성심을 절대 한 순간도 잊어서는 안 되는 것이다.

○ 근면/성실

사람들은 대개 한 탕, 한 건 등 뭔가 막연하지만 대박을 기대하는 경우들이 많은 것 같다. 그러나 삶이라는 것은 대단한 것, 엄청난 무엇인가에 의해 좌우되는 경우는 거의 아니 전혀 없다고 봐도 과언이 아니다. 일상적인 것, 사소한 것들의 끈임 없는 지속에 의해 오랜 세월 노력한 결과물이 크게 얻어지는 것이다. 궁극적으로 꾸준하게 근면한 사람에게 인정과 보상이 주어지는 것이지 게으른 사람이 좋은 성적을 올릴 수는 없을 것이고, 어느 조직에서나 단체에서도 게으른 사람이 인정받고 대접받는 경우는 없을 것이다. 근면한 사람이 성실하지 않는 사람이 없고, 성실한 사람이 근면하지 않는 경우는 없지만 게으른 사람이 성실한 사람도 없고, 불성실한 사람이 근면한 사람도 없다. 때문에 불성실하고 게으른 사람이 성공을 하거나 부자가 되는 경우는 없으며 뭔가를 이루고 성공한 사람은 누구나 근면하고 성실한 사람이었던 것이다.

○ 칭찬/격려

 사람의 의욕을 불러일으키는 것은 칭찬이요 격려일 것이다. "남자는 자기를 알아주는 사람을 위해서는 목숨을 바치고 여자는 정조를 바친다." 는 말이 있다. 그만큼 칭찬과 격려는 그 사람의 존재가치를 높여주는 것이기 때문에 그 사람의 초능력을 끌어낼 수 있는 말인 것이다. 기본적으로 사람의 욕구 중에는 인정의 욕구가 대단히 크다. 인정을 받았을 때는 최선을 다하려는 의욕이 충만할 것이다. 개인적인 인간관계에서는 말할 나위도 없지만 특히 어떤 조직사회의 리더라면 중요한 덕목이 칭찬하고 격려하는 성품일 것이다.

○ 배려

 배려란 무엇일까? 나보다는 남의 입장에 대해 여러 가지로 신경을 쓰는 것이다. 남을 걱정해주는 것도 배려하는 마음이요, 말이나 행동 또는 어떤 자리에서 위치를 배치하는 경우에도 상대를 불편하지 않게 신경을 쓰고 어렵지 않게 해 주는 것이 배려하는 마음이다. 말은 쉬운 것 같지만 과연 이런 마음을 가진 사람이 얼마나 될까? 결코 간단한 문제가 아니고 쉬운 문제가 아니라고 생각한다. 마음이 좁은 사람, 심성이 좋지 않은 사람, 능력이 미흡하여 자신감이 없는 사람은 결코 할 수 없는 일일 것이다. 세상의 모든 사람들이 남을 먼저 배려하는 사회가 된다면 어떤 모습일까? 모든 사람들이 한 번 상상해 봤으면 좋겠다.

제 5 장

인간관계(人間關係)는 어떻게 형성하고
유지할 것인가?

앞장에서 언급했듯이 인간은 개체로서는 의미가 없다. 무수하고 다양하게 얽혀있는 관계 속에서 그 정체성을 확인할 수 있으며 본래의 의미를 찾을 수 있는바 얽혀 있는 그 다양한 관계들에 대해 알아보고자 한다. 사람을 사회적 동물이라고 한다. 그 사회의 구성단위의 기초는 가정으로부터 출발하는 바 부부관계부터 하나씩 생각해보고자 한다.

1. 부부 관계

가정을 구성하는 모체는 부부이다. 모든 관계의 기본이 부부관계라고 해도 무리가 아닐 것이라고 확신한다.

사람이 성장하여 일정한 나이가 되면 남과 여가 짝이 되어 부부로 연을 맺게 된다. 처음 만나 사랑의 감정을 느끼면서 연애기간도 거치고, 서로가 좋아서 매일같이 만나고 헤어지기 아쉽고, 같이 있고만 싶고, 그런 감정으로 결혼에 골인하여 사회구성의 모체단위인 가정을 이루게 된다. 이 토록 사랑으로 맺어진 커플들인데 요즈음의 급증하는 이혼율을 보면 부 부로 살아가면서 서로가 서로에게 어떻게 해야 하는지에 대해 깊이 있게 알지 못하고, 생각하거나 고민하면서 결혼에 골인하는 경우는 많지 않은 것 같다는 생각을 지울 수가 없다.

가정은 사랑으로 충만해야만 가정이다. 그저 방이나 집 한 채 구해서 같이 살면 가정이 되는 것이 아니다. 결혼을 하는 젊은이들이 가정을 무 엇으로 채우고 이루어 나갈 것인지 알아야 하는데 적확하게 알면서 추구 해가는 부부가 얼마나 있을까?

사람마다 추구하는 가치관의 우선순위가 다르겠지만 어디까지나 가정에 서의 최고의 가치추구는 사랑이라야 한다. 백여 평 되는 고급저택을 금 이나 다이아몬드로 지었다 하더라도 그 속에 사랑이 없다면 그것은 오로 지 집일뿐 가정은 아니다. 그런데 요즈음의 젊은 부부들은 기성세대 삶 의 방식들에 물들여져서인지 재정적인 부분에 치우치는 경우들이 너무 많은 것 같아 가슴이 아프다.

부부를 일컬어 일심동체라 한다. 사람은 물리적으로 두 사람인데 한마 음, 한 몸이라는 것이다. 어떻게 가능할까?

일심동체(一心同體). 이 용어 하나만을 잘 이해 할 수 있기만 해도 그 부부는 행복한 결혼생활, 성공적인 가정생활이 가능한 부부일 것이라고 믿는다.

어린 시절 초등학교에 다닐 때 2인 3각 경기라는 것을 해 본 경험이 있는 독자들이 많을 것이다. 두 사람이 다리 한 쪽씩을 붙들어 매고 같 이 뛰는 경기 말이다. 호흡을 맞추고, 보폭을 맞추고, 속도를 맞춰서 같 이 뛰면서 넘어지고 부딪히고 앞서거니 뒤서거니 서열이 바뀌어 가면서 뛰기가 얼마나 어렵고 힘들었던가? 부부란 그런 것이다. 두 사람이지만 한 사람이 뛰거나 걷는 것처럼 그렇게 동행할 수 있어야 하는 것이 부부인 것이다.

한 마음, 한 생각 즉 같은 마음, 같은 생각을 가져야 한다는 것이다. 그러기 위해서는 언제나 한 위치에서 같은 방향을 바라보며 같은 기준과 원칙과 철학을 가져야 한다. 서로 다른 사람이 어찌 그게 가능하겠는가. 말하자면 불가능한 일을 가능하도록 만들어가는 것이 부부인 것이다. 그런데 요즈음 부부들이 그런 심오한 이치를 아는 부부가 얼마나 있겠는가. 살아가다가 조금만 달라도, 조금만 불편해도 이해하지 못하고, 용서하지 못하고, 너무 쉽게 갈라서 버리는 것이 현실이지 않는가?

또한 수학적으로 한번 생각해보더라도 엄연히 다른 남과 여 두 사람이 이루고 있는 한 쌍은 물리적으로 둘이 분명하다. 1+1=2인데 일심동체라고 하는 것은 1+1=1을 요구하는 것이 아닌가? 1+1을 1로 만들기 위해서는 결국 각각 1의 반을 포기해야 하고, 양보해야 하지 않겠는가?

이런 진리, 이런 심오한 이치를 이해하고 결혼하거나 결혼생활에 임하고 있는 부부가 얼마나 있겠는가. 그리고 사람은 누구나 적당히 이기적이고 적당히 양면성을 지니고있는 속성을 갖고 있다. 말은 희생적이고 헌신적이며 아가페적인 사랑을 할 것처럼 하지만 현실에서는 자기 자신은 희생하거나 헌신하지 않으면서 상대에게만 요구하거나 기대하는 경우들이 많다보니 결혼식을 할 때는 그 많은 하객들이 보는 앞에서 검은머리 파뿌리 되도록 사랑하며 살겠노라고 선서도 하고, 서약도 했지만 파뿌리는 고사하고 샴푸냄새가 마르기도 전에(신혼여행에서 돌아오자마자) 이혼하는 부부들도 늘어나고 있는 것이 오늘날의 풍경이 되고 있기도 하다.

● 성경의 고린도전서 제 13장에는 사랑에 대해 아래와 같이 무한대의 책임을 요구하고 있다.

사랑은 오래 참고 인내하며, 사랑은 시기하거나 자랑하지 않으며
사랑은 기만하거나 무례하지 아니하고, 사랑은 자기 생각만 하지 아니하
며 사랑은 성내지 아니하며, 사랑은 원한을 품지 아니하며
사랑은 불의를 기뻐하지 아니하며, 사랑은 진리와 함께 기뻐하고
사랑은 범사에 참으며 범사에 믿으며 바라며 범사에 견디느니라. 라고
했다.
　사랑한다면 상대를 인정하고, 이해하고, 어떤 실수나 잘못에 대해서도
아량을 베풀고, 상대의 입장에서 먼저 생각하여 배려하는 등 실로 헤아
릴 수 없을 만큼 해탈의 경지에 도달해야 가능한 것이 사랑일진데 요즈
음의 사랑에 대한 개념이 어디 그러하기를 기대할 수 있는가?
　사랑이란 그저 인간의 본능인 원초적 욕구를 충족하면 되는 것 정도로
생각하는 사람들이 많은 것도 인정할 수밖에 없는 실망스런 현실이다.
그것은 진정한 사랑이 아니다. 사랑이라는 단어의 순수함을 오염시켜서
도 안 될 것이며 남용해서도 안 될 것이다.
　육체적인 쾌락을 추구하는 그런 사랑이 아닌 진정으로 숭고한 사랑을
원한다면 사랑에도 사명이 따라야 한다는 것을 알아야 한다.

가. 사랑은 서로를 책임지는 것이다.

　결혼이란 사랑하기 때문에 하는 것이 아니라 사랑하기 위해서 한다고
한다. 그런 심오한 뜻을 모르는 젊은 사람들은 오직 사랑하기 때문에 결
혼하는 것으로 알고 결혼만 하면 환상의 세계가 펼쳐질 것 같은 막연한
기대 속에 부부생활을 시작한다. 아무튼 사랑하기 때문에라도 결혼을 했
다면 이제 그 배우자의 인생을 책임져야 한다. 그 배우자의 인생이 자기
한 사람으로 한정되었기 때문에 반드시 그 인생을 보상해야 하고, 책임
져야 하는 것이 사랑이요 결혼이다.

또한 낱말적인 의미를 새겨보더라도 사랑하기 때문에 결혼 한다고 하면 사랑의 종착점이 된다고 해석할 수 있겠지만 사랑하기 위해 결혼한다고 하면 이제부터 사랑의 출발선이 되는 심오한 의미를 갖는 것이 아니겠는 가?

나. 사랑이란 끝까지 인내해야 하는 것이다.

부부로서 한 공간에서 살다보면 무지개 빛 환상처럼 매일같이 즐겁고 신나고 행복한 순간들만 연속되는 것이 아니다. 그리고 사랑만을 추구하면서 부부가 일상을 살아가는 것이 아니라 이런 저런 잡다한 생활이라는 현실이 있다. 이런 생활 속에서 부딪히는 다양하고 복잡한 문제들과도 마주치는 것이 현실이다.

그런 와중에 상대에게서 서운하고 실망스런 모습도 볼 수 있고, 불편하고 불쾌한 경우도 있을 수 있을 것이다. 이런 때에도 이해하고 인정하며 참아내야 하는 것이 부부다. 뭔가를 잘 못하고 서운할 때 그것을 고치려 하고 바꾸려 하면 불편해지게 된다.

다. 사랑은 끝까지 믿어주는 신뢰가 있어야 한다.

부부간의 믿음에 대한 고사 한 가지를 소개해 본다.

시골의 한 농부가 부인과 상의하여 키우던 말을 더 좋은 말과 바꾸고자 시장으로 끌고 나갔다.

가는 도중에 살진 염소에게 마음을 빼앗겨 그 염소와 말을 바꾸었다. 또 길을 가다가 그 염소를 양과 바꾸었고, 조금 더 가다가 거위와 바꾸었는데 한 참 가다가 붉은 벼슬이 멋있는 닭이 보이는 바람에 그 닭과 거위를 바꾸었다. 그리고 마지막으로는 사과 한 자루와 바꾸었는데 그 사과는 썩은 사과였다.

 귀가 도중에 날이 저물어 여관방에 들어갔는데 여관방에서 만난 귀족에게 사연을 얘기하게 되었다. 사연을 들은 귀족은 "집에 돌아가면 부인이 화가 나서 당신을 받아들이지 않을 것이오." 라고 말했다. 그러나 농부는 "나의 부인은 참 잘 했다"고 말 할 것이오. 라고 반박했다. 그러자 귀족은 만약 그렇다면 자기가 가진 금화를 몽땅 주겠다고 했다.

 이튿날 집에서 사연을 들은 농부의 아내는 "그러잖아도 식초를 만들기 위해 썩은 사과가 필요했는데 참 잘 되었군요." 라고 말했다. 결과적으로 농부는 내기에 이겨 부자가 되었다. 결국 부부의 믿음이란 이런 것이라야 한다.

라. 사랑은 상대를 이해하고 용서하며 배려하는 것이다.

 사랑은 환상적인 것만은 아니다. 늘 좋은 느낌만 있는 것도 아니고 언제나 만족스러운 것만 있는 것도 아니다. 미혼의 젊은 남녀의 사랑은 때로는 환상적인 경우들이 없는 것도 아니지만 결혼을 하고 한 3~4년 살아가다보면 삶의 현실들과 부딪히면서 결혼 전의 사랑개념과는 상당한 괴리를 느끼는 경우들도 종종 접하게 된다. 때로는 서운하기도 하고, 실망스러운 경우도 있게 되고, 답답하거나 한심한 경우들도 보게 된다. 이럴 때 이해심이 커져야 한다. 때로는 배신감이 드는 행위도 느낄 때가 있을 수도 있는데 이럴 때에도 용서하는 마음이 있어야 한다. 끝까지 상대를 배려하는 마음을 견지하는 것, 그것이 진정한 사랑일 것이리라 믿는다.

 요즘은 가사 일에 대해서 남자들도 많이 참여하는 시대가 되었지만 예전에 가정에서 가사 일만 하는 요즘 말로 전업주부의 가정에서 일어나는 일들을 한번 생각해보자.

주부의 가사 일은 했을 때는 표가 안 나는 일들이다. 반면에 안 했을 때는 표가 나게 되어 있다. 대개의 남자가 하는 일은 했을 때 표가 나고 안 했을 때는 표가 잘 안 나는 경우들이 많은데 반해 여자의 가사 일은 그 반대이다.

집안 청소를 하는 일, 밥하고 설거지 하는 일, 빨래하여 다림질 하는 일 등 한 번 생각해보라. 반듯하게 해 두었을 때 표가 나는가? 반면에 안 했을 때는 당장 표가 나게 되어 있다. 여기에서 가부장적인 남편들은 뭔가가 안 되어 있을 때 이런 것도 안하고 뭐했느냐? 라고 신경질부터 내고 야단을 치거나 성질을 내게 된다. 그러면 그것을 받고 있는 아내는 얼마나 부담을 느끼고 스트레스를 받겠는가?

그와 반대로 집안이 깨끗하게 청소되어 있고 밥이나 반찬을 잘 차려서 대접해주고 옷가지들을 깨끗하게 빨래해서 다림질 해 주었을 때 감사하고, 고마워하며 얼마나 수고 했는가에 대해 위로하고 칭찬해줘 본 적이 있는가? 그런 일련의 행위들에 대해서는 그저 자동으로 되는 것쯤으로 아무런 생각 없이 살아 왔던 것 아닌가? 이런 일상의 반복 속에서 우리는 혼내고 야단치고 성질부림 하는 것은 잘 하지만 칭찬하고 고마워하고 격려하는 것은 잘 할 줄 모르는 모순 된 정서에 길들여져 있다고 해도 과언이 아닐 것이다.

● 어떤 책에서 본 내용 중에 부부 십계명이 있는가 하면 남편의 십계명도 있고 아내의 십계명 등이 있는데 여기에 소개하고자 한다.

▶ 부부 십계명

1. 남편이 말할 때는 고개를 끄덕이면서 맞장구를 쳐 주라.
2. 배우자가 누군가와 말을 하고 있을 때는 중간에 끼어들지 말라.

3. 말을 할 때는 웃으면서 정이 드는 말을 하라.

4. 자존심을 상하게 하는 말은 살아 갈 맛까지 떨어지게 하므로 절대 금물이다.

5. 마음에 들지 않는 말이라도 그 앞에서 면박을 주지 말라.

6. 나만 말하고 끝내버리지 말고, 상대방에게도 말 할 기회를 주라.

7. 한 번 했던 말이나 하고 있는 말은 더 이상 반복하지 말라.

8. 말 할 때는 유머를 섞어서 재치가 넘치는 화법을 구사하라.

9. 말 할 때 얼굴을 찌푸리거나 침이 튀지 않게 하라.

10. 거짓말을 절대 하지 말라.

▶ 남편의 십계명

1. 결혼 전, 신혼 초에 보였던 관심과 사랑이 계속 변치 않도록 노력하라.

2. 결혼기념일과 아내의 생일을 잊지 말라.

3. 평소 아내의 옷차림과 외모에 관심을 가져라.

4. 아내가 만든 음식에 대해 말이나 행동으로 감사를 표시하라.

5. 결혼의 행복이란 부부간의 사랑보다도 평소에 부부가 얼마나 많이 대화를 하느냐에 달려있다는 것을 명심하라.

6. 아내의 마음에 상처를 주는 농담이나 행동을 삼가라.

7. 가정불화가 있을 때 남편은 한 걸음 양보하라. 아내의 매력은 사랑스러움에 있으며 남편의 매력은 너그러움에 있는 것이다.

8. 가정경제는 아내에게 일임하여 아내가 보람을 느끼게 하라.

9. 아내의 개성과 취미를 존중해주고 키워주도록 하라.

10. 하루에 두 번 이상 아내의 좋은 점을 발견하여 일러줌으로써 아내에게 기쁨을 주는 아량을 가져라.

▶ 아내의 십계명

1. 자기 자신과 가정을 아름답게 꾸밀 줄 아는 재치와 근면성을 기르라.
2. 음식준비에 정성을 기울이고 남편의 식성에 관심을 가져라.
식탁은 가정의 화목을 도모하고 대화를 나누는 친교의 광장이며, 하루의 피로를 풀고 내일의 희망을 꿈꾸는 희망의 산실이다.
3. 혼자만 말하지 말라. 남편에게도 말 할 기회를 주라.
4. 남들 앞에서 남편의 결점이나 장점을 너무 지나치게 말하지 말라.
5. 남편에게 따져야 할 일이 있을 때는 그의 기분상태도 고려해주라.
6. 남편에게는 혼자만의 정신적 휴식시간을 갖고 싶어 하는 심리가 있음을 이해해 주라.
7. 중요한 집안일을 결정할 때는 남편의 뜻을 존중해주라.
8. 남편의 수입에 맞춰 절도 있는 살림을 꾸려나가도록 하라.
9. 모든 일에 참을성을 가져라.
10. 하루에 두 번 이상 남편의 좋은 점을 발견하여 남편에게도 기쁨과 긍지를 가지도록 하라.

이런 심오한 내용들을 접하면서 과연 미혼자들이 나는 훌륭한 남편감이 될 수 있고, 나는 아내로서의 역할을 제대로 잘 할 수 있다고 장담하고 자신 할 수 있는 사람이 몇 사람이나 있으며, 기혼자 또한 나는 100점 짜리 남편이요 아내라고 자신 할 수 있는 사람이 몇 사람이나 있을까? 하는 의문을 가져보지 않을 수 없다.
위에서와 같이 이토록 복잡한 덕목들이 있는가 하면 부부간에는 대화하는 요령에도 십계명이 있다.

▶ 부부의 대화요령 십계명

1. 맞장구를 쳐 주라.

상대방을 인정하고 높여주는 추임새를 넣어주면 대화가 부드럽고 화목하고 행복을 저절로 느끼게 된다. 요즘말로 하자면 리액션을 잘 하는 것이 사회에서만 필요한 것이 아니라 부부간에도 절대적으로 중요한 것이다.

2. 분위기에 맞는 말을 하라.

때와 장소와 분위기에 맞는 말은 은쟁반에 옥구슬 같은 것이라고 한다.

3. 자존심 상하는 말을 금하라.

부부 뿐만 아니라 사회의 인간관계에서도 자존심을 상하게 하는 말은 상대를 무시하는 것 같아서 상처를 입게 된다. 촌철살인이라는 사자성어가 있는데 세치 혀로 사람을 죽인다는 말이다. 어떤 흉기에 의한 외상은 제3삼자인 의사에 의해 치료가 된다. 그러나 말에 의해 상처를 받게 되면 말을 뱉은 당사자에 의해서도 잘 치유될 수가 없을 뿐 아니라 그 상처는 원상회복이 잘 안 될 수 있다. 각별히 조심해야 하는 것이 말이다.

4. 정감 있게 말하라.

말을 할 때에 한 음정 낮추어서 말을 하면 정감 있게 들리고, 이런 말의 습관이 분위기를 만들어 가는 것이다.

5. 상대방에게 말 할 기회를 주라.

대화는 주고받는 것이지 혼자서 떠드는 것이 아니다. 말은 잘하는 것보다 잘 들어주는 것이 더 잘 하는 대화술이다.

6. 같은 말을 두 번 이상 반복하지 마라.

아무리 좋은 말이라도 반복하면 듣기 싫고, 신경질이 나며 기분이 상하게 된다. 그리고 말을 되풀이 하는 그 사람까지도 우습게 보이는 것이다.

7. 칭찬의 말을 자주 하라.

바보 온달이 평강공주의 칭찬과 격려가 없었더라면 그냥 바보로 머무르고 말았을 것이다. 좋은 칭찬은 마음에 행복감을 느끼게 한다.

8. 좋은 말만 골라서 사용하라.

말이 씨가 된다는 말이 있다. 어떤 말을 사용하느냐에 따라 그 사람의 미래가 결정된다. 할 수 있다는 격려를 하면 자신감이 생기지만 네가 뭘 할 수 있겠냐? 라고 비아냥거리는 식의 말을 하면 능력은 퇴보하는 법이다.

9. 유머를 자주 활용하라.

웃을 줄 아는 사람은 부자다. 남을 웃길 줄 아는 사람은 부자를 만드는 기술자가 되는 것이다. 웃음꽃 보다 아름다운 꽃은 없다고 한다.

10. 알아주는 말을 자주 하라.

세상이 다 나를 인정해주지 않더라도 배우자에게만큼은 인정받고 싶은 것이 서로의 마음이다. 앞장의 어떤 시골 농부의 고사처럼 인정해주고 믿어주는 것이 곧 그 사람을 알아주는 것 아니겠는가?

부부는 세상에서 제일 가까운 존재다. 그리고 제일 편안한 존재다 그러다 보니까 너무 어려운 생각 없이 쉽게 대하기도 하고, 함부로 대하기가 일수다. 여기에 함정이 있는 것이다. 가정 밖에서 대하는 모든 사람에게는 온갖 신경을 써주고 주의하며 예절을 다하고 메너를 갖고 에티켓을 지키려고 노력을 한다. 그러나 가정에서 배우자에게는 밖에서 하는 그런 노력들을 하는가? 부부는 세상 어떤 관계보다 중요하며 없어서는 안 되는 존재이다. 그런데 그렇게 중요한 존재로 생각하면서 살아가고 있는가?

지금까지 너무 무거운 책무 쪽으로만 얘기가 전개된 것 같아 독자들에게 미안한 마음이다. 그런 의미에서 어떤 책에 소개된 정서적인 가슴 뭉클한 부부의 시가 있어 소개해 본다.

◆ 이런 남편이 되겠습니다.

보슬비가 내리던 어느 봄날
머리숱이 줄어들까 고민하며 발걸음을 옮길 때
우산을 미처 준비하지 못한 나를 위하여
빛바랜 우산을 들고 동네 어귀에서 나를 기다리는
당신의 모습에서
삶의 무게로 힘겨워하는 당신의 어깨를 보았습니다.

당신이 가꾸어 놓은 정원의 나비가 되겠습니다.
때로는 당신의 향기를 아이에게 전하고
때로는 아이들의 사랑을 당신에게 전하고
때로는 표현하지 못하는 내 사랑을 전하고

때로는 그냥 말없이
당신이 늦은 시간 아이들을 기다리며
아이들 책상에서 마음 졸이고 있을 때

나는 당신을 위해 기도를 올리겠습니다.

권위로 당신과 함께 살아가는 남자가 아니라
당신의 말에 귀 기울이고
당신의 눈 밑 주름에 미안해하며 바라보고
당신의 얼굴에서 삶의 희망을 느끼는
그런 남편이 되겠습니다.
아침 햇살을 온 몸에 안고 잠에서 깰 때
내 곁에 곤히 자고 있는 당신의 모습에서
때 늦은 감은 있지만
행복이라는 단어를 발견하겠습니다.

당신이 두 번째 순위에도 행복감을 느끼듯
나는 순위에 관계없이 당신 곁에서
당신의 사랑을 느낄 수 있다면
그것으로 만족하겠습니다.

이제부터는 늘 사랑한다고 용기 내어 말하고
항상 따뜻하게 포옹해주기 위해 노력하고
당신의 마음 속 먼지를 하나하나 털어내어
당신이 다시 빛날 수 있게 하는 그런 남편이 되겠습니다.

나는 지금부터 기도하겠습니다.
세상이 우리를 거두어 갈 때
너무 많은 시차를 두지 말고
가능한 같이 거두어 달라고

그래서 당신의 영원한 그림자가 되게 해 달라고

당신이 쉬어가고 싶을 때
더 자상하고 듬직하지 못해
충분한 나무그늘을 만들지 못할지라도
당신이 쉬어가는 동안에 모든 가지를 한 곳으로 모아
당신이 편히 쉴 수 있는 그늘을 만들 수 있는
그런 남편이 되겠습니다.

그래서 당신과 내가 생의 갈림길에 섰을 때
"당신으로 인하여 내 삶은 의미가 있었습니다.
당신을 정말 사랑합니다.
다음 세상에 다시 태어나서도
당신과 결혼하고 싶습니다." 라는 말을 듣는
그런 남편이 되겠습니다.

  여기에 답하는 아내의 시를 한 편 소개한다.

◆ **이런 아내가 되겠습니다.**

눈이 오는 한 겨울
야근을 하고 돌아오는 퇴근 무렵에
따뜻한 붕어빵 한 봉지 사 들고
당신이 내리는 지하철역에 서 있겠습니다.
아무 말 하지 않고도 당신의 피로한 어깨를 느끼겠습니다.

당신이 들어오는 집이 향내 나도록 만들겠습니다.
때로는 구수한 된장찌개 냄새로
때로는 보리차 끓이는 냄새로
때로는 만개한 소국들의 향기로

때로는 진한 향수로
당신이 늦게까지 당신의 방에 불을 밝혀
담배연기 자욱한 가운데 책을 볼 때
나는 슬며시 레몬 넣은 홍차를 준비하겠습니다.

외모로 당신 곁에 잠시 머무는 여자가 아니라
당신의 가장 가까운 벗으로서
있어도 없는 듯 그러나 없으면 서운한
맘 편한 얘기 털어 놓을 수 있는 그런 아내가 되겠습니다.

잠을 청하기 위해 불 꺼놓은 보금자리
대화하다가 동이 트는 것을 보아도
서로의 대화로 인하여 풍성해진
우리 맘을 발견하겠습니다.

당신으로 인해 나를 빌어 태어나는 아이가
장성해서 가장 존경하는 인물로 당신을 꼽는다면
나는 두 번째 자리를 차지하여도 행복하겠습니다.

늘 사랑해서 미칠 것 같은
꼭 내 것으로만 여겨지는 그런 아내가 아니라

언제나 아주 필요한 사람, 없어서는 안 되는
그런 공기 같은 아내가 되겠습니다.

그래서 행여 내가 당신을 세상에 남겨두고
먼저 떠나는 일이 있어도
당신의 가슴에 크게 새겨지는
그런 현명한 아내가 되겠습니다.

지혜롭고 슬기로워 당신의 앞길을 밝히는
아주 밝은 빛이 되지 못한다 하더라도
호롱불처럼 아니 반딧불처럼
당신 가는 길에 빛을 비출 수 있는
그런 아내가 되겠습니다.

그래서 당신과 내가 흰서리 내린
인생의 마지막 길에서
" 당신은 내게 정말 필요한 사람이었소.
당신을 만나 행복했소." 라는 말을 듣는
그런 아내가 되겠습니다.

우리 모두 가슴 뭉클한 시가 있는 이런 남편, 이런 아내가 돼 보면 어떨
까요?

2. 자녀 관계

자녀에 대한 교육 문제는 교육면에서 심도 깊게 서술할 것이기 때문에

생략하기로 하지만 자녀라는 것이 20대까지의 교육만 마무리 하면 끝나는 것이 아니라 평생토록 자녀관계인 것이다.

80대의 아버지가 60대의 아들에게 "얘야 차 조심하여라." 라고 한다는 부모의 자식에 대한 걱정을 우리는 다 알고 있다. 그러나 그것은 부모의 일방적인 우려로써 자식이 새겨듣는 것이 아니라 귀찮게 들리는 잔소리로 밖에 되지 않는다.

자식의 나이별로 부모가 해야 할 기능들에 대해서도 교육 분야에서 언급하겠지만 부모는 일정기간 교육자로서의 기능을 해줘야 하겠지만 20대가 지나면 이제 독자적인 인생을 살아 갈 수 있도록 놓아주는 것도 하나의 교육일 것이다. 예전처럼 대가족제도 하에서 한 집안에서 한 3대정도가 같이 살아가는 세상도 아니고, 이제 핵가족 시대가 되어버린 오늘 날 자식이 언제까지나 내 자식으로 있을 것 같은 기대나 욕심을 갖는다면 그것은 오히려 자식에게 족쇄로 작용하여 넓은 세상에서 나래를 펴는데 장애가 될 뿐이다.

저자는 아내의 아이들에 대한 지나칠 정도의 극진한 사랑을 보면서 아이들이 어렸을 때부터 적당한 시점에 아이들과도 정을 떼는 노력을 해야 한다는 것을 강조하곤 했다. 그렇다고 부모 자식 간의 정이 없어지겠는가? 단지 교육목적상 자녀들이 의타심을 버리도록 하기 위함이요, 자녀들의 독립정신에 장애가 되면 안 되겠다는 기준을 늘 정해두고 있었던 것이다.

심지어는 20대에는 자립해야 한다는 원칙을 가지고, 아이들이 20살이 되는 생일날에는 축하 이벤트를 한 다음에 "이제부터는 너도 성인이다. 네 스스로 자립을 해야 하는 나이인 것이다. 그러나 한국적 사회 환경이 경제적으로 자립할 수 있는 여건이 안 되기 때문에 학비랄지 용돈 등을 지원은 해 주겠지만 그것은 무상으로 주는 것이 아니라 대출해주는 것이다. 때문에 앞으로 네가 갚아내야 하는 것이다. 이자까지는 받지 않겠지만 오늘부터 가져가는 모든 돈은 차용증을 받겠다."라고 선언하고 그것을 실제로 실천했다.

처음에는 아내도 그렇고 아이들도 너무 매정한 것 아니냐? 라고 불만 섞인 항의를 하기도 하였지만 그들이 커 가면서 사회를 잘 적응하고, 소속 된 분야에서 인정받아가면서 잘 살아가는데 대해 스스로 대견하기도 하고 나름대로 만족스런 생각을 하곤 한다. 그리고 무엇보다도 다 자라서 가정을 이룬 그들이 자기들을 잘 지도해준 것에 대해 감사하는 마음을 갖고 살아가고 있다는데 크나큰 보람을 느낀다.

아무튼 부모가 자녀에 대한 역할을 나이별로 다르게 해야 하듯이 아이들도 부모에 대해 어렸을 때 느낌이나 감정 그대로 가지고 있지 않다는 것도 이해해야 한다.

▶ 엔 랜더즈가 쓴 〈나의 아버지는〉 이라는 시를 소개해 본다.

◇ 나의 아버지는

아이가 네 살 때, 아빠는 뭐든지 할 수 있었다.
아이다 다섯 살 때, 아빠는 많은 걸 알고 계셨다.
아이가 여섯 살 때, 아빠는 다른 아빠보다 똑똑하고 훌륭하셨다.
아이가 열 살 때, 아빠가 모든 걸 정확히 아는 건 아니었다.
아이가 열두 살 때, 그것에 대해 모르는 것은 당연하다.
어린 시절을 기억하기에는 너무 늙으셨다.
아이가 열네 살 때, 아빠에게 신경 쓸 필요가 없어졌다.
아들이 스물한 살 때, 아빠는 구제불능일 정도로 시대에 뒤 떨어져 있었다.

아들이 스물다섯 살 때, 그것에 대해 조금 알기는 하시는 것 같다.

아들이 서른 살 때, 아마도 아버지의 의견을 물어보는 것이 좋겠다. 인생 경험이 있으니까

아들이 서른다섯 살 때, 아버지께 여쭈어 보기 전에는 난 아무것도 하지 않는다.

아들이 마흔 살 때, 아버지라면 이럴 때 어떻게 하셨을까 하는 생각을 종종 하게 된다.

아들이 오십 살 때, 아버지가 지금 내 곁에 계셔서 이 모든 것을 말씀드릴 수 있다면 난 무슨 일이든 할 것이다.

아버지가 얼마나 훌륭한 분이었는가를 미처 알지 못했던 게 후회스럽다.

아버지로부터 더 많은 것을 배울 수 있었는데 나는 그렇게 하지 못했다.

이토록 아이들도 부모에 대한 평가나 생각이 나이대별로 다르다는 것을 잘 간파해야 한다.

가정의 자녀관계는 아버지와 아들, 어머니와 아들 관계만 있는 것이 아니다. 출가를 하여 가정을 꾸리게 되면 하루아침에 한 식구가 아니었던 다른 식구가 며느리나 사위로 한 식구가 되게 된다. 며느리와 시아버지, 며느리와 시어머니 그리고 사위와 장인, 사위와 장모 등은 다 각각 느끼는 감정과 대하는 태도가 다를 수밖에 없는 것이 모든 사람들의 심연에 깔려 있는 정서일 것이다.

이들을 받아들이는 자세, 이들을 대하는 태도 또한 고도의 인품을 가지고 인성적으로 대해야 한다.

이따금 TV드라마에서 보면 아들, 딸들이 사귀는 사람을 그 부모에게 소개 할 때 사람 그 자체를 보려고 하는 것보다 가정의 조건들을 먼저

따져보면서 자기생각이나 기준에 맞지 않으면 "눈에 흙이 들어가기 전에는 안 된다"고 하는 그런 장면들을 보게 되는데 정말 이해하기 힘든 경우이다. 자녀가 배우자를 선택하는 데는 그 나름대로 어떤 환경도 있었을 것이고, 기준이나 원칙도 있었을 것이다. 나의 자녀가 그런 배우자를 선택했다면 그 배우자를 선택하도록 하게 만든 건 부모의 역할이었음을 배제할 수 없는 것 아니겠는가? 그 정도의 수준, 그 정도의 눈높이를 만들어 준 것이 누군데 이제 와서 안 된다는 주장을 한다는 말인가? 그것은 억지요 자기 욕심이다. 부모의 행동거지 하나하나가 다 본보기요 교육의 결과인 것이다.

3. 친구관계

"일생에 친구가 한 명이면 너무 적고, 두 명이면 너무 많다"는 말이 있다. 그만큼 친구라는 것이 간단한 관계가 아니라는 것을 간접으로 상징하는 말이 아닌가 싶다.

태어나고 자라가면서 친구라는 개념이 늘 변하는 것을 독자들께서도 많이 느끼셨으리라 생각된다. 같은 해에 같은 고을에서 태어나 선천적으로 친구 관계가 되어 있는 죽마고우가 있는가 하면 초, 중학교에 다닐 때의 학교교우들, 그런가 하면 고등학교 동창과의 관계가 소년기에 사귀던 친구와는 다르다는 것도 느낄 수 있는가 하면 대학교 동기는 또 다르다.

그 뿐인가? 사회생활을 하면서 접하는 다양한 관계들 속에서 만나는 무수한 사람들과의 관계에서 어떤 이는 친구라고 생각되는 사람이 있는가 하면 그냥 업무관계라거나 일반적으로 알고 지내는 관계 등 참으로 다양한 인간관계들이 있다. 또 친구라는 것이 어떤 조건이나 이해관계들에 따라 달라지는 경우들도 느끼게 된다.

이런 관계들 속에서 대개 깊이 있고 복잡하게 생각하지 않고, 아는 사람이 모두 다 친구인 것처럼 생각해버리는 사람도 있기는 하다. 그러나 알고 지내는 관계와 친구라고 할 수 있는 관계는 하늘과 땅 차이라고 해도 과언이 아니다.

옛날에 어떤 선비가 있었는데 선비의 아들이 친구를 너무 좋아해서 주변에 친구들이 무척 많았다. 물론 깊이 있는 친구라기보다는 그저 음주가무를 즐기는 그런 친구들이었다.

그러나 자칫 본인은 그 많은 사람들이 다 친구라고 생각하면서 살아가는 어느 날 아버지로부터 진정한 친구가 누군가를 시험받게 되었다.

아버지가 돼지 한 마리를 잡아서 흰 천으로 덮은 다음 아들에게 지게에 지게 해서 친구들을 찾아다니며 "사람을 죽이게 되었는데 좀 도와 달라"고 하소연을 했지만 아들의 친구들은 단 한 사람도 도와주는 사람이 없었다.

그런데 아버지는 아버지의 친구 한 분에게 가서 하소연을 하니 자기 일처럼 도와주는 것이었다. 아들은 크게 뉘우치고 행동을 조신하게 했다는 얘기가 있다. 친구라는 것이 그저 단순하게 술친구, 오락 친구가 진정한 친구가 아니라는 것을 입증하는 얘기가 아닌가 싶다.

관포지교라는 말은 다 알고 있을 것이다. 관중이 목숨을 구하고 나서 하는 얘기는 "나를 낳아준 것은 부모이지만 나를 알아준 것은 포숙이었다."라고 말했던 것이다. 친구란 자기를 알아주는 것은 물론 목숨을 대신할 수 있는 정도는 돼야 진정한 친구라고 할 수 있을 것이다.

메슬로우의 인간심리 욕구단계에도 인정의 욕구는 중요하게 언급되어 있기도 하다.

그런데 사람이 다른 사람을 알아준다는 것은 그저 얻어지는 것이 아니다. 본인 스스로도 그런 행동을 해야 하겠지만 상대 또한 긍정의 마음이 없다면 다른 사람의 장점을 발견하기가 쉽지만은 않은 것이다. 부정적인 사람은 다른 사람의 단점이나 결점만 보기 마련이다. 똑같은 사람에게서도 어떤 사람은 좋은 점, 멋있는 점, 잘하는 부분을 발견하는가 하면 어떤 사람은 나쁜 점, 잘 못한 부분만 보게 되기도 한다.

필자는 과연 "내게 친구는 누구인가?"라고 자문해보았을 때 망설임 없이 "그래 이 놈이야"라고 할 수 있는 사람이 떠오르는 친구가 없음에 가슴아파하면서 친구에 대해 나름대로 정의를 해보는 경우가 있었는데 과연 친구는 어때야 하는 건지 여기에 소개하고자 한다.

● 이런 친구가 좋다.

▷ 이따금 전화라도 한 통 해서 안부라도 물어주는 그런 친구가 좋다.

▷ 전화를 했을 때 웬일이냐고 따지지 않고 반가운 기색을 하는 그런 친구가 좋다.

▷ 언제 봐도 밝은 미소와 건강한 얼굴을 가진 그런 친구가 좋다.

▷ 하루 만에 보건 며칠 만에 보건 만날 때는 온 마음으로 반가워하는 그런 친구가 좋다.

▷ 언제나 정이 넘치고 인간미가 넘치는 그런 친구가 좋다.

▷ 목마를 때 차 한 잔, 배고플 때 밥 한 그릇 부담 없이 먹을 수 있는 그런 친구가 좋다.

▷ 무슨 일이건 성근지게 노력하며 최선을 다하는 그런 친구가 좋다.

▷ 주색이나 오락, 잡기를 탐하는 자보다 지성, 교양, 지식과 지혜를 탐하는 그런 친구가 좋다.

▷ 주변으로부터 지탄받고 힐난 받는 자보다 사랑받고 칭찬받으며 존경받는 그런 친구가 좋다.

▷ 많은 것을 알고 말 많은 친구보다 모르고 말 없어도 정이 많은 그런 친구가 좋다.

▷ 지위 높고 유명하면서 교만한 자보다 낮더라도 인간성 있고 겸손한

그런 친구가 좋다.

▷ 자기를 내세우며 고집 센 자보다 상대를 배려하고 유연한 마음을 가진 그런 친구가 좋다.

▷ 친구의 말이라면 이해타산 없이 들어주는 그런 친구가 좋다.

▷ 남의 말을 함부로 하고 헐뜯는 자보다 남을 칭찬하고 배려하고 격려하는 그런 친구가 좋다.

▷ 고정관념이 강하고 과거에 집착하는 자보다 새로운 변화에 개방적이며 미래지향적인 그런 친구가 좋다.

▷ 염세적이고 냉소적이며 폐쇄적이고 절망적인 자보다 희망적이고 화합형이며 개방적인 그런 친구가 좋다.

▷ 약삭빠르고 계산 잘하며 이기적인 자보다 계산 못하더라도 우직하고 이타적인 그런 친구가 좋다.

▷ 매사에 부정적이며 자신 없고 피동적인 자보다 긍정적이고 자신에 넘치고 능동적인 그런 친구가 좋다.

▷ 피곤한 인상에 병색이 완연한 그런 자보다 활기에 넘치고 건강한 얼굴을 가진 자기 얼굴에 책임 질 줄 아는 그런 친구가 좋다.

▷ 자식들이 건전하게 성장하여 주변에 기여하고 부모에게 효도하는 자식을 둔 그런 친구가 좋다.

▷ 가정이 화목하고 형제 친척 간에 우애가 돈독한 그런 친구가 좋다.

▷ 자기 가족을 사랑하며 부모에 효도하는 그런 친구가 좋다.

세상은 무공해 공간이 아니다. 요즘 같은 세상에서 이런 친구를 기대한다는 것은 천연기념물을 찾는 것이나 다름없는 일일 것이다. 그러나 어차피 세상은 모두 다 똑 같을 수는 없지만 그렇다고 소금역할을 하거나 촛불 역할을 하는 그런 모범적인 사람이 없는 것도 아니다. 때문에 세상은 휘청거리는 것 같으면서도 지탱되고 이어져 가고 있다. 우리가 먼저 그런 역할을 할 수 있는 사람이 되면 좋지 않겠는가?

4. 직장에서의 관계

직장에서 오너나 상사로부터 인정받는다거나 좋은 보직을 받는 경우랄지 승진심사에서 동료보다 먼저 발탁되었을 경우에 대개 모든 사람들은 능력이나 실력이 뛰어난 것으로 생각하기 쉬울 것이다. 그러나 그건 아니다.

능력이나 실력은 채용과정에서 이미 전부 확인된 부분이다. 능력이나 실력이 뒤진 사람이라면 어떻게 채용과정의 바늘구멍을 뚫을 수 있었겠는가?

그렇다면 그 많은 직원들 중에서 유독 튀어나게 잘 보이는 사람은 어떤 사람일까? 그것은 바로 인간성이다.

인간성!

그게 뭘까? 인간성의 사전적인 의미는 인간의 본질, 인간의 속성, 인간을 인간답게 하는 것 등이라고 명시되어 있다.

필자는 인간성은 겸손에 있다고 확신한다. 겸손은 남을 높이고 자신을 낮추는 태도라고 하는데 그런 자세는 결코 모자람도 아니고 부족함도 아니며 비열한 낮은 자세는 더더구나 아니다.

겸손은 자신감에서 출발한다. 겸손은 남을 이해하는 것이고, 용서할 수 있는 자세이며, 겸손은 남을 포용하는 넓은 가슴을 가진 것이며, 겸손은 주변을 아우르는 힘을 가진다. 그래서 융화력과 친화력이 탁월해진다. 능력이나 실력이 부족한 사람에게서 겸손한 자세를 기대할 수는 없을 것이다. 겸손은 하루아침에 그저 공짜로 쌓여지지 않는다. 겸손은 공부도 필요하고, 수양이 필요하며 자기를 연마하는 도야를 해야 한다. 직장상사나 오너는 그런 부분을 높이 평가하는 것이다.

상사나 오너는 직원들의 가슴 속까지도 꿰뚫어보고 있다. 속마음까지도 읽고 있다.

세상에 떠다니는 속담이나 유머 등은 묘하게도 똑같은 내용임에도 대칭되는 표현이 있는 경우도 많다.

예를 들어보자면 "결과는 과정을 합리화한다." 라거나 "하나를 보면 열을 안다." 라는 말이 있는가 하면 "결과보다 과정이 중요하다."라고도 하고 "아홉을 잘해도 하나를 잘못하면 제로다." 라는 말이 있는데 이런 말들을 자기합리화를 시키려 대입하면 인생은 나락으로 떨어지게 된다. 상사나 오너는 업무 수행하는 과정까지를 예의주시함은 물론 평소의 행동거지를 누누이 책크하고 있다는 것을 잊어서는 안 된다. 심지어는 회식 장소에서의 행동 하나하나도 입력되고 있다는 것을 알아야 한다. 그리하여 인생이 종합적으로 평가되는 것이지 어느 한 가지 업무만으로 좌우되는 것이 아닌 것이다.

인간은 누구나 가지고 있는 역량이 있다. 저마다의 타고난 그릇의 크기가 있는 것이다.

풍부한 인간성을 가진 사람은 상사와의 관계에도 무난할 것이요 부하와의 관계에서도 부드러울 것이다. 그런 사람이 동료와의 관계에서는 얼마나 기름역할을 잘하고 소금 역할을 잘하겠는가?

이런 이치를 일직이 아는 사람이 인정받는 것은 당연한 것이며 성공확률이 높을 수밖에 없는 것이다.

"인간은 누구나 한 순간에는 정직할 수 있다. 그러나 오랫동안 언제나 정직하기는 쉽지 않다."는 말이 있다. 오래도록 어떠한 환경에서도 정직할 수 있는 것 그것이 인품이요 인격인 것이다. 사적인 관계에서건, 공적인 관계에서건, 개인적인 이권에 초연할 수 있으면 언제든 누구 앞에서건 당당할 수 있고 큰 소리 칠 수 있다. 그것이 정직이다. 사적인 욕심 없이 공적으로 충실했다면 자신감이 있는 것이고, 그런 자신감은 언제나 당당할 수 있는 것이다. 정직이 곧 재산인 것을 소인들은 잘 모른다. 그저 코앞의 이익에 눈이 어두워 부정과 공정을 구분 못하거나 아니면 부정을 부분적으로 알면서도 가치관의 혼돈에 의해 이익에만 치중함으로서 결국에는 인생을 오명으로 낙인찍히게 되는 것이다.

5. 사회에서의 인간관계

달라이라마의 "행복론"이라는 책을 보면 사람은 무수한 사람들과 만나고 헤어지기도 하고, 정신적으로나 물질적으로 아무런 거래가 없고 영향을 미치지 않더라도 그냥 부딪히는 경우들도 부지기수로 많은 것이 인간사회다.

그렇게 많이 만나고 헤어지고 부딪힐 수밖에 없는 환경 속에서 살아가고 있는데 아무런 생각 없이 만나고 헤어지는 사람들 사이에서도 알게 모르게 영향을 주거나 받고 있는 것이다.

어떤 사람은 인상이 좋고 선하게 보여서 그냥 보는 그 자체로 마음이 편안하고, 기분이 좋은 느낌을 주는 사람이 있는가 하면 그 반대로 왠지 찜찜하고 섬뜩하기도 하여 불안하고 다시는 안 보았으면 좋겠다는 느낌을 주는 사람도 있다. 또 어떤 사람은 힘들어 보이는 할머니의 짐을 들어주는 선행을 함으로써 한 순간에도 보는 사람으로 하여금 감동을 느끼도록 하는 사람도 있고, 버스나 지하철에서 어른에게 자리를 양보하여 요즘 보기 드문 젊은이의 모습을 보임으로써 어른들에게 미래의 희망을 보게 하는 그런 젊은이가 있는가 하면 복잡한 차내에서도 어른이 있거나 말거나 다리를 꽤고 앉아서 스마트폰만 쳐다보면서 옆 사람에게 불편을 초래함으로써 눈살을 찌푸리게 하는 그런 사람들도 있다.

그런가 하면 운전 간에도 운전 매너가 참 좋아서 다른 운전자에게도 기분을 좋게 해 주는 사람이 있는가 하면 끼어들기를 아무렇지도 않게 하면서 방향지시등도 켜지 않는 사람, 엔진 소음을 크게 하면서 차로를 정신없이 바꿔가며 과속 질주하는 사람, 차로를 동시에 두세 개씩 바꿔가며 다른 차량의 진행에 방해를 하면서도 아무런 가책이나 미안지심도 없는 사람, 등 등 다른 운전자들의 기분을 상하게 하는 수없이 많은 경우들을 볼 수 있다.

그렇게 일상생활 속에서 부딪히는 많은 사람들과는 과연 어떻게 관계를 유지하며 살아가야 할 것인가?

▷ 아파트에 사는 경우에 엘리베이터에 탔을 때나 타려고 할 때 사람이 있으면 알고 지내는 사람이건 처음 보는 사람이건 "안녕하세요." 하는 등의 간단한 인사라도 먼저 한다.

▷ 집을 나서면서 경비하는 분을 만나면 "수고하십니다. 라고 먼저 인사한다.

▷ 주차를 할 때는 옆 차의 승하차에 불편함이 없도록 공간을 확보해 준다.

▷ 대중교통을 이용할 때도 운전사를 보고 "수고하십니다." 라고 먼저 인사한다.

▷ 임산부나 노인 등, 자기 몸을 가누기 힘 든 사람이 옆에 있을 때는 자리를 양보해 주면 얼마나 고마워하겠는가?

▷ 다른 사람을 부딪치거나 발을 밟는 등 상대에게 불편하게 했다면 "죄송합니다." 라거나 "미안합니다." 라고 사과한다.

▷ 길을 물어 볼 필요가 있을 때는 단도직입적으로 불쑥 길만 물어보는 사람도 많은데 최소한 내가 길을 좀 물어보려고 한다는 예측을 할 수 있도록 해야 한다. "실례합니다만 길 좀 여쭙겠습니다." 라고 하고 길을 물어본다면 상대는 당황스럽지 않고 기분 좋게 가르쳐주고 싶을 것이다. 그런데 아무런 예고도 없이 느닷없이 "무슨 건물이 어디에 있느냐?" 라

고 묻는다면 아는 길이라 하더라도 가르쳐주고 싶겠는가?

▷ 사람들과 마주할 때는 온화한 얼굴로 대하면서 상대를 기분 좋게 해 줄 수 있어야 한다.

▷ 처음 만난 사람이라도 어떤 일을 보고나서 헤어질 경우에는 다음에 다시 볼 일이 없다하더라도 "좋은 하루 되세요." 또는 "즐거운 하루 보내세요." 등 적당한 덕담을 하고 헤어진다면 그 사람도 또 다른 사람에게 그렇게 하지 않겠는가?

▷ 자동차도 사람 수 만큼 많아진 오늘 날 교통법규를 지키는 것은 당연한 일이지만 운전 간에 예의를 지키는 것도 사회를 밝게 하는데 일조하는 것이라고 생각한다. 상대에게 놀라게 했거나 불편하게 했다면 미안하다는 표현을 해줘야 한다.

▷ 길을 잘못 들었다가 끼어들 필요가 있을 경우에 뒤차가 양보를 해 주면 얼마나 고마웠던가? 그렇게 나도 옆 차가 끼어드려 할 때는 양보를 해주자.

▷ 주차를 하는 경우에도 내가 내리는 공간은 약간 비좁아서 불편하더라도 옆 차의 운전자가 승하차 하는데 불편함은 없도록 배려를 하자.

▷ 보행 간에도 우측통행하는 법규를 지켜야 혼란을 피할 수 있다. 나는 우측통행을 하고 있는데 맞은편에서 오는 상대가 내 앞 쪽으로 오는 경우에 얼마나 불쾌하고 신경이 쓰였던가?

▷ 인도나 횡단보도에서 길을 걸을 때에도 뒷사람이나 옆 사람을 배려하면서 걸어야 한다. 앞에서 걷고 있는 사람이 나의 진로를 방해할 경우에 불편한 경험을 한 사람들도 많을 것이다. 우리는 다른 사람에게 그런 불편을 주어서는 안 된다.

▷ 여러 사람이 걸을 경우에는 다른 사람의 보행에 지장을 주는 경우는 없는지 때때로 살피면서 길을 열어주는 예의를 갖추어야 한다.

제 6 장
사람다운 사람은 어떤 사람인가?

맨 처음 인간을 칭할 때 "사람이 사람이면 다 사람이냐? 사람이 사람다워야 사람이다." 라고 했다. 사람답다는 것. 표현하기는 간단한데 이것이 얼마나 어려운가? 얼마나 복잡한 일인가? 잘 한번 들여다보면 모골이 송연해짐을 느낄 수 있을 것이다.

처음 세상에 태어난 아기는 부모로부터 사람의 모습을 배워간다. 그 부모가 부모다워야 그 아기를 사람답게 키울 수 있을 것이다. 부모는 어린이를 어린이답게 잘 가르쳐야 그 어린이가 자랐을 때 어른다운 어른이 될 것이다. 이것이 인생의 여정이다.

중용에 보면 인생팔미(人生八味)라는 것이 있다.

인간이라면 인간미가 있어야 한다고 강조하고 있다.

● 인생 팔 미를 소개하면

1. 음식 미 : 그저 배를 채우기 위해서 먹는 음식이 아닌 맛을 느끼기 위해 먹는 음식의 맛

2. 직업 미 : 돈을 벌기 위해 일하는 것이 아닌 삶의 의미를 찾기 위해 일하는 맛

3. 풍류 미 : 남들이 노니까 노는 것이 아닌 진정으로 즐길 줄 아는 맛

4. 관계 미 : 어쩔 수 없어서 누구를 만나는 것이 아닌 만남의 기쁨을 얻기 위해 만나는 맛

5. 봉사 미 : 자기만을 위해 사는 인생이 아닌 봉사함으로써 행복을 느끼는 맛

6. 학습 미 : 하루하루 때우며 사는 인생이 아닌 무언가를 배우며 자신이 성장해 가는 느낌을 배우는 맛

7. 건강 미 : 육체로만 존재하는 것이 아닌 정신과 육체의 균형을 느끼는 맛

8. 인간 미 : 자신의 존재를 깨우치고 완성해 나가는 기쁨을 만끽하는 인간다운 맛

이렇게 다양하고 복잡한 인생의 맛들이 있는데 각 맛마다 다 풀어서 해설을 곁들이자면 한이 없겠지만 다른 맛들은 제쳐두고 인생 팔 미 중에서도 가장 중요한 으뜸은 인간미가 아닐까 한다.

인간미! 그 사람의 맛, 사람다운 맛, 그것이 무엇일까?

사람이라면 사람의 자격을 갖추어야 한다고 생각한다. 사람이면 다 사람이지 사람에게 무슨 자격이 따로 있나? 라는 반문을 하는 사람도 있을 수 있겠지만 필자와 같은 생각을 하는 사람도 있을 것이다. 여기에 세상을 살아가는데 재미가 있을 수도 있고, 어려움이 있을 수도 있다. 그 자격이란 인체구조상의 요건이 아니다. 모두에서도 언급했듯이 사람은 사

회적동물이기 때문에 사람 간에 부딪히면서 일어날 수 있는 각종 다양한 경우나 상황들에 대한 적응하는 자세라 할까, 아니면 대처방법이라 할까? 공동생활에 필요한 사회성이라거나 공공성이 절실히 요구되는 것이다. 말이나 행동이 주변에 미치는 영향이 긍정적으로 작용할 수 있어야 하며, 순기능을 가질 수 있어야 하고, 플러스로 작용해야 하며, 영향소로서의 역할을 할 수 있어야 하고, 양초 역할, 소금 역할을 할 수 있어야 한다고 믿는다.

그러기 위해서 최소한의 기본적인 상식을 갖추어야 하고, 지식이나 지혜를 갖추어야 하며, 인품이나 인격이 고매한 수준은 아니더라도 최소한 비열하거나 악랄함으로 인해 사회에 부정적이거나 역기능을 하고, 마이너스로 작용하며, 독소적인 역할을 하여 주변을 어둡게 하고, 불편하게 하는 존재가 되면 안 될 것이다. 통 털어서 전자에 말한 순기능들이 곧 사람의 자격을 갖추었다고 말할 수 있는 요소가 아니겠는가?

우리는 일상생활에서 "~답다"라거나 "~같다"가 붙은 말을 많이 사용하고 있다. 짜지 않는 소금을 보고 소금 같지 않은 소금이라 표현하고, 맵지 않은 고추를 보고 고추 같지 않다고 표현하고, 제 기능을 하지 못하는 기구나 물체들을 보면서 "같잖다"는 말을 쓰기도 한다. 이처럼 명사가 답다와 결합해서 쓰일 경우 생물이건 광물이건 그것은 각자 자신이 갖고 있는 기능을 온전하게 발휘해 줄 것을 기대하고 있다. 일상생활에서 도구나 기구가 사람이 기대하는 기능을 하지 못한다면 어찌되겠는가?

-답다 하는 것은 대상에 대한 사람들의 기대, 요구, 담보, 유지 등이 깃들어 있다고 할 수 있다. 마찬가지로 사람 또한 자기 본분에 충실하지 않는, 기능에 충족할 수 없는 사람을 보고 "같잖다" 라거나 "답지 않다"는 표현을 하고 있다.

사람다움을 기대하는 것은

첫째, 생존과 관련해서 생각해 볼 수 있다.

원시 사회하의 정글에서 무서운 동물을 사냥해야 할 경우에 겁내지 않고 가족이나 이웃을 보호할 수 있는 능력이나 자신감을 가진 사람,

산업사회에서 자신이나 가족의 의/식/ 주를 해결할 수 있는 능력을 갖추는 것,

전쟁터에서 적을 겁내지 않고 용맹성을 가지고 제압할 수 있는 군인다움, 등

둘째, 생존을 보장한 다음에는 인문에 대한 욕구를 생각해 볼 수 있다.

생존의 문제로부터 여유를 가지고 나면 취미와 오락, 기예와 예술 그리고 교양 등에 관심을 가지게 된다. 그것이 바로 사람의 무늬를 뜻하는 인문이다. 인문이란 언행으로 풍길 수 있는 향기라고 할 수 있다.

이처럼 사람이 생존의 문턱을 넘어선 뒤에는 이해로부터 한 발짝 뒤로 물러나서 다른 사람과 함께 나누면서 사람에게 있는 또 다른 영혼을 일깨우기를 바라며 사람다움에 관심을 쏟았다고 할 수 있으며 자신이 처한 조건에서 삶을 더 낫게 가꾸려는 바람에서부터 사람다움에 주의를 기울이게 되었다고 할 수 있다.

아리스토텔레스는 "사람은 이성적인 동물이다." 라고 했는데 이에 따르면 사람은 이성을 제대로 발휘하는 것이다. 라고 할 수 있다.

모든 조직사회에서의 지위에는 그에 필요로 하는 역할이나 기능들이 있기 마련인데 이런 것을 제대로 잘 수행하기 위해서는 그에 상응하는 다움이 있어야 한다. 그런가 하면 인간은 누구나 다양한 관계들 속에서 살아간다. 그 복잡하고 다양한 관계들 속에서 또한 다움이 절대적으로 요구되고 필요한 것이다. 모든 사람이 각자의 위치에서 그 격에 맞는 행위 즉 다움에 부족함이 없다면 사회는 밝고 명랑할 수 있으며, 건전하고 안전한 사회가 될 것이며, 조직이나 국가는 발전을 거듭할 수 있을 것이라

고 확신해마지 않으면서 모든 사람이 각각의 위치에서 그 위치에 맞는 기능만 잘 수행해준다면 더도 덜도 기대할 것이 없을 것이다.

 아버지는 아버지다워야 하고, 어머니는 어머니다워야 하며 자녀는 자녀다워야 할 것이다.
 선생님은 선생님다워야 하고, 학생은 학생다워야 할 것이다.
 성직자는 성직자다워야 할 것이며, 신앙인은 신앙인다워야 할 것이다.
 직장에서의 상사는 상사다워야 학고, 부하직원은 부하직원다워야 할 것이다.
 정치인은 정치인다워야 하고, 공무원은 공무원다워야 할 것이다.
 그 뿐이겠는가? 어른은 어른다워야 하고 어린이는 어린이다워야 할 것이다.
 이번 장에서는 그 각각 위치에서의 다움에 대해 피력해 보고자한다.

1. 부모다움

 아버지는 아버지다워야 하고, 어머니는 어머니다워야 할진데 과연 그 다움의 모습이 어떤 것들일까?
 부모의 능력은 자녀에게 유전되지 않는다. 대개 사람들은 능력이 유전되는 것으로 생각하기 쉽지만 능력이 유전되는 것이 아니라 성격이 유전되는 것이고 살아가는 삶의 자세, 일상생활 속에서 보여 지는 삶의 태도가 전이되는 것이다.
 매일 매일 술에 절어 있는 부모의 자녀는 그 자녀 또한 그럴 개연성이 아주 높을 것이다. 퇴근 후에 컴퓨터 게임에 빠져 있거나 소파에 비스듬히 누워서 TV나 보면서 소일하는 부모의 자녀는 그런 버릇을 버리지 못할 것이다. 거짓말을 밥 먹듯이 한다거나 불량한 생각을 하면서 살고 있

는 부모의 자녀가 과연 올바른 생각을 하면서 자라고 생활 할 수 있겠는
가?

 여기에서 자녀를 올바로 키우는데 필요한 다양한 부모들의 지혜를 설파
한 책이 있어 소개하고자 한다.

 일본인 타코 아키라가 쓰고 윤명한씨가 번역한 "아이는 완벽한 부모보
다 지혜로운 부모를 원한다."라는 책에는 아래와 같은 지혜들을 설파하
고 있다.

◉ 부모의 말에 귀 기울이는 아이로 키우는 10가지 지혜

1. 작은 잘못은 그 자리에서 꾸짖고 큰 잘못은 나중에 조용히 타이른다.
○ 작은 실수는 스스로 깨닫지 못하지만 큰 실수는 스스로 깨닫는 경우
가 많다. 때문에 큰 실수는 관용을 베풀어도 회개하지만 작은 실수에 관
대한 것이 위험한 것이다.

2. 꾸짖을 때는 단정한 자세로 앉힌다.

3. 주의를 줄 때는 평소보다 낮은 목소리로 말한다.
○ 온화한 대답은 분노를 거둬간다는 말이 있다. 큰 소리로 우는 아이를
큰 소리로 윽박지르는 것은 아이를 오히려 저항하게 만드는 경향이 있
다.

○ 아이를 꾸중할 때는 평소보다 낮은 어투로 하는 것이 효과적이다. 그
이유는
1) 낮은 목소리는 감정이 격해지는 높은 목소리와 달리 이성을 느끼게
한다.

논리력을 키워준다.

2) 낮은 목소리는 상대와 둘만의 대화, 즉 다른 누구도 아닌 바로 너에게만 이야기 하고 있다는 점이 강조된다. 연설할 때의 목소리가 공적인 목소리라면 낮은 목소리는 사적인 목소리로 친밀한 인간관계를 형성한다.

3) 낮은 목소리는 평소와 다른 어조라는 점에서 말하는 사람의 진지함이 느껴진다. 그래서 집중해서 들어야 되겠다는 생각이 들도록 주의를 환기시킬 수 있다.

4) 낮은 목소리는 정신을 집중하여 온 신경을 모으지 않으면 들을 수 없다. 따라서 처음에는 잘 듣지 않다가도 나중에는 집중시키게 되고, 어느새 내용까지 받아들이게 된다.

4. 애초부터 예외를 인정하지 않는다는 단호한 자세를 유지하는 것이 중요하다.

○ "오늘 하루쯤이야" 하는 예외를 인정하는 것이 아이의 인생을 망치는 것이다. 규칙을 정하면 예외를 인정하지 않는 것이 규칙을 제대로 지킬 수 있는 가장 좋은 방법이다.

5. 순간의 모면을 위해 아이에게 부탁을 하면 아이는 부모를 얕보게 된다.

6. 우리 집에는 우리 집만의 기준(원칙)이 있다는 것을 단호하게 말해준다.

○ 아이들이 남의 집의 예를 들어 나쁜 짓도 마다하지 않는다면 우리 집은 우리 집만의 규칙과 원칙이 있다는 것을 심어주어야 한다.

7. 아무리 주의를 주어도 지키지 않을 경우에는 침묵하는 것도 한 방법이 된다.

○ 어떤 잘 못을 했는데도 부모가 꾸짖지 않고 침묵을 유지하면 아이는 긴장하게 되고 부모가 무슨 생각을 하고 있는지 주의를 집중하게 된다. 침묵 또한 중요한 대화의 한 수단이다.

8. 부부싸움을 하더라도 아이 앞에서는 상대를 비난하지 말라.

9. 규칙으로 정한 벌은 경고로만 끝내버리지 말고, 세 번에 한 번 정도는 반드시 집행한다.

○ 아이의 버릇 들이기에는 상과 벌이 필요하다.

10. 아이의 요구를 단호하게 거절하는 역할은 아버지가 해야 한다.

◉ 참고 인내하는 법을 가르치는 10가지 지혜

1. 실수로 다쳤을 때 "아프니"라고 물을 게 아니라 "안 아프지"라고 물어야 한다.

2. 나쁜 버릇을 고치려면 자기보다 어린 아이를 돌보게 한다.

3. 대중교통을 이용할 때는 자리에 앉기보다 서는 습관을 들이도록 한다.

4. 울면서 하소연 할 때는 울음을 그치지 않으면 들어줄 수 없다는 것을 알게 한다.

5. 잘못을 남의 탓으로 돌리는 아이에게는 남의 입장에서 생각해보도록 한다.

6. 버릇을 고치려면 옳고 그름보다 손해가 되는지 이익이 되는지를 느낄 수 있게 하라.
○ 어떤 일을 할 때에는 이렇게 하라. 저렇게 하라. 가 아니라 "어떻게 하는 게 좋을까?" 라고 하면 스스로 생각하고 판단하는 창의성을 키울 수 있다.

7. 원하는 것을 사줄 때는 최소한 일주일 정도는 기다리는 인내심을 갖도록 한다.
○ 반말을 하거나 말을 짧게 하는 경우에는 존댓말을 하도록 유도해야 한다.

8. 심한 장난을 되풀이 할 때는 욕구를 채울 수 있는 대용품을 준다.
○ 원칙이 없는 부모는 아이를 무책임하고 무기력한 인간으로 만들 뿐이다.

9. 아이의 욕구를 물리치려면 함부로 말하지 말고 조건을 제시한다.

10. 다리가 아파서 못 걷겠다고 하거든 업거나 도와주기보다 쉬면서 풀도록 해야 한다.

◉ 좋은 생활습관을 갖게 하는 10가지 지혜

1. 딱 한 번만 말해주겠다. 라고 하면 집중해서 듣게 된다.

○ 성인으로서의 자격을 갖게 하려면 어른들 스스로 아이를 인격체로 대해야 한다. 손님이 방문했을 때는 아이를 무관심하게 방치하거나 투명인간 취급을 하거나 다른 방으로 피신하도록 하면 안 된다. 자기 스스로 자기를 소개할 수 있도록 해야 한다.

2. 실수를 했을 때는 야단부터 칠 게 아니라 한 번 더 기회를 준다.
○ 부모의 지나친 설명은 아이로 하여금 생각할 기회를 빼앗는 것이다.

3. 스스로 자기 일을 하게 하려면 명령형보다 의문형이 좋다.
○ 어떻게 하는 것이 좋을까? 하고 아이 스스로 생각할 수 있도록 기회를 주어야 한다.

4. 빨리 빨리 해라. 보다는 언제까지 해야 한다. 라고 말하는 게 효과적이다.

5. 잘 못한 친구에게 주의를 주면 아이의 교육에도 큰 도움이 된다.
○ 머리를 쓰는 놀이를 하는 것은 지적훈련과 함께 버릇들이기 훈련과도 맥을 같이 한다.

6. 쉽게 할 수 있는 작은 일을 정해 매일 할 수 있도록 독려한다.

7. 아이에게 가르쳐 준 일의 점검은 매일 하기 보다는 사흘 간격으로 하는 것이 좋다.

8. 아이에게는 누구에게도 알리고 싶지 않은 비밀스런 공간이 있다.

9. 아이가 "밥"이라고 짧게 말하면 반드시 "밥 주세요"라고 고쳐 말 하게 해야 한다.

10. "남이 보니까" 가 아니라 "사람은 그렇게 하면 안 된다."라고 기준을 말해줘야 한다.

◉ 리더십 있는 아이로 키우는 10가지 지혜

1. 아이끼리의 약속은 하찮은 것이라도 반드시 지키게 한다.

2. 아이가 잘 못한 것은 아이의 책임으로 인정해야 한다.
○ 귀한 자식일수록 여행을 시켜라. 또는 남의 집 밥을 먹게 하라. 현명한 부모라면 아이에게 사면초가의 환경을 만들어줌으로써 아이에게 인내심과 적응력, 자립심을 키워가게 된다.

3. 손님이 방문했을 때 자기소개는 반드시 아이 스스로 하게 한다.
○ 아이에게 사회적 책임감을 심어주고 나아가 좀 더 적극적인 성인으로서의 자격을 갖게 하려면 어른들부터 솔선하여 아이를 인격체로 대해야 한다.

4. 가정 내의 일이나 행사에서 언제나 아이의 역할을 확실히 해 둔다.

5. 아이에게 규칙을 가르칠 때는 일일이 이유를 설명하지 않아도 되는 경우가 있다.

6. 약속과 규칙을 잘 지키는 습관을 가르치려면 아이의 약속을 가족 앞

에서 선언하게 한다.

7. 아이라는 이유로 게임 간에 무르기를 인정해서는 안 된다.

8. 지역사회의 연중행사에 참가하게 한다.

9. 가끔은 친분이 있는 이웃이나 친척집에서 자게 한다.

10. 친척의 장례식에는 되도록 아이를 데리고 가서 죽음의 의미를 깨닫게 한다.
○ 아이와 장례식장에 참여하는 것은 삶의 존귀함을 전해주는 수단이며 생명은 한 번 뿐이라는 것을 알게 함으로써 살아있음의 소중함을 알게 된다.

◉ 아이의 어리광을 없애는 10가지 지혜

1. 아이가 하는 말은 절대 앞지르지 말고 끝까지 듣는다.
○ 자신감과 용기를 키울 수 있다. 말을 자르면 자신감이 결여되고 의존형이 되고 소극적이 될 수 있다.

2. 어릴 때부터 현금을 주어 직접 물건을 구입하게 한다.
○ 물건을 사오게 하면 실물교육과 함께 숫자에 대한 흥미를 유발하게 된다.

3. 때때로 가족사진을 꺼내 자신의 성장과정을 확실하게 보여준다.

4. "엄마 잘못이야 미안해"라는 말을 함부로 하지 않는다.

○ 아이가 어떤 실수를 했을 때 "아이고 엄마가 잘 못했네." 라고 대신 변명해주는 부모가 있는데 그것은 아주 위험하다. 뭔가에 대해 부모가 아이에게 사과를 하는 것은 부모 자식 문제를 의도대로 좋아지게 하지 않으며 오히려 모든 것을 부모 탓으로 돌리려고 하는 책임 회피형 아이로 만들거나 부모에게 반항하는 비뚤어진 아이로 만들 수 있다.

5. "어머니, 아버지"라는 존칭어는 되도록 일찍부터 가르친다.

○ "엄마, 아빠"라는 호칭에서 일찍 졸업시키는 것이 좋다. "어머니, 아버지"라는 호칭을 사용하게 하는 것이 유아기에서 벗어나 독립적인 성인으로 인식하는데 도움을 준다.

6. 혀 짧은 소리로 말하더라도 반듯한 말로 응한다.

7. 자신에 대해서는 되도록 빨리 "저"라고 말 할 수 있도록 가르친다.

8. 부모의 소유물과 아이의 소유물은 일찍부터 확실히 구분한다.

9. 일주일에 한 번쯤은 아이와 떨어져 있는 시간을 갖는다.

10. 새로 사 온 장난감의 놀이 법은 가능한 스스로 터득하게 한다.

◉ 스스로 생각하는 아이로 키우는 10가지 지혜

1. 너는 똑똑한 아이라고 계속 말해주면 정말로 머리가 좋은 아이로 성장한다.

○ 아이에게 똑똑하다고 계속 말해주면 정말로 머리가 좋아지는 효과를 갖는다. 이것은 심리학에서 말하는 "암시효과"로써 아이에게 큰 위력을 발휘한다. 이와 비슷한 이론으로 "피그말리온 효과"라는 것이 있는데 어렵거나 기대할 수 없는 일에 대해 자신 있다. 할 수 있다는 최면을 함으로써 마음속으로 믿고 행동함으로써 자신의 기대대로 변하게 만드는 신기한 능력을 우리는 가지고 있다.

2. 부모 스스로 내 아이는 장래성이 있다는 희망을 계속 말함으로써 아이를 믿어준다.

3. 실수를 했을 때는 즉시 지적하지 말고 아이 스스로 발견할 수 있도록 하라.
○ 아이의 실수를 미리 지적해주면 아이의 귀중한 실패체험을 빼앗게 된다. 결국 의존형으로 자라게 되는 것이다.

4. 장난감을 망가뜨리면 야단치지 말고 함께 고쳐본다.

5. 호기심과 사고력을 길러주는 대화법이 중요하다.

★ 19세기 철학자이자 교육학자인 에드바르도 세긴 박사는 어린이의 사고력 향상을 위한 3단계 질문을 주창했다.

1단계에서는 연필을 들고 이것은 연필입니다.
2단계에서는 두, 세 가지의 물건을 놓고 어느 것이 연필입니까?
3단계에서는 연필을 들고 이것이 무엇입니까?
이런 반복적인 학습이 아이의 호기심과 사고력을 키워준다.

6. 흉내 내는 놀이를 시키면 생각하는 힘과 언어능력이 키워진다.

7. 싸울 때는 주먹이나 힘이 아니라 말(대화)로 이기는 방법을 가르친다. 아이들의 흔한 싸움도 입씨름 형태로 유도하면 아이들의 사고 향상에 좋은 기회가 될 수 있다.

8. 아이의 질문에 대답할 수 없을 때는 부모가 함께 풀도록 한다. 의문을 의문으로 계속 이어주는 것은 아이에게 생각할 기회를 주는데 많은 도움이 된다.

9. 만화책을 못 보게 하고 싶다면 먼저 만화책을 실컷 읽게 하라.

10.부모의 의견에 반론을 제기하는 아이는 건방지다고 나무라지 말고 기특하다고 칭찬하라.

◉ 적극적이고 자신감 있는 아이로 키우는 10가지 지혜

1. 집안일을 돌보게 한 뒤 많은 도움이 되었다고 말해준다.

2. 실패해도 괜찮다는 말이야말로 실패를 줄일 수 있는 첩경이다.
○ 실패라는 아픈 경험이 아이의 성장에 여러 가지 도움을 준다.

3. 좋아하는 과목에 시간을 투자하게 하면 싫어하는 과목도 덩달아 향상된다.
○ 교육에는 "장점을 살린다."와 단점을 교정한다." 두 가지 측면이 있는

데 아이의 교육방식에서는 장점을 살려주는 것이 바람직하다.

4. 문제를 풀 때는 틀린 것을 지적하기보다는 올바른 부분을 인정해주는 것이 좋다.

5. 용돈을 낭비했다 하더라도 그 사용처에 대해서는 간섭하지 않는 것이 좋다.
○ 용돈이란 그 용도를 아이에게 전적으로 맡기는 것이고, 자기 마음대로 사용할 수 있는 권리를 주는 것이며, 자율적으로 사용함으로써 자주성을 키워가는 것이다.
○ 용돈의 사용처를 일일이 간섭하게 되면 그런 기회를 살리기는커녕 부모의 생각대로만 행동하는 주체성 없는 아이가 될 위험이 크다.

6. 부모는 늘 아이의 편이라는 것을 끊임없이 확신시켜준다.

7. 무력감에 빠졌을 때는 쉬운 과제를 주어 의욕이 생기도록 배려해 주어야 한다.
○ 지구력이 떨어지는 아이에게는 처음부터 끝까지 한 번에 임무를 말하면 안 되고 할 일을 조금씩 끊어서 부여하는 것이 좋다.
○ 처음부터 너무 높은 목표를 부여하는 것은 아이의 의욕을 꺾는 결과를 초래한다.

8. 소극적인 아이는 적극적인 아이보다 소극적인 아이와 어울릴 수 있도록 해준다.

9. 엉뚱한 질문을 하더라도 최대한 친절하고 진지하게 대답해 준다.

○ 아이들에게는 이 세상은 궁금한 것들의 천지다. 어른의 생각에 안 어울린다고 아이의 질문을 하찮게 여기면 어른으로서 자격이 없는 것이며, 아이는 자신감을 상실하고 부모에 대해 저항감을 갖게 된다.

10. 아이의 결점을 제3자에게 말해서는 절대 안 된다.
○ 또래의 친구 부모에게 겸손한 자세라고 생각하는 의미로 자기 아이에 대해 서운한 부분이나 부족한 부분에 대해 말하게 되면 아이는 자기의 치부를 노출하는 모욕감을 갖고 창피함을 느끼며 자신감이 결여되어 점점 더 부모에 대해 실망감을 주는 행위를 하게 된다.
○ 아이에게는 무엇이든 잘 할 수 있다. 훌륭한 사람이 될 수 있다는 자신감을 갖게 하여 암시 효과를 키워나갈 수 있도록 해야 한다.
○ 칭찬을 하면 부모의 기대에 부응하는 아이가 되려는 노력을 하게 된다.

◉ 독창적이고 개성 있는 아이로 키우는 10가지 지혜

1. 때때로 삼각형이나 원형의 도화지를 주어서 그림을 그리게 한다.
○ 창의력 향상에 기여할 수 있다. 일정한 스케치북만을 사용하게 되면 규격화되고, 고정관념에 묶일 수 있다.

2. 종이접기도 가르쳐보는 것이 창의성 향상에 기여한다. 이때는 종이를 펴는 것부터 시작하는 것이 좋다.
○ 손끝을 복잡하게 사용하는 종이접기는 지능과 언어능력향상에 밀접한 관계가 있다.

3. 도구를 이용하여 가능한 많은 상상력을 키우게 한다.

4. 물건을 버릴 때는 반드시 재활용 여부를 생각하게 한다.
O 발상전환의 습관을 기를 수 있다. 또한 예리한 관찰력과 유연한 사고력을 키울 수 있다.

5. 질문을 할 때는 단답형 대답보다 다양한 여러 가지 대답이 나올 수 있는 질문을 한다.
O 훌륭한 인터뷰는 누구나 대답할 수 있는 제한된 내용이 아니라, 그 사람만의 독자성과 개성을 이끌어내는 역할을 한다.

6. 두 가지 일을 시켜서 우선순위를 스스로 결정하게 한다.
O 두 가지를 동시에 시키게 되면 우선 아이는 긴장하게 된다. 그래서 듣는 것부터 신중하게 되고, 일의 우선순위를 스스로 판단하게 된다.

7. 같은 장소를 갈 때는 가능한 다른 길을 택해서 이동한다.

8. 우유를 줄 때에는 가끔 다른 형태의 용기를 사용해 본다.
O 반복적인 생활습관 중에도 아이에게 생각하는 습관을 갖게 하거나 지적 발달을 꾀할 수 있는 기회는 얼마든지 많다. 아이들은 사소한 일에도 신선한 자극을 받게 된다.

9. 질문에는 곧바로 대답하지 말고 스스로 해답을 찾도록 유도한다.
O "만일"이라는 역질문에는 자신의 질문에 대한 대답을 스스로 찾아볼 수 있도록 힌트를 주는 것이다. 즉 아이로 하여금 자기가 한 질문에 대한 모든 가능성을 스스로 생각하게 함으로써 사고의 다양성과 창의력을 키워줄 수 있는 일석이조의 교육법인 것이다.

10. 어떤 상황에 직면했을 때 "너라면 어떻게 하겠니?"라고 질문해 본다.

◉ 스스로 공부하고 즐기는 아이로 키우는 10가지 지혜

1. 공부하라고 말하는 것보다 집안일을 시키는 것이 효과적이다.
○ 시간이 많다고 해서 공부를 많이 하는 것은 아니다. 오히려 시간이 부족하다고 느낄 때 더 집중하게 된다.

2. 공부하려는 의욕이 없을 때는 그만 두게 하는 것이 현명하다.
○ 하기 싫어하는 일은 어려운 것이다. 그것을 강요하는 것은 오히려 멀어지게 하는 역효과를 낼 뿐이다.
○ 영국의 서머힐 스쿨에서는 아이들에게 공부를 하고 싶을 때까지 공부를 시키지 않고 놀게 만든다. 심리적 기아상태를 만들어 학습의욕에 동기를 부여하는 것이다.

3. 새로운 것을 가르칠 때는 재미있을 때 중단한다.
○ 문제가 완전히 풀리지 않은 채 도중에서 중단하면 그 문제에 대한 심리적 긴장감이 고조되어 그 문제를 풀고자 하는 에너지가 이전보다 훨씬 더 고양된다.

4. 공부를 핑계로 아이를 특별취급해서는 안 된다.
○ 아이는 공부를 빌미로 자기방황의 시간을 갖게 된다. 이런 환경에 방치하면 심리적 포화상태가 되어 멍해지기 시작한다. 공부에 대한 집중력은 떨어지고, 엉뚱한 생각을 하게 된다.
○ 공부에 대한 의욕은 어떤 종류의 결핍감이나 기아감에서 생겨나는 것

으로 과도한 안락은 오히려 그것을 말살해버린다. 뭔가 부족했을 때 학습의욕으로 연결되는 것이다.

5. 지능형 교육방식보다 창조형 교육방식이 좋다.
○ 지능형 교육의 특징은 암기에 중점을 둔다. 모범을 제시하고 따라하게 한다. 일정한 답을 강요한다. 여기에는 자유로운 발상을 불허한다.
○ 해답을 외우기만 한다면 응용력은 길러지지 않는다. 그리고 해답이 하나뿐이라는 사고방식이 박혀서 편협해지고 고정관념에 싸일 수 있다.

6. 칭찬은 부모가 직접 하기보다는 제3자를 통해 간접으로 하는 것이 좋다.
○ 칭찬은 모름지기 톡 쏘는 계자처럼 하는 것이 효과가 크다. 과도한 칭찬은 원래의 목적을 벗어나 그 의미와 효과를 상실하게 된다. 제3자의 말은 진실성을 크게 느낀다.

7. 부모가 나서서 아이들의 의문을 전부 해결해 주는 것은 좋지 않다.

8. 너무 솔직한 아이에게는 일부러 대립관계를 만들어준다.
○ 반항적 기질이 있던 아이의 84%가 의지력이 강하고 판단력이 풍부한 사람으로 성장한 반면, 착하고 얌전한 아이는 자기 나름의 행동원리를 갖추지 못한 사람이 많았다.

9. 숙제가 먼저인지 노는 것이 먼저인지 스스로 선택하게 한다.
○ 지시가 없으면 아무것도 하지 못하는 아이를 둔 부모는 자신들이 평소 사소한 일까지 일일이 간섭하지 않았는지 반성해봐야 한다.
○ 어떤 문제에 부딪혔을 때 자기 나름대로 스스로 생각하고 행동함으로

써 자주성과 판단력을 키워나갈 수 있도록 해야 한다.

○ 아이에게 자주성을 키워주기 위해서는 스스로 생각할 수 있는 기회를 충분히 주어라.

10. 어려운 문제에 직면하면 도전의식을 부추겨라.

◉ 자립심 있는 아이로 키우는 10가지 지혜

1. 때때로 무리한 과제를 주어 스스로 해결할 수 있도록 한다.

2. 아이의 어려움을 알더라도 일부러 모른 척 한다.

3. 중요한 일은 선택의 여지를 주되 최종 결정은 아이에게 맡긴다.

4. 아이를 미아로 만들어 보는 여유를 갖는다.
○ 스스로 길 찾는 요령을 터득하고 어른들에게 길을 묻는 상황대처능력을 키우게 된다.

5. 어려운 상황에 부딪혔을 때는 곧바로 해답을 주지 말고 힌트를 제공해서 도와준다.
○ 예컨대 아이게 넘어졌을 때 미국의 어머니들은 스스로 일어설 때까지 가만히 지켜본다. 스스로 일어서야 한다는 무언의 교훈을 심어주는 것이다.
○ 모든 일에 결코 부모가 먼저 결론을 내려주어서는 안 된다.

6. 위험하더라도 높은 곳에 오르게 하면 스스로 판단할 수 있고 시야를

넓히게 된다.

7. 무언가 부족할 때는 대용품을 생각하게 한다.
○ 사람은 부족을 모르면 정신적으로 태만해져서 생각할 의욕을 잃는다고 한다.
부족한 것이 있을 때 생각할 기회를 갖는 것이다.

8. 전혀 모르는 일도 최초의 지시만으로 하게 해 본다.

9. 어릴 때는 의도적으로 열쇠 목걸이를 걸어준다.

10. 밥 정도는 할 수 있는 아이가 되면 생활력이 길러진다.
○ 초등학교 3, 4학년이 되면 집 보는 것, 밥하는 것 정도는 할 수 있어야 한다.
○ 밥은 생명의 원천이요, 모든 활동의 근본이다. 그러므로 혼자서 밥을 할 수 있다는 것은 남의 손을 빌리지 않고서도 새로운 체험에 도전할 수 있는 출발점을 확보했다는 것이다.

 세상에는 수 없이 많은 돈 벌이 수단들이 있다. 돈 벌이를 하더라도 이 사회에 순기능을 할 수 있는 돈벌이라야 하는 것이다. 억만금을 벌 수 있다하더라도 역기능이 큰 행위라면 안 하는 것이 마땅한 처사일 것이다.
 순기능이 51%요 역기능이 49% 정도라면 그나마 괜찮을 수 있을 것이라고 생각할 수도 있을 것이다. 그러나 이 비율이 거꾸로 되어 있거나 역기능의 비중이 높은 행위라면 해서는 안 되는 것이다. 남들도 다 하는 것 아니냐고 자기 합리화를 하는 사람이 있기도 하지만 남들이 다 하더라도 자기 자신은 안 해야 한다는 인생의 원칙이랄지 기준을 갖고 살아가야 하지 않겠는가?

순기능을 하는 사업이나 직업이 무엇인지 역기능을 하는 돈벌이가 무엇인지는 독자들의 판단에 맡기고자 한다.

이따금 메스컴에서 아동학대를 하는 부모에 대한 보도를 보기도 하는가 하면 심지어는 자기 자식을 성폭행하는 야생의 동물세계에서나 볼 수 있는 그런 아버지도 있는 경우를 보면 아버지다운 아버지, 어머니다운 어머니를 육성하기 위한 어떤 학교 같은 기관이랄지 시설이 있어야 되는 것 아닌가 하는 생각을 지울 수가 없다.

지나 온 역사 속에서 어머니의 표상은 심사임당을 꼽을 수 있을 것이다. 그런가 하면 아들의 교육을 위해 세 번 씩이나 이사를 하면서 교육환경을 고쳐주었던 맹자 어머니에 대한 얘기(맹모삼천지교)는 자주 들어왔다. 그러나 아버지의 표상이 될 만한 그런 얘기는 들어 본 적이 별로 없는 것 같다.

그렇다고 아버지들이 다 자녀의 교육에 대해 무관심하거나 방치한 것도 아니다. 거의 모든 아버지들이 아이들의 교육이나 성장 그리고 그들의 삶에 대해 걱정하고 고민하고 어떡하든지 잘 살게 하기 위해 무진 애를 쓰고 노력을 하면서 살아왔다. 단지 표현하지 않았고, 밖으로 내색하지 않는 것이 아버지의 위엄이라고 생각하면서 살아 왔던 것이다.

● 정구언 씨가 쓴 "바람직한 부모 되는 길"이라는 책에는 나는 어떤 부모인가? 라고 반문하면서 다음과 같은 질문들을 하고 있다.

○ 시간을 내서 자녀들에게 책을 자주 읽어 주고 있는가?
○ 같이 놀아주기를 원할 때 피하거나 변명하지는 않았는가?

○ 아이의 질문에 적극적으로 반응하면서 진심으로 접근하는가?

○ 추상적으로 진정성 없는 칭찬보다 구체적으로 칭찬하는가?

○ 아이의 감정을 이해하려고 노력하는가?

○ 늘 부모는 아이들의 편이라는 생각을 갖게 하고 있는가?

○ 아이들이 이야기를 할 때 아이들의 편에서 경청해주고 있는가?

○ 어떤 문제에 봉착했을 때 아이가 스스로 해결할 수 있도록 도와주고 있는가?

그리고 다이에나 루먼스라는 작가는 그의 책 "좋은 부모 프로젝트"에서

● 만일 내가 다시 아이를 키운다면

○ 먼저 아이의 자존심을 세워주고 집은 나중에 세우리라.

○ 아이의 손가락 그림을 더 많이 그리고 손가락으로 명령하는 일은 덜 하리라.

○ 아이를 바로잡으려고 덜 노력하고 아이와 하나가 되려고 더 많이 노력하리라.

○ 시계에서 눈을 떼고 눈으로 아이를 더 많이 바라보리라.

○ 더 많이 아는데 관심을 갖지 않고 더 많이 관심갖는 법을 배우리라.

○ 자전거도 더 많이 타고 연도 더 많이 날리리라.

○ 들판을 더 많이 뛰어다니고 별들을 더 오래 바라보리라.

○ 더 많이 껴안고 더 적게 다투며 도토리 속에 떡갈나무를 더 자주 보리라.

○ 덜 단호하고 더 많이 긍정하리라.

○ 힘을 사랑하는 사람으로 보이지 말고 사랑의 힘을 가진 사람으로 보이라.

라고 말하면서 자녀에게 좋은 부모는 많이 아는 부모가 아니라 많이 실천하는 부모이며, 아는 것이 힘이 아니라 실천하는 것이 힘이라고 강조

하고 있으며, 말로 자녀교육이 다 될 것 같으면 세상의 어떤 자녀도 잘 못 된 길로 가지 않을 것이고, 좋은 부모를 둔 자녀는 이미 좋은 인생을 시작한 것이다. 라고 피력하고 있다.

칭찬과 격려 속에서 자란 아이는 용기와 의욕으로 충만하지만 욕과 꾸중 속에 자란 아이는 반항과 좌절로 포기하는 인생을 살아간다고 말하면서

● 자녀교육은 콩나물 기르듯이 해야 한다고 강조하고 있다.

○ 욕심을 부린다고 빨리 자라거나 기대대로 되지 않는다.

○ 많은 노력을 들여도 당장 표가 나지 않는다. 아이의 주식은 부모의 땀과 눈물과 노력이다. 그것을 사랑이라는 그릇으로 매일 주어야 하는 것이다.

○ 관심을 조금만 끊어도 금방 표가 나는 것이다.

● 좋은 부모는 아이에게 좋은 영향을 주지만 나쁜 부모는 아이에게 나쁜 영향을 주게 되는데

○ 좋은 부모는 아이의 장점을 보지만 나쁜 부모는 아이의 단점만을 본다.

○ 좋은 부모의 눈은 아이에게 가 있지만 나쁜 부모의 눈은 TV에 가 있다.

○ 좋은 부모는 아이의 말을 경청하지만 나쁜 부모는 건성으로 듣는다.

○ 좋은 부모의 입은 아이를 언제나 칭찬하지만 나쁜 부모의 입은 늘 비난과 꾸중으로 가득하다.

다음은 아버지다운 모습과 어머니다운 모습들을 같이 고민해보고자 한다.

● 아버지다움

 자녀의 연령대별 아버지의 기능에 대해서는 앞에서 피력했었다. 아버지는 과연 어떠한 모습을 보여주어야 하는가?

 사람은 어머니의 뱃속에 있을 때부터 보거나 듣거나 느끼는 것들이 태어난 후 인생을 살아가는 동안 직/간접으로 영향을 미친다고 한다.

 심지어는 뱃속에 1년이 생후 10년을 좌우한다고 하니 과연 뱃속에서 보지 못한다하여 부부간에 말이라도 함부로 할 수 있겠는가? 진정으로 자녀를 올바로 훌륭하게 키워내고 싶다면 뱃속에 있을 때부터 철저하게 아버지다운 모습을 보여줘야 하는 것이다.

○ 어떠한 상황에서라도 술이 취한 모습으로 태아와 마주쳐선 안 된다.

○ 엄마의 임산부로서 지켜야 될 칠 태도를 지켜나갈 수 있도록 같이 노력해야 한다.

○ 비속어를 쓴다거나 막말을 하거나 나아가 욕 같은 것은 절대로 해서는 안 된다.

○ 사소한 것이라 할지라도 거짓말을 해서는 안 되며 양심을 속이는 행위를 해서는 안 된다.

○ 아내를 비하하거나 무시하는 말을 해서는 안 된다.

○ 시간을 하릴 없이 소비하며 계획성 없는 인생을 살아가는 모습을 보여서는 안 된다.

○ 누가 보거나 보지 않거나 교통법규 등 사회질서를 준수해야 한다.

○ 공중도덕을 준수하는 모습을 보여줘야 한다.

○ 부부간에 늘 정이 흐르고 사랑이 가득한 모습을 보여줘야 한다.

○ 부모에게 효도하는 모습을 보여줘야 한다.

○ 형제간에 화목한 모습을 보여주는 아버지라야 한다.

○ 인간관계에서 의리를 저버리거나 비열한 모습을 보여서는 안 된다.

○ 자기에게 주어진 업무에 대해 자신감을 갖고 효과적으로 성과 있게 처리하는 능력을 갖추어야 한다.

이렇듯 아버지답다는 것은 결국 사회적으로 순기능을 많이 갖고 있는 사람의 삶의 태도, 생활방식을 견지하는 그런 사람일 것이다.

우리는 이따금 TV나 신문 등을 통해서 위법이나 탈법을 하여 법의 심판을 받는 모습을 보여주는 국가적인 지도자 위치에 있었던 사람들을 종종 보게 된다. 이런 경우에 필자는 과연 저들은 그의 자녀들이나 자녀들의 친구들에게 어떻게 얼굴을 들고 다닐 수 있을까 하는 우려를 하곤 한다.

그런가 하면 정부 고위직을 임명하는 과정에서 국회 청문회를 개최하는데 청문회 과정에서 떳떳하고 당당하게 잘살아왔다고 내세울만한 사람을 보기가 하늘의 별따기보다 어렵고, 백사장에서 바늘 찾는 것보다 어려운 실정이다. 이런 사람들이 아버지답게 살아왔다고 보기는 어렵다고 본다.

아버지의 역할이나 기능에 충실하고자 자녀들을 잘 키워보겠다는 의욕으로 수단과 방법을 무시하고 오로지 부의 축척만을 위해 노력해 온 삶의 결과는 반드시 자녀교육을 잘 시켰다고 볼 수 없는 부작용을 낳게 되는 것이다.

과거 시대에 관직에 있으면서 청렴하고 올곧은 성품으로 오직 나라와 백성만을 걱정하면서 나라발전에 한 몸을 던졌던 인물로 역사적으로 유명한 정약용이랄지 이순신 장군이라거나 최영 장군 같은 사람은 오늘 날에는 정말 찾아 볼 수가 없다.

이런 현상이 왜 생겼을까를 한 번 생각해 본다면 뜻이 있는 사람은 공감하겠지만 황금만능의 사조에서 비롯된 것이 그 하나요, 다른 한 가지는 목적을 위해서는 수단과 방법을 가리지 않는 목표지상주의라고 생각한다.

사람은 가치관이 흐려지면 사람다운 모습에서 이탈하게 되는 것 같다.

국가의 지도자의 위치에 있었던 사람 중에 대통령을 했던 사람이 끝난 다음에는 몇 천억의 현금을 사과상자 속에 은닉하는 등 부정부패의 모습이 자녀들에게 보여줄 수 있는 아버지다운 모습일까를 생각해 보면서 유아기에 자녀를 기르는 아버지로서의 아버지다움, 성년기에 있는 자녀에게 있어서의 아버지다움, 그리고 장/노년기에 있는 자녀를 가진 입장에서의 아버지다움을 지킨다는 것이 얼마나 어렵고 중요한 일인가를 생각해보게 된다.

그 중에서 특히 돈만을 추구하는 가치를 가진 사람의 경우에는 말년이 결코 명예스럽거나 자랑스럽지 못하고 수모를 당하거나 비참하게 마무리되는 경우를 자주 보게 된다.

와우아파트 붕괴사고를 유발한 업주, 성수대교나 삼풍백화점 붕괴사고를 유발한 업주, 기업을 불법적이거나 부실하게 운영하여 국가적으로 손실을 입히고 법정에 서게 된 재벌들, 그리고 세월호 침몰로 인하여 300여명이나 목숨을 잃게 하고도 죄의식 조금도 없이 국가와 국민을 조롱하듯 도피행각을 한 사람,(기업인인지 종교인인지 구분이 어려운 사람이기 때문에 사람이라 칭함) 배가 침몰하고 있는데도 승선고객의 안전은 안중에도 없고, 오직 자기 한 목숨만을 구제하고자 팬티바람으로 탈출한 선장 등 국민적인 증오나 혐오를 일으킨 사람들이 과연 자녀들로부터 존경을 받을 수 있을까 하는 우려를 저버릴 수가 없는 것이다.

돈은 사람이 살아가는 과정에서 생을 유지하거나 삶의 편의를 위해서 불가피하게 필요로 하는 도구이기는 하지만 삶의 목표가 되어서는 안 되는 가치인 것이다.

자기 능력이나 수단이 좋아서 돈을 조금 벌었다 할지라도 그 부가 주변의 다른 모든 사람들로부터 존경을 받을 수 있고, 부러움의 대상이 될 수 있어야지 비난이나 나아가 저주를 받는 부라면 그는 인생을 잘 못 살아온 것이라고 생각한다.

돈은 돈도 많지만 인품도 고매하고, 인간성도 좋다. 라거나 돈도 많지만 주변도 잘 챙길 줄 아는 인격적이며, 훌륭한 사람이라는 칭찬을 들을 수 있으면 잘 살아 온 것이지만 돈밖에 모르는 수전노랄지, 돈밖에 모르는 파렴치한 사람이라는 말을 듣는다면 그 인생은 사회에 역기능을 하는 사람인 것이다.

좋은 아버지가 되고자 하는 사람들의 모임에서 발표한 좋은 아버지가 되기 위한 20계명이 있는데 소개해 본다.

● **좋은 아버지가 되기 위한 20계명**

1. 자녀의 성장에 있어서 아버지 역할의 중요성을 인식하고 어려서부터 딸과 아들의 각 단계별 성장과정에서 중추적이고도 적극적인역할을 담당한다.

2. 아버지의 안내를 받아 남자아이들이 어머니로부터 자연스레 독립하고, 여자아이들이 남자에 대한 올바른 상을 정립할 수 있도록 돕는다.

3. 아이들이 너무 오래 어머니와 있음으로 인해서 받을 수 있는 좌절과 화를 아버지와 함께하는 시간을 통해서 건설적으로 발산하는 법을 보여준다.

4. 자녀들의 선정적인 자아확립, 특히 남자란 무엇이며 여자에 대한 남자의 태도는 어떠한가를 보여준다.

5. 자녀와의 관계는 단시간에 이루어지지 않는다는 것임을 인식하고, 지속적인 상호관계를 위한 기반을 자녀들이 어렸을 때부터 다져나간다.

6. 자녀교육은 잔소리나 훈계로 이루어지지 않음을 인식하고, 자녀교육의 모델을 행동으로 보여준다. 자녀의 감정을 늘 경청하고, 남들과의 비교나 조롱, 지나친 기대 등을 없애 자녀에 대한 무조건적인 사랑을 확인

시킨다.

7. 격려와 칭찬을 통해 아들은 학업이나 일에 대한 자신감을, 딸들은 여성성에 대한 자긍심을 키울 수 있도록 이바지한다. 특히 적극적 강화의 효과를 이해하고 자녀를 비판이나 처벌보다는 칭찬이나 격려로 지도한다.

8. 자녀들에게 줄 수 있는 가장 소중한 유산은 아버지로서 좋은 모델이 되는 것임을 인식하고, 아버지가 좋은 결혼관계, 특히 어머니를 대하는 태도의 본을 보여준다. 또한 아버지에게 처한 중년의 위기 등 자신의 삶에서 부딪히는 문제들을 슬기롭게 대처해나가는 모습을 보여준다.

9. 어머니와 함께 아이들에 대한 단합된 의지를 보임으로써 아이들이 부모의 의견 분리를 자신들에게 유익하게 이용하는 것을 막는다.

10. 딸들의 남자에 대한 불신감과 사회에 대한 불안감을 줄여준다. 특히 미래에 건강한 남자를 선택할 수 있도록 돕고, 성관계를 비롯한 남자와의 관계에서 친밀감에 대한 두려움을 없애는데 도움이 될 수 있도록 교육한다.

11. 아버지의 굳건한 지지를 통해 자녀로 하여금 친구들의 압력에 굴복하여 자신의 의지를 굽히는 일이 없도록 든든한 버팀목이 된다.

12. 딸들과의 현실적 접촉을 통해 딸들이 아버지를 너무 비현실적이거나 혹은 이상적으로 생각하여 다른 남자에게 실망하는 것을 막아준다.

13. 딸들에게 다른 남자에게서 아버지와 같은 무조건적인 사랑을 찾아서 헤매다가는 마음의 상처만 입게 된다는 것을 알 수 있도록 지도한다.

14. 딸들이 아버지의 인정에 대한 굶주림으로 인해 걸리기 쉬운 강박체중 조절증, 폭식증, 혹은 비만증에 걸리지 않도록 한다.

15. 아버지에게도 감정이 존재한다는 것을 솔직한 감정표현을 통해서 보여줌으로써 감정은 묻어두기만 하던 종래의 아버지상을 개선하고, 바람직한 대화를 실천함으로써 부정적인 감정이나 의견의 차이를 건설적으

로 해결해나가는 자세를 보여준다.

16. 자녀에게 바람직한 성에 대한 지식과 윤리를 교육함으로써 자녀들이 왜곡된 성지식과 잘못된 성도덕을 갖는 것을 방지한다.

17. 아버지가 자녀에 대한 여러 훈육방법과 그 효과를 이해함으로써 지나치게 강압적이거나 지나치게 관대하지 않도록 하며, 대화를 수단으로 적절하고도 단호한 훈육을 통해 자녀행동의 한계를 분명하게 하여 자녀에게 심리적인 안정감을 준다.

18. 아들과 딸들이 신체적 변화를 겪거나 성장하는 것에 대해 아버지로서의 축복을 전해준다.

19. 남자아이들이 아버지와의 관계부족으로 자신의 남성다움을 직접 시험하기 위해 위험한 시도를 하지 않도록 행위의 신축성과 균형을 아버지와 함께 하는 생활 속에서 보여준다.

20. 몇 세대에 거쳐 아버지를 통해 내려오던 좋은 자녀교육의 전통은 가르쳐 지니게 하고, 좋지 않은 전통은 불식시켜 다음 세대로의 전수를 막아준다. 특히 새로운 환경에서 새로운 지식을 수용함에 있어 고통이 따른다 해도 이를 수용하는 용기를 보임으로써 자녀가 다음세대에 너무 편협하지 않도록 이끌며, 항상 자녀교육에 대해 공부하는 자세를 보여줌으로써, 자녀가 다음세대와의 문제도 늘 공부하며 해결하는 자세를 갖도록 이끈다.

이렇듯 좋은 아버지가 된다는 것은 모든 면에서 만능이 되어야 하는 것이다.

자라나는 자녀들에게 아버지가 가장 존경스러워 보일 때가 언제인가 하면

○ 가족끼리 모여서 즐거운 시간을 보내고 있을 때

○ 어머니와 아버지가 정다운 모습을 보일 때.

배우자를 사랑하는 것보다 더 자녀를 사랑하는 방법은 없다 고 한다.

○ 아버지가 늘 자신감에 차 있을 때

○ 부모의 형제간에 화목할 때라고 한다.

이런 모습을 보이려고 노력하는 아버지야말로 아버지다운 아버지일 것이다.

그런가 하면 아래와 같은 경우에는 아버지가 초라해 보일 때도 있다 한다.

○ 경제적으로 시달리는 모습을 보일 때

○ 부부간 싸움에서 일방적으로 당하고 있을 때

○ 술에 취해 비틀 거리는 모습을 보일 때

○ 늙어가는 모습이 나타날 때

○ 자식 때문에 속상해 하실 때

○ 퇴근하는 모습이 피곤에 지쳐 있을 때라고 한다.

여기에서 늙어가는 모습이야 어쩔 수없는 불가항력적인 요소이겠지만 나머지는 개선하려는 노력, 보이지 않으려는 의지를 가져야 할 것이다.

◉ 어머니다움

대개 세계적으로나 역사적으로 성공한 위대한 사람들을 보면 항상 그 이면에는 신사임당이나 맹자 어머니 못지않은 어머니들의 뒷바라지가 있었음을 볼 수 있다. 그 어머니들은 그저 일반적으로 마주할 수 있는 어머니들과는 무엇이 달라도 다르다는 것을 느끼면서 크나큰 감동을 느끼곤 한다.

모든 어머니들에게 그렇게 탁월하고 훌륭한 어머니의 역할이나 자세는 기대하기 어렵고, 기대하지 않는다 할지라도 일상적인 어머니의 모습에서 어머니다운 것들은 어떤 것들이 있을까? 생각나는 대로, 기억나는 대로 한 번 음미해봤으면 한다.

요즘 젊은 부부들은 엄부자모 같은 한문 용어도 전혀 이해하지 못하는 부부들이 많을 것이다. 인자한 어머니, 자상한 어머니의 덕목을 요즘의 젊은 어머니들에게 요구하거나 기대할 수 있겠는가? 하고 반문해 볼 때 자연스럽게 가슴이 답답해져 옴을 느끼지 않을 수 없다.

우리나라의 2018년 이혼율은 47.4%에 이르러 세계에서 세 번째로 높은 실정이다. 두 쌍이 결혼하면 한 쌍은 이혼한다고 보면 되는 현실이다. 그 높은 이혼율이 해마다 늘어나고 있는 추세이고, 혼전 임신으로 인한 미혼모도 부지기수인가 하면 혼외정사라는 것도 과거 남자들의 전유물처럼 여겼던 부도덕한 행위들이 이제는 어엿한 가정주부들도 예사로 즐기는 사람들이 많다는 얘기를 서슴없이 들을 수 있는 환경 속에서 어머니답다는 것이 과연 어떤 것인지? 설혹 그런 것들이 있다한들 현 사회에서 받아들여질 수 있는 덕목인지 참으로 혼란스럽기 그지없기는 하지만 세상이 아무리 발전하고 변한다 하더라도 기본은 알아야 하고, 지켜져야 하며, 그 기본은 변해서도 안 된다는 필자 나름의 철학 때문에 어머니다움에 대해 하나씩 하나씩 짚어보고자 한다.

○ 임신한 어머니는 7태도(七胎道:임산부가 지켜야 할 7가지 행동)라는 것을 알고 지키려는 노력을 해야 한다.

○ 아이를 낳은 엄마는 모유수유를 통해서 아이와 가슴으로 정을 나누고 대화할 줄 알아야 한다.

○ 자녀의 성장발육에 대해 공부하고 연구해서 나이 대에 맞는 보육과 훈육을 할 줄 알아야 한다.

○ 아이에게 엄마의 사랑이 뭔지 느낄 수 있을 만큼 헌신적인 사랑을 가질 수 있어야 한다.

○ 유치원부터 학교에 다니는 동안에는 등교는 물론 잘 챙겨줘야 하겠지만 하교 또한 잘 챙겨줄 줄 아는 엄마가 되어야 한다. 아이가 학교에서 돌아왔을 때 집을 비워서는 안 된다.

○ 사치나 허영에 들떠서 명품이나 사들이는 엄마가 아니라 명품 아이를 키우려는 정신자세를 갖추어야 한다.

○ 치맛바람에 휩쓸려서 과보호를 통한 나약한 아이를 만들지 말고 정당하게 경쟁하고, 당당하게 사회에 적응하는 사회성이 강한 어린이로 지도할 수 있어야 한다.

○ 매사에 자녀를 위해서는 희생적이고 헌신적인 모정을 느낄 수 있는 그런 어머니의 자리를 느낄 수 있도록 해야 한다.

○ 설혹 아버지의 빈자리가 생긴다 할지라도 어머니는 강하다는 것을 보여줄 수 있어야 한다.

○ 그리하여 자녀가 성장한 연후에 자기의 인생은 어머니의 희생으로 이루어 진 것을 느끼면서 어머니에게 감사할 수 있는 그런 어머니가 되어야 하지 않겠는가?

요즘 세상에 비추어 볼 때 너무 무리한 기대나 요구가 아닐까 하는 생각을 지울 수가 없긴 하지만 그래도 어머니는 어디까지나 어머니인 것이다.

"여자는 약하지만 어머니는 강하다"는 말이 괜히 만들어졌겠는가? 강한 어머니가 곧 훌륭한 어머니일 것이다.

야생의 동물세계에서 거미나 우렁이는 자기 몸을 전부 새끼들에게 먹이로 제공하고 장열하게 죽어간다고 한다. 동물세계의 미생물이 이러할 진데 하물며 만물의 영장이라고 자처하는 사람으로서야 이정도의 희생은 당연하게 받아들일 수 있어야 어머니로서의 자격이 있다고 할 수 있는 게 아니겠는가?

자녀들이 학교를 마치고 집에 돌아 왔는데 어머니가 집에 없다면 얼마나 허전하고 불안하겠는가? 그런가 하면 이웃 아주머니들이 모여서 음주를 하면서 술에 취해 있는 모습을 보인다거나 화투놀이 같은 것을 하고 있는 모습을 보여준다면 그것이 과연 어머니로서 보여줄 수 있는 모습인가? 또는 아빠가 아닌 다른 아저씨와 데이트를 하는 모습이라도 보게 된다면, 이런 것은 정말 아닌 것이다. 그런데 요즘의 엄마들에겐 이런 모습도 어렵지 않게 나타나는 현상들인 것 같다. 참다운 자녀교육을 위해서 바람직한 국가의 동량을 키워내야 하는 가정이 바로서야 하는 면에서 참으로 안타까운 일이 아닐 수 없다.

우리나라 제왕절개수술 비율이 35%나 된다고 한다. 세계보건기구에서 의학적으로 필요한 제왕절개 비율은 5~15%라고 한다. 그런데도 터무니없이 높은 것은 여러 가지 원인들이 있겠지만 주부의 위치, 어머니의 체질보다 그저 멋있는 애인형의 체형이나 체질만을 희구하는 결과물이 아니겠는가?

옛날에는 신부를 보는 어른들이 적당히 통통하고 살이 있는 신부를 보면 "엉덩이가 펑퍼짐한 게 아들/ 딸 잘 낳고 잘 살겠다."하는가 하면 "부잣집 맏며느리 감"이라는 표현을 하기도 하였었다.

그러던 것이 오늘날에는 오직 신체적인 미에만 혈안이 되어 과도한 다이어트를 하는 바람에 아이를 낳기도 어려운 체형이 되어버린 상황이다.

그런가 하면 출생일시를 무슨 인생의 운명과 연관시켜 과대 포장하는 역술인들도 여성적인 매력만을 강조하며 날짜에 맞춰서 제왕절개수술 할 것을 권장하는 사회현상 또한 한 몫을 한 부분이 있을 것이다.

아무튼 제왕절개 출산이 자연분만처럼 아무런 부작용이 없다면 문제될 것이 뭐 있겠는가?

필자는 제왕절개 출산을 자연이치나 조물주의 의도에 위배된다고 생각한다.

생각해보자. 자연 생태계의 모든 분만은 자연스럽게 이루어진다. 하나의 종족번식의 자연법칙일 것이다.

필자는 늘 모든 생태계의 동물 중에서 태생적 환경만 본다면 사람이 가장 나약한 동물에 속한다는 주장을 하곤 했었다.

그 이유는 모든 동물은 자생력이 강하다. 한 번 생각해보자. 다른 미물들은 태어나면서부터 눈을 뜨고 걷거나 뛰기까지 한다. 갓 태어난 새끼 스스로 엄마의 젖을 찾아서 물고 빨아 먹는다. 그런데 사람만은 엄마의 젖 하나도 찾아 물 능력이 없다. 엄마가 아기의 입에다 젖꼭지를 넣어줘야만 그때서야 비로소 엄마의 젖을 빠는 것이 사람 아니던가? 자기 스스로 걷는 것도 무려 2년 정도는 지나야 가능한 것이 만물의 영장이라 자칭하는 사람의 유아기 모습이다.

이렇게 나약한 아기를 보행할 때까지만 보호하면 되는가? 그것도 아니다. 최소한 법적으로 성인이 되는 20살까지는 뒷바라지를 해줘야 겨우 성인이 되는데 20살에 자립할 수 있는 사람이 몇이나 있는가? 또 사회환경이 20살에 자립할 수 있는 여건이 되는가? 그 이후로도 끝없이 보살펴야 하는 것이 우리나라의 자녀양육방식이다.

그런데 어떤 생명체가 태어난다는 것은 그 엄마가 낳는 것만은 아니다. 엄격하게 말하자면 그 생명체 스스로 태어나는 것이란다.

줄탁동시(茁啄同時)라는 말이 있는데 이 말은 병아리가 달걀 속에서 태어나려고 할 때 그 달걀 속에서 달걀을 깨기 위해 부리로 껍질을 쫀다. 그러면 엄마 닭이 그 달걀을 밖에서 부리로 같이 깨 준단다. 그렇게 해서 한 마리의 병아리가 세상에 태어나는 것이다. 만약에 병아리가 달걀 속에서 껍질을 깨려는 시도를 하지 않거나 병아리가 나오고자 노력을 하는데도 어미닭이 도와주지 않는다면 그 병아리는 세상에 나오지 못하고 마는 것이다. 이와 마찬가지로 모든 생명체는 엄마의 뱃속에서 스스로 나오는 것이다. 그것을 엄마가 힘을 쏟아 도와주는 것이 자연이치인 것이다. 이 와중에 엄마는 죽음보다 더한 고통을 참아내면서 새로 태어나는 아기를 안고 감동과 환희와 새로운 생을 창조해낸 감격을 느끼면서 아이에 대한 강한 모정을 느끼게 되는 것인데 마취 속에서 아무런 통증을 못 느끼고 태어난 아기에 대해 자연 분만한 아기만큼의 모정이 느껴질 수 있겠는가?

그런데 제왕절개로 태어나는 아기는 자기의 노력이 전혀 없이 엄마에게 아무런 고통도 주지 않고 태어나게 되는 상황에서 엄마의 간곡한 정을 받을 수 있겠는가?

◉ 자녀다움

부모가 부모다워야 하듯이 자녀는 자녀다워야 할 것이다. 물론 부모가 부모답다면 자녀는 당연히 자녀답게 자라고 성장해갈 것이라고 확신한다.

자녀를 자녀답게 가르치는 것도 어디까지나 부모의 몫인 것은 사실이다. 경제수준이나 교육정도 또는 생활환경에 의해 자녀다움은 상당한 영향을 받을 수밖에 없기는 하겠지만 어떤 환경에서든 자녀 스스로 자녀다운 생각이나 자세를 견지하려는 노력이 중요하다고 생각한다.

그러면 자녀다운 것은 어떤 것들이 있을는지 한번 새겨보고자 한다.

○ 부모님의 말씀에는 절대 순종하는 마음을 가져야 한다.

○ 어린이는 어린이다워야 한다. 언제나 씩씩하고 활발하고 역동적으로 또래의 아이들과 어울려 뛰놀 수 있어야 한다. (이런 환경을 제공하는 것도 부모의 몫일 것이다.)

○ 부모님의 말씀을 잘 듣고 기대에 어긋나지 않으려는 자세를 갖고 노력을 해야 한다.

○ 학교에 가서는 선생님의 말씀을 잘 듣고 공부에 열심이라야 하며 또래의 친구들과 잘 어울리는 자세를 가져야 한다.

○ 어른들의 말씀을 잘 듣고 기대에 벗어나지 않으려는 자세를 가지며 어른을 공경할 줄 알아야 한다.

○ 나쁘고 불량한 생각이나 행동을 해서는 안 되며 공중도덕을 잘 지키려는 자세를 견지하여야 한다.

우리나라의 모든 어린이들이 이런 정도의 자세만 가지고 지키려는 노력을 한다면 나라의 미래는 어떻게 될까? 저절로 흥분을 지울 수가 없다.

3. 선생님과 학생다움

◉ 선생님다움

대개 쉬운 말로 "선생은 선생다워야 한다."라고 얘기들은 많이 한다. 그러나 그런 얘기의 세부적인 덕목들은 무엇이어야 하는지 명문화 된 것을 별로 본 적이 없는 것 같다. 우리는 페스탈로치랄지 방정환 선생님 같은 훌륭한 선생님들의 표상은 알고 있지만 오늘날에는 그런 선생님들을 만난다는 것이 천연기념물을 보는 것같이 어려운 세상이 되어 버린 것도 부인 할 수 없을 것이다. 심지어는 전교조라나 뭐라나 하는 선생님들도 있다. 나름대로 뜻들이 있겠지만 필자 개인적으로는 선생님은 글자그대로 선생님이라야지 어떻게 선생님이 산업일선의 노동자인가? 노동자랍시고 노동조합을 만들 수 있는가? 과연 가당키나 한 말인가? 정부기관에서는 어떻게 그런 노조를 인정하고 있으며 올바로 인도하지 못하고 있는가? 전부가 그런 것은 아니겠지만 역사를 왜곡하고, 교육의 본질을 훼손하고 있는 부분에 대해서도 수수방관하는 것처럼 보여 지고 있는 것이 안타까운 현실인 것이다.

순수하게 교육의 진정한 본분에 임하기 위해 어두운 부분, 잘못된 관행, 일탈한 교육자의 자세를 바로세우고자 하는 그런 행동들이라면 어느 누가 감히 이들의 단체행동을 지탄하겠는가? 그러나 순수성이 오염되어 정부정책에 대해 부정적인 견해를 심어준다거나 역사를 왜곡하여 교육한다거나 학생들을 시위 현장으로 안내하는 선생님이 있는가하면 심지어는 좌파적이고 친북적이고 종북적인 교육을 진행하는 전교조 선생님들이 일부 있다는 언론보도를 접할 때는 청소년들의 앞날과 나라의 앞날이 걱정되지 않을 수 없는 것이다.

그런 교사들이 있는 한 학생들로부터 존경받는 교사들이 있을 수 있겠는가?

선생님다움에 대해 알아보고자 하는 장에서 학교의 운영문제, 교육의 정책적인 부분까지 논하게 되었는데 모든 일이나 이치에는 단순하게 어떤 한가지로 영향을 미치거나 좌우되거나 하는 것은 없을 터 모든 것은 서로 유기적으로 연관되어 있는 상태에서 영향을 받기도 하고, 주기도 하는 종합적이고 복합적인 관계들 속에 있게 되는 것이다. 때문에 선생님다운 부분들도 단순하게 한 개인적인 문제가 아니고, 교육정책이나 학교의 최고 책임을 가진 자 등의 영향을 벗어날 수는 없겠지만 그러나 어떤 입장이나 환경에 있더라도 최소한 선생님이라면 다음과 같은 선생님다운 모습들을 견지하고 있어야 할 것이라고 생각한다.

● **선생님다운 가치들**

○ 학생들로부터 존경받을 수 있는 모범된 언행을 해야 한다.
○ 제자들을 부모의 입장에서 사랑과 온 마음을 다 바친 정성으로 지도해야 한다.
○ 자기 과목에 대한 전문성을 갖추고 본질에서 한 치도 벗어나지 않는 교육을 할 수 있어야 한다.
○ 지식을 전수하는 것은 교육자의 기본이지만 자라나는 청소년들에게

적합한 인성주입이나 개발에도 일가견을 갖는 자세를 겸비하여야 한다.

○ 교단에 섰을 때만 교육자요 퇴근 후에는 그저 범인으로 돌아가 주변의 기대로부터 벗어나는 행동을 해서는 안 된다.

○ 교직을 생활수단을 위한 직장이라는 생각보다 한 인생의 미래를 책임지는 교육자요 국가의 동량을 양성하는 지도자라는 사명을 견지해야 한다.

◉ 학생다움

각 위치에서의 다움을 떠올리려고 하다 보니 문득 사회가 다변화하기 전 옛날이 그리워지는 생각이 드는 것이 있는데, 그래도 옛날에는 이런 다움 속에 스스로를 가둘 줄 알게 하는 사회적인 분위기가 있었다. 그런데 현대사회에 와서는 이런 다움들이 사라지고 있는 것 같아 참으로 안타까움을 지울 수가 없다. 학생은 학생다워야 한다. 라고 한 마디만 하면 모든 게 끝인 시절이 있었었는데 요즈음은 도대체 뭐가 학생다운 것이냐? 라고 반문하면 답이 모호해지는 것 같은 답답함을 금할 수가 없다.

앞장에서도 언급하였듯이 학생답게 지도하기 위해서는 선생님의 자세는 물론이지만 가정에서의 가정환경, 사회적인 환경 등 다양한 복합적인 요소들이 영향을 미치게 되는 것이다.

오래 전에 있었던 일이다. 아침 일찍 회화를 진행하는 라디오 방송프로그램이 있었는데 그 방송진행자의 멘트에서 어느 학생의 애로사항을 위로한답시고 "학생이라고 공부가 전부는 아니다." 라는 멘트를 해서 필자는 그 진행자에게 "학생이 공부가 전부가 아니면 뭐가 전부가 되어야 하는가?" 라는 항의 서한을 보낸 적이 있기도 하였다.

그런가 하면 전교조 출신 교육감이던가 하는 사람이 만든 학생 인권조례라는 것도 있는데 그 조례에도 모순된 부분들이 상당히 있는 것으로 알고 있다. 때문에 학생들이 선생님의 인권을 무시하고 무엄하게 대항하는가 하면 심지어는 선생님을 폭행까지 하는 사례가 있을 정도이니 과연 학생다워야 하는 것을 어떻게 정의해야 하는지 자괴감을 지울 수가 없다.

언론을 통해서 알게 된 얘기들이지만 진보 교육감들의 창안으로 학생 인권조례가 만들어진 것으로 알고 있다. 그 학생 인권조례라는 것 때문에 선생님들은 설자리가 좁아지고 학생지도 방법에 제한을 받는 부분도 상당부분 있으며, 학생 또한 조례의 해석을 아전인수식으로 하는 경향을 가진 학생들이 오히려 일탈하기도 하고, 선생님을 조롱하고 폭력까지 휘두르는 사례가 더러 있다는 보도를 접하게까지 되었으니 얼마나 한심하고 비참한 현실인가?

우리나라에는 어떤 학생의 권리들이 명문화 되어 있는 것이 있는지 잘 모르겠지만 미국인 커스틴 올슨이 쓴 "상처 주는 학교"라는 책에 명시된 학생 권리장전을 보면

● 학생 권리장전(미국)

○ 모든 학생은 자신이 무언가를 배울 때 그것을 왜 배우는지, 그것이 왜 중요한지 알 권리가 있다.

○ 모든 학생은 이러한 중요성에 의문을 제기하거나 검증할 권리가 있다.

○ 모든 학생은 이해하지 못할 권리가 있으며 이해가 안 된다는 사실을 떳떳하고 솔직하게 말할 권리다 있다.

○ 모든 학생은 개념, 사상, 사실 등을 이해할 때 다양한 방법을 동원할 권리가 있다.

○ 모든 학생은 자신의 마음, 두뇌유형, 지적성향을 최대한 온전하게 알

권리가 있다.

○ 모든 학생은 학습을 평가하는 수단에 의문을 제기하고 검증할 권리가 있다.

○ 모든 학생은 자신의 상상과 생각을 비밀에 부칠 권리가 있다.

○ 모든 학생은 자신의 상상과 생각을 진지하게 펼칠 권리가 있다.

 이렇듯 학교는 오직 학생이 주인이고 그 학생의 미래가 훌륭하게 전개될 수 있도록 학생의 권리가 교육적이고 인간의 가치적으로 규정되어 있는데 우리의 조례는 약간의 차이가 있는 것이 사실인 것 같다.

 우리나라는 아직 전 국가적인 학생 권리장전 같은 것은 없는 것으로 알고 있다. 다만 일부 진보교육감이 선출된 지역에서 학생 인권조례를 제정하여 여당의원의 반대를 극복하고 야당의원의 단독으로 통과시킨 조례가 있을 뿐이다.

 그 대표적인 지역이 경기도로써 진보성향을 가진 김 모씨가 교육감으로 당선되어 취임한 이후 2010년 9월 16일에 전국 최초로 제정되어 시행되고 있는 실정인데 독자들께서는 언론을 통해 막연한 개념은 들어 본 적이 있겠으나 자세한 내용들까지 들어 볼 기회가 많지 않을 것 같아 그 주요 내용들을 소개해 본다.

● 경기도 학생 인권조례

○ 학교에서 체벌은 금지된다.

○ 학교는 학생에게 야간 자율학습, 보충수업 등을 강제해서는 아니 된다.

○ 학생은 복장, 두발 등 용모에 대해 자기의 개성을 실현할 권리를 가진다.

○ 학교는 학생의 두발의 길이를 규제해서는 아니 된다.

○ 학교는 학생의 휴대폰 자체를 금지해서는 아니 된다.

○ 학교는 학생에게 양심에 반하는 내용의 반성, 서약 등 진술을 강요해서는 안 된다.

○ 학생은 세계관, 인생관 또는 가치적, 윤리적 판단 등 양심의 자유와 종교의 자유를 가진다.

○ 학생은 임신, 출산 등의 이유로 차별받지 않을 권리를 가진다.

○ 여학생은 생리로 인한 고통 때문에 결석하거나 수업에 참여하지 못하는 경우 그로 인해 불이익을 받지 않을 권리가 있다.

○ 교직원은 학생과 교직원의 안전을 위하여 긴급히 필요한 경우가 아니면
학생의 동의 없이 소지품 검사를 하여서는 아니 된다.

○ 학교는 학생과 교원에게 학기당 2시간 근로권을 포함하여 인권교육을 해야 한다.

○ 학생은 학교운영 및 교육청의 교육정책과정에 참여할 권리를 가진다.

○ 교육감은 학생과 관련된 정책에 따라 학생의 의견을 수렴하기 위하여 100명 이내의 학생 참여위원회를 설치하고 간담회를 가져야 한다.

○ 조례가 실제로 잘 시행되기 위해 학생 인권침해에 대한 상담 및 구제를 위하여 학생 인권 옹호관을 둔다.

○ 학생은 집회의 자유를 가진다.

○ 성별정체성을 이유로 차별받지 않을 권리를 가지고 있다.

이렇듯 학생들이 행동 면에서 누릴 부분들은 세세히 언급되어 있다. 그러나 서구의 학생권리장전처럼 학생이 공부와 탐구에 관련된 내용은 찾아 볼 수가 없다. 모든 권리는 그저 누리라고만 있는 것이 아닌 것이다. 권리에는 당연하게 상응하는 책임과 의무, 도덕성이 전제 되어야 하

는 것일 진데 그런 부분이 없기 때문에 일부 불량 학생들에게 탈선의 명분이나 선생님에게 대항하는 빌미를 제공하는 경우들이 많게 되어 심지어는 선생님을 폭행하고 성적으로 희롱하는 사태까지 발생하는 지경에 이르고 보니 선생님들이 회의와 실망을 갖게 되어 본의 아니게 조기에 명퇴를 신청한 선생님들이 많다는 보도를 보게 되는 경우도 있었다.

또한 교복이나 유니폼을 입어 본 사람들은 그 유니폼이 얼마나 편하고 경제적인가를 뼈저리게 느낄 기회가 있는데, 그것은 유니폼을 벗고 일반인들이 입고 다니는 평상복을 입어야 할 때 얼마나 부담스럽고 신경 쓰이며 경제적으로도 부담스러운지를 세삼 느끼게 되는 것이다.

그런 맥락에서 학생인권조례를 깊이 있게 들여다보면 조금 아쉬운 부분들이 매우 많다는 걸 느끼게 된다.

학생은 공부가 전부라야 한다. 학생이 공부를 외면하고 자유를 만끽하며 즐기는 시간을 갖는다면 그들의 인생에 미래는 없는 것이나 마찬가지일 것이다. 학교는 패션장소가 아니다. 복장의 자율화가 학생의 자유를 보장하는 것처럼 생각하지만 다른 이면을 한 번 쯤 고려한다면 가난한 학생들은 부자들이 입는 명품 옷이나 가방들을 쳐다보면서 어떤 열등감과 이질감과 부모에 대한 서운하고 실망스런 생각들을 갖게 될까 하는 것들을 한 번만이라도 생각해 본다면 얼마나 좋았을까 하는 생각을 지울 수가 없다.

어쨌든 학생은 학생다워야 한다고 생각하는데 교육당국에서 그 기준을 명시한 것이 없으니 혼란스러울 수밖에 없다고 생각되어 일반적이고 상식적인 선에서라도 학생다운 가치들이 뭘까? 한 번 고민해보고자 한다.

● 학생다운 가치들

○ 학교 교육을 통해서 자신의 인생을 영위하기 위해 준비하는 과정이라

는 인식을 해야 한다.

○ 모든 인간이 기본에 충실 한다면 인생은 잘 살 수 있을 것이다. 사소한 것 같은 일상적인 것, 평범한 것들에 최선을 다하는 사람이 궁극적으로 인생을 성공적으로 살았다고 평가 받을 수 있는 것이다. 이런 이치를 알고 기초를 다진다는 생각을 견지하여 학업에 최선을 다하여 기본적인 지식들을 충실히 익히려는 자세를 가져야 한다.

○ 선생님 말씀에는 경청하고 순종하는 제자로서의 자세를 갖춰야 한다.

○ 선생님에 대해서는 무조건적으로 존경하는 마음을 견지해야 한다.

○ 어른이 하는 나쁜 행위들은 스스로 배척할 줄 아는 품성을 가져야 한다.

○ 교육적인 지적을 하는 어른들의 말에는 존경심을 갖고 순응하려는 자세를 가져야 한다.

○ 불량학생들이 하는 이탈된 행위들을 혐오하고 배격할 줄 아는 자세를 가져야 한다.

○ 동료학생들과 교류하면서 좋은 인간관계를 형성할 줄 알아야 한다.

○ 공중도덕과 사회질서를 준수하는 모범적인 시민의 자세를 갖춰야 한다.

○ 무엇보다 학생의 본분은 공부하는데 있다는 것을 명심하는 자세를 견지해야 한다.

 필자가 자녀들을 기르는 과정에서 경험했던 일화 한 가지를 소개하고자 한다. 큰 딸아이가 초등학교 3학년 때 담임선생님을 뵌 적이 있었다. 대화중에 선생님께서 "아이의 석차가 얼마나 되는지 아시느냐?" 라고 질문을 했는데 "잘 모른다. 저는 그것이 중요한 것이 아니라 내 아이가 선생님 말씀은 잘 듣고 있으며 동료 학생들과는 잘 어울리는지 그것이 궁금하다." 라고 답변을 했었다.

그런데 선생님께서는 굉장히 흥분된 모습으로 "아버님 같은 학부형은 처음 본다. 대개의 모든 학부형들은 아이의 성적에만 관심을 두는데 의외의 대답을 듣는다." 하면서 존경스럽다는 식의 표현을 들었던 기억을 갖고 있다.

과연 필자의 자세가 맞는 것인지는 잘 모르겠다. 그러나 아이들에게는 그 시절, 그 세계에 맞는 행위들이 있을 것이다. 이제 초등학교 저학년인 자녀들을 오직 공부에만 전념케 하는 것은 적절한 교육이 아니라고 본다.

또래 아이들끼리 뛰어놀면서 같이 교류하고, 같이 공감하는 융화력과 어울리는 방법들을 터득하게 하는 것이 더 가치 있고, 성장한 연후에 인생에 도움이 되지 않을까 하는 생각을 해 보는 것이다.

참고로 미국에서는 아이들을 교육할 때 "다른 사람을 존중할 줄 알아야 한다."고 강조한단다. 그래야 내가 존중을 받을 수 있다는 황금률을 알게 하는 것이다.

일본에서는 아이들을 교육할 때 "남에게 폐를 끼쳐서는 안 된다."고 교육한다고 한다. 이런 교육의 덕일까? 일본을 한 번 관광한 적이 있었는데 관광객이 홍수를 이루는 관광거리에 자전거를 잠금장치도 하지 않은 채 세워놓고 유유히 관광인파 속으로 사라지는 사람들을 더러 보게 되었는데 가이드에게 물어본 즉 그래도 없어지는 경우는 거의 없는 사회문화라고 한다. 참으로 부럽기도 하고 국민성이 존경스럽다는 생각이 들기도 하였다.

그런데 우리나라는 아이들을 교육할 때 "절대 기죽지 말라"고 한단다. 과연 이렇게 자란 아이들이 자라서 주변과는 어떤 관계를 형성하고 유지하며 살아갈 수 있을까?

다른 사람의 입장이나 인격 또는 자존심 같은 것은 안중에도 없고, 자기의 주장이나 자기의 자존심 자기의 입장만 중요하게 기를 세운다면 주변사회는 어떻게 되겠는가? 만에 하나 어떤 누군가에 의해 자기의 기가 꺾이는 상황이 되었을 때 어떻게 대처할까를 유추해 본다면 절로 소름이 끼치지 않는가?

또 나아가 비약적인 상상이긴 하지만 만일 자기 부모에 의해 기가 꺾였다고 생각한다면 그때의 반응은 어떨까?

아주 희소한 경우이긴 하지만 자식이 부모를 살해하는 패륜아들이 그런 환경에서 자란 영향은 아닐까? 하는 우려를 해보지 않을 수 없는 것은 필자만의 생각일까?

4. 직장에서의 상사와 부하다움

◉ **상사다움**

직장에서의 상사라는 위치는 부하직원들에게는 인생의 나침반이나 등대 같은 역할을 한다고 생각한다. 그런가 하면 한 인생의 생사여탈권을 쥐고 있다고 해도 과언이 아닌 위치라고 생각한다. 때문에 상사라면 언제든 부하 직원에게 모범을 보여야 하며, 인생의 지도자로서 또는 상담자로서 지식이나 인격을 갖추어야 할 것이다.

필자의 군 선배에게서 들은 얘기인데 군대 내에서의 상관은 순환보직이라는 인사원칙에 의해 상관이 떠나거나 부하가 떠나거나 일정기간 같이 근무하면 헤어지게 되어있기 때문에 다양한 인간을 만나면서 느끼고 배울 것들이 있다는 것이다. 그런데 일반사회의 직장에서는 한 번 상사면 평생 상사가 되게 되는데 그나마 훌륭한 상사를 만나면 그런대로 배울 점도 있고, 지도도 받으면서 성장할 수 있도록 이끌어 주기도 하지만 형편없는 못된 상사라도 만나는 경우에는 인생전체가 망가지게 된다는 것이었다.

● 부하직원의 마음을 빼앗는 상사의 한 마디가 있는데 소개해보자면
  ○ 역시 자네였군. 더 이상 할 말이 없다네.
  ○ 자네는 어디에 있어도 눈에 띄는 사람이야.
  ○ 자네라면 할 수 있어, 내가 보장하지.
  ○ 자네가 없으면 내가 힘이 빠진다네.
  ○ 자네가 한 일인데 오죽하겠나?
  ○ 이 결과는 자네가 열심히 한 덕일세.
  ○ 좋은 생각이야 나도 거기까지는 생각도 못했네.
  ○ 자네가 할 수 없는 것은 없다고 생각해.
  ○ 자네가 곁에 있으면 마음이 든든해.
  ○ 자네만 믿고 맡기겠네. 등

물론 부하직원 스스로 이런 평가를 받을 수 있도록 능력을 갖추는 것이 선행되어야 할 일이지만 능력이 있어도 칭찬에 인색한 상사가 있는가 하면 부하직원의 공을 가로채는 몰염치하고 무능한 상사들도 있는 마당에 위와 같이 부하의 사기를 북돋아주고 능력을 최대화 할 수 있는 상사가 있다면 얼마나 신바람 나겠는가?

● **리더로서의 갖추어야 할 10가지 조건**

  ○ 부하 위주로 생각한다.
  ○ 요망사항을 분명하게 말한다.
  ○ 경청하는 습관을 가진다.

○ 부하들이 쉽게 접근할 수 있도록 마음의 문을 열어둔다.

○ 참고 기다릴 줄 안다. 일에는 시간이 필요하다.

○ 업무를 주고 성장할 기회도 주어야 한다.

○ 약속을 지켜라. 신뢰관계가 중요하다.

○ 문제해결사가 되는 것보다 문제의 창출자가 되어라.

○ 언제나 진실 되게 말하라.

○ 창조적인 아이디어에 칭찬을 하여 부하직원들이 자긍심을 느낄 수 있도록 하라.

과연 나는 어떤 상사인가? 이따금 자신을 돌아보고 나는 부하직원들에게 존경 받는 훌륭한 상사인가? 짚어봐야 할 것이다.

그러면 상사다운 상사의 모습들은 어떤 것들이어야 하는지 생각해보는 기회를 한번 가져보기를 바라마지 않는다.

● 상사다운 가치들

○ 모든 언행에 있어 부하직원들에게 모범을 보여야 한다.

○ 업무에 대한 지식을 갖추고 부하들로부터 존경을 받을 수 있어야 한다.

○ 부하직원에 대한 인생의 멘토로서 그들의 인생에 영향을 미치고 있다는 사명감을 가져야 한다.

○ 부하들의 잘못을 지적할 때 인격적인 모욕감이 들게 하거나 자존심을 상하도록 해서는 안 되며 교육적으로 지도하는 자세를 가져야 한다.

○ 자기에게도 상사가 있고 부하직원들로부터 평가를 받는다는 사실을 인지해야 한다.

○ 부하직원들을 비교하여 상대 평가하는 자세를 버려야 한다.

○ 늘 칭찬과 격려를 통해 부하직원들의 능력을 최대화 할 수 있어야 한

다.

○ 그 외에도 부하직원들이 업무를 효과적으로 수행할 수 있도록 여건을 조성해줘야 한다.

◉ 부하다움

과거에는 상사와 부하간의 한계가 상당한 거리감이 있을 만큼 딱딱하고 어렵고 심하게는 무섭기까지 한 관계일 정도로 권위적이었다. 그러나 오늘 날 정치의 민주화가 되면서 직장에서의 상하관계에도 많은 변화가 이루어진 것도 부인할 수 없는데 그것은 과거와 같은 권위의식이랄지 위화감 같은 것들이 상당부분 완화되었다고 봐야 할 것이다.

그렇다보니 요즈음은 오히려 상사가 부하직원의 눈치를 봐야 하고, 기분을 맞춰줘야 하는 식으로까지 와전되고 있는데 아무리 세상이 변한다 해도 상사는 상사이고, 부하는 부하가 아니겠는가? 그런데 이따금 부하직원들 중에 잘못된 흐름에 편승하여 자기가 상사라도 되는 양 착각하는 미운 오리새끼 같은 부하직원들도 종종 보게 되는 것 같다.

직장생활을 하는 사람들이 알아야 할 덕목 중에 우주의 법칙이라는 것들이 있다. 우주의 법칙이라는 것은 직장인뿐만 아니라 모든 인간이 당연히 알아야 할 덕목들일 것이다.

우주의 법칙 제1조는 세상에 공짜는 없다.

제2조는 뿌린 대로 거둔다.

제3조는 내가 대접을 받고자 한다면 남을 먼저 대접하라. 라고 한다.

각조의 내용들을 낱낱이 다 설명할 필요는 없겠지만 우주의 법칙이라는 이런 거창한 제목의 것들이 어떤 특이한 일이나 대단하고 엄청난 일들에 적용되는 것 같은 생각을 하기 쉽지만 아쉽게도 너무나 평범하고 일상적인 우리들의 생활 속에 적용되는 것들인데 대개는 이러한 이치를 잘 느끼지 못하고 살아가는 경우가 대부분이라고 생각한다.

세상을 살아가는 대개의 사람들이 자기가 알고 있는 것들, 또는 보이는 것에 의해 지배되는 것으로 생각하기 쉽지만 가만히 한 번 생각해보면 우리가 알고 있지 못하는 그 어떤 것, 또는 우리가 한 번도 본 적이 없는 것들에 의해 인생이 지배되고 통제되는 것들이 더 많다는 것을 인생을 한 50년 이상 살아 보거나 설혹 젊은 나이라 할지라도 생각이 깊은 사람들은 느끼는 경우가 많다.

직장 내에서 인정받을 수 있는 것은 거의 인간성에 좌우된다고 보면 틀림없을 것이다. 인간성의 평가요소는 무엇일까? 여러 가지 요소들이 있겠지만 가장 중요한 덕목은 바로 겸손이다. 겸손은 죽을 때까지 배우고 익혀야 할 덕목일진데 그것을 느끼지 못하고 살아가거나 느끼기는 하되 실행이 더딘 사람도 있는가 하면 아예 필요를 느끼지 못하고 살아가는 사람들도 있을 것이다. 이런 차이들이 결국은 그 사람의 능력을 평가하는 기준이나 척도가 되고 있을 것이다.

때로 잘못된 인간성을 가진 사람들은 겸손이 마치 비굴하고 나약한 사람처럼 생각하는 경우도 있는 것 같은데 전혀 잘못 알고 있고 거꾸로 알고 있는 것이다. 겸손과 아부는 하늘과 땅 만큼의 차이라 해도 전혀 과언이 아니다. 겸손이야말로 실력자요 능력자의 자신감이 아니면 보여 질 수없는 그 사람의 특화된 장점이라고 봐야 한다. 그 겸손이 주변을 아우르고 직원들 간의 화합과 단합의 촉매역할을 하며 회사를 발전시키는 활력이 되는 것이기 때문에 상사나 오너 입장에서는 훌륭하게 볼 수밖에 없는 것이다.

그런 겸손이라는 보이지 않는 개성이나 특성, 능력을 어떻게 판단하는가?

직장인들은 일거수일투족을 평가받고 있다는 것을 알아야 한다. 업무

간에는 말 할 것도 없거니와 심지어는 퇴근 후의 회식자리에서도 예의 주시되고 있다는 것을 알아야 한다. 상사가 업무를 한 가지 지시했을 때 자기 임의대로 업무의 성격을 가볍게 생각하거나 소홀하게 평가하는 것은 자기 무덤을 자기스스로 파는 행위이다. 업무의 경중완급의 기준은 상사나 회사의 기준에 맞추어야지 자기 기준에 맞추는 것은 아주 위험한 것이다. 만약 업무를 사소하게 평가하여 대충, 적당히, 소홀하게 처리했을 때는 그 인생도 대충, 적당히 엮어지게 될 것이다. 그런가 하면 회식장소에서의 행동들도 상사의 눈에는 예리하게 평가되고 있다는 것을 잊어서는 안 된다.

이렇듯이 자기가 알지 못하는 것, 보이지 않는 것들에 의해 자기가 평가되고 있다는 것을 알아야 한다. 노력 없이 거두어지는 결과는 없는 것이며 정성스러움 없이 인정받는 경우도 없는 것이며, 자기가 상사를 소홀하게 취급하는데 상사가 자기를 중요하게 대우해 줄 리가 없는 것이다 우주의 법칙들이 아니겠는가?

● 부하다운 가치들

○ 상사의 성격이나 일하는 스타일을 파악하여 적극적으로 협력할 것.
○ 미리 상사의 역할을 파악하여 잘못이나 수정할 부분이 없도록 할 것.
○ 일을 안심하고 맡길 수 있도록 평소에 업무에 대한 실력을 쌓을 것.
○ 주어진 역할, 임무는 구실을 찾지 말고 지체 없이 최선을 다 할 것.
○ 지시된 업무만 그치지 말고 좋은 아이디어를 첨가하도록 할 것.
○ 언제나 세심한 신경을 써서 일을 창의적으로 찾아내는 버릇을 들일 것.
○ 싫은 표현을 하거나 반항하는 것보다 유머감각을 발휘하여 좋은 분위기를 조성할 것.

○ 상사와의 접촉 기회를 많이 가짐으로써 친밀감을 쌓을 것.

○ 절도 있고 예의 바른 메너를 지켜 직장생활의 기본을 잃지 말 것.

○ 이해타산보다는 봉사와 희생정신을 갖고 직장전체를 위해 일하는 자세를 가질 것.

5. 종교인다움

종교는 한 인간에게나 사회와 국가에 미치는 영향은 다양하고 대단하다고 생각한다. 종교는 대표적으로 천주교, 기독교, 불교 등을 떠올리게 하지만 그 외에도 통일교, 원불교, 천리교 등 수없이 많은 종교들이 있는 것으로 알고 있다.

종교에는 종교적인 종교가 있고, 종파적인 종교가 있는가 하면 교파적인 종교가 있다고 한다. 내가 믿는 종교를 믿으면 동료의식을 가지고 우호적인 생각을 하지만 종교가 다르면 경계하거나 적대시하는 종파적인 종교여서는 안 될 것이다.

그런가 하면 교파적인 종교까지 있다고 하는데 내가 다니는 곳에 다니는 사람은 내 식구이지만 내가 다니는 시설이 아닌 다른 시설에 다니는 사람은 배척하는 그런 종교인을 일컬음이다. 그래서는 안 되는 것 아니겠는가?

종교는 순수하게 그저 종교인으로서 각자의 분야를 인정하고 존중하는 그런 종교라야 할 것이다. 그것이 바로 종교적인 종교일 것이다.

아무튼 여기에서 종교의 심오한 이치까지 논할 필요는 없는 일이겠지만 그저 평범한 시민의 한사람 입장에서 많은 사람들이 느낄 수 있는 종교인에게 바라는 느낌이나 생각들이 있을 수 있다고 사료되어 성직자는 성직자다워야 하고 신앙인은 신앙인다워야 하는 부분들에 대해 언급해 보고자 한다.

◉ 성직자다움

 우리는 이따금 언론을 통해 성직자가 사회에 물의를 일으키는 보도를 보는 경우가 더러 있다. 경제적인 문제랄지 정치적인 문제는 물론 심지어는 이성간의 문제까지 일으켜 세간의 일반인들을 당혹스럽게 하는 경우들이 있는데 이럴 경우 어떤 사람들은 성직자도 사람이니까 실수도 할수 있다고 너그러운 것처럼 보는 사람도 있는데 그건 아니라고 생각한다. 성직자는 어디까지나 하느님이랄지 부처님의 제자로서 대리자 역할을 하는 사람들이기 때문에 절대로 일반적으로 평범한 사람들과 똑같은 행위를 하거나 실수를 해서는 안 되는 것이다. 그런 행위를 하고 싶다면 성직자의 자리를 내려놔야 하는 것이 아니겠는가?

 성직자가 돈 때문에 싸움을 하고, 성직자가 성폭력을 저지른다거나 이성간에 불륜의 관계를 일으켜 사회를 어지럽히는 경우도 있는가하면 2015년 하순에 어떤 목사는 자식을 죽여서 시신을 방치하는 사건까지 보도가 되기도 하였는데 어떻게 그런 행위를 일반 사람들이 이해할 수 있고 받아들일 수 있겠는가?

 그런가 하면 어떤 성직자들은 정의를 구현한답시고 사회적으로나 정치적으로 문제가 발생하는 지역마다 쫓아다니면서 시위를 하거나 선동을 하는 경우들도 있는데 종교인이 정치적이어서는 아주 위험하다고 생각한다. 역사적으로도 종교인들이 정치에 관여했을 때는 심각한 문제를 야기하는 경우들이 많았음을 우리는 알고 있다. 오죽하면 종교전쟁까지 치렀겠는가?

 또 어떤 종교는 국회의원 선거에 전국의 모든 선거구에 후보를 내세워 자기종교의 세를 과시하려 한 경우도 있었는데 종교가 정치에 직접적으로 관여하면 다른 종교들은 가만히 있겠는가? 이렇게 생각 없는 종교인들이 세상을 정화하고 그들의 이상인 살기 좋은 유토피아를 만드는 것이 아니라 세상을 어지럽히고 분열을 초래함으로써 결과적으로는 종교를 갖지 않는 사람들까지 불안하고 걱정스럽게 하는 것이다.

2014년 8월에는 교황님께서 우리나라에 와서 진정한 성직자의 모습을 상당부분 보여주고 가셨다. 그런가 하면 우리나라 안에서도 김수환 추기경님이랄지 성철스님, 법정스님 등 성직자의 참모습을 보여주고 가신 분들이 많이 계신다. 적어도 성직자가 되고자 했다면 그분들의 모습을 닮으려는 노력은 해야 하지 않겠는가?

어디까지나 성직자는 성직자다워야 한다. 그런 것들은 어떤 것들이 있을까?

● 성직자다운 가치들

○ 성직자는 어디까지나 하느님이나 부처님의 대리자로서의 역할에 충실해야 한다.

○ 언제나 낮은 데로 임하고 약한 자의 편이 되어야 한다. 편이 된다는 것은 그들을 선동해서 강자에게 대항하자는 것이 아니라 그들의 입장이 되어 이해하고 힘을 북돋아 주어 약자 스스로 일어설 수 있는 용기와 희망을 가질 수 있도록 하는 기능을 수행해야 하는 것이다.

○ 모든 신앙인은 물론 신앙인이 아닌 일반인들도 그들의 언행을 보면서 뭔가 감동을 받고 계몽되고 지도가 될 수 있는 지도자 역할을 할 수 있어야 한다.

○ 그 외에도 일상생활 속에서도 언제나 그들의 언행이 신앙인이나 일반인에게 모범이 되어야 할 것이다.

● 신앙인다움

종교를 가진 신앙인은 어떤 개인적인 사정이나 주관들이 달라 종교를 갖지 않은 일반인과는 다른 영적인 삶을 추구하는 사람들이다. 말하자면 일상생활 속에서 하느님이랄지 부처님의 모습을 접하지 못하고 사는 사람들에 비해 차원이 다른 3차원의 삶을 추구하고 있는 사람들이 아닌가?

그렇다면 그들 또한 성직자들의 모습만을 통해서 믿음을 가지려 하면 안 되고 하느님이나 부처님의 가르침을 직접 따르려는 노력을 해야 한다고 알고 있다. 그럼에도 일부 신앙인들은 종파적인 종교, 교파적인 종교를 벗어나지 못하고 거기에 속해 있는 것이 무슨 벼슬이나 되는 것처럼 사고하고 행위를 하는 사람들이 더러 있음을 우리는 종종 보게 된다. 참으로 안타까운 모습들이 아닐 수 없다. 그 조직을 활용하여 힘을 과시하려 한다거나 어떤 이해관계를 계산한다거나 하는 경우도 부지기수다.

참 스님들이 일반 신앙인들에게 주문하는 내용들이 많이 있는데 그 중 몇 가지를 떠올려보자면

부처님에게 시주를 하기위해 시주금을 갖고 절에 가는데 절 입구에 거지가 구걸을 하고 있는 모습을 보면서도 거지에게는 단 돈 일원도 주지 않고 법당으로 가서 큰돈을 시주하는 것이 어떤 의미가 있는가? 절 입구에 있는 그 거지가 바로 부처인 것을,

또 부처를 보러 절까지 찾아가서 돌부처에게는 골백번 절을 하고 빌면서 자신이 부처이고 주변에서 마주치는 다른 사람들이 부처라는 생각을 못하면 무슨 소용이 있는가? 라고 지적하지 않는가?

이렇듯 일상생활 속에 기도가 있고, 믿음이 있고, 신앙이 있을 진데 생활 속에 종교개념은 잘 이해하지 못하면서 종교 속에 생활만 생각하는 신앙인들을 보게 되면 오히려 종교에 대한 거리감만 초래하는 것이 아닌

가 하는 우려를 금할 수가 없다.

그러면 신앙인다운 자세들은 어떠해야 할까? 독자들과 같이 고민해보고
자 한다.

● 신앙인다운 가치들

○ 신앙인이라면 그 모태(기독교나 천주교 신자라면 하느님 말씀에, 불교
신자라면 부처님 말씀에)에 철저하게 충실해야 할 것이다.
○ 무신론자에게 모범을 보이며 그들도 신앙심이 생겨날 수 있도록 모범
이 되어야 할 것이다.
○ 기독교나 천주교 신자라면 사랑이 넘쳐나야 할 것이고 불교 신자라면
자비심이 넘쳐나야 할 것이다.
○ 모든 면에서 무신론자보다는 모범적이고 솔선하여 따르고 싶은 생각
이 저절로 날 수 있는 언행을 해야 할 것이다.
○ 단 한사람의 신앙인이라도 자신에 의해 주변이 조금이라도 밝아지고
정직해지고 순수해지고 썩지 않을 수 있는 기능을 하려는 노력을 게을리
해서는 안 된다.
○ 주변의 다른 사람들이 자신에 대해 어떻게 볼까를 늘 생각하면서 언
행에 신앙인으로서의 흐트러짐이 있어서는 안 된다.

6. 정치인다움

정치인이란 누구를 지칭하는 것인가?
정치인이라 하면 과거에는 대통령과 국회의원 정도로만 생각되었던 시
절이 있었다. 불과 30여 년 전 '80년대 중반 우리나라에 민주화가 이루

어지기 전에는 그랬었다고 보면 큰 하자가 없을 것 같다.

그러나 이제 "모든 권력은 국민으로부터 나온다." 고 성문화된 헌법의 기본에 입각하여 투표권자인 유권자에 의해 선출되는 위치에 있는 모든 직위는 정치인이라고 보면 될 것이다. 그 직위는 대통령을 비롯해서 국회의원 광역시 단위의 기초 자치단체장과 그 의회를 구성하는 시, 군, 구 단위 의원들까지 다양하다.

과거 민주화가 이루어지기 전 지방자치가 이루어지지 않고 중앙집권 형태일 경우에는 시, 도지사랄지 군수나 구청장은 정치인이라기보다 행정관서의 장 역할을 수행했던 시절이 있었다. 그때는 모든 행정관서의 장들이 그들을 임명한 임명권자의 눈치만 보면서 임명권자의 요구나 기대에 부응하면 다음에 재신임을 받곤 하던 시절이었다. 말하자면 모든 권력이 임명권자에게 집중되었던 것이다.

그런데 오늘날에는 주민의 선거에 의해 당락이 결정되기 때문에 주민들의 요구나 기대에 부응하도록 행정을 펴나가야 하는 형상이 되고 있기는 하다.

이런 것들이 권력이 주권을 가진 국민에게로 이동한 민주화의 바람직한 현상이기도 하다.

아무튼 정치인의 대표격이라고 할 수 있는 것은 국회의원이다. 국회의원은 국민의 대표다. 우리나라는 전국을 인구비례로 246등분해서 각각의 지역을 대표하는 국회의원을 한 명씩 선출한다. 그리고 비례제로 임명을 받은 국회의원 54명을 추가하여 총 300명으로 구성되어 있다. 그들이 국회의원에 당선 되고나면 국회본회의장에서 손을 들어 선서를 하는데 그 내용은 "나는 헌법을 준수하고 국민의 자유와 복리의 증진 및 조국의 평화적 통일을 위하여 노력하며, 국가이익을 우선으로 하여 국회의원의 직무를 양심에 따라 성실히 수행할 것을 국민 앞에 엄숙히 선서합니다." 라고 되어 있다.

아리스토텔레스는 정치의 목적을 "국민의 행복한 삶을 실현하는 것이다." 라고 설파했다. 그 정치인들은 위의 아리스토텔레스의 근본 목적에 충실하기 위해 국가와 국민의 안녕과 번영, 행복과 발전을 위해 봉직하는 위치라는 기본적인 사명을 알아야 한다고 생각한다.

그리고 공자는 정치는 온 국민을 배불리 먹게(足食) 하는 것이요, 나라를 튼튼히(足兵) 하는 것이요, 백성의 믿음(民之信)이라고 했는데 과연 현대의 정치인들이 이런 기본을 알고는 있는 건지 궁금할 지경이다.

그런가 하면 헌법 제 46조에 명시된 국회의원의 행동원칙은 "국회의원은 국가이익을 우선하여 양심에 따라 직무를 행한다." 라고 되어 있다.

그런데 우리나라 국회의원들은 그렇게 하고 있는가?

국회의원에게 주어진 권한은 상상 이상으로 막강하다. 국회의원에 당선되고 나면 200여 가지가 달라진다고 한다. 명예나 영화 그리고 권력 면에서 일반 서민들이 이해할 수 없을 만큼 엄청난 영향력을 갖는 면에서 그만큼 달라진 것들이 많아진다는 얘기이다. 그런 만큼 그들에게 부여된 임무나 책임 또한 막중하다고 할 수 있을 것이다.

국회의원이 소속된 국회라는 곳은 국민의 대표기관으로서의 지위와 입법기관으로서의 지위, 국정 통제기관으로서의 지위, 그리고 행정부, 사법부와 동등한 국가 최고기관으로서의 지위까지 갖고 있는가 하면 행정부가 제대로 일을 하고 있는지 감시하고 나라살림을 할 예산을 검증하고 허가하며 사용결과를 감사하는가 하면 국무총리나 장관 등 국무위원에 대한 인사 청문회를 통한 검증권을 갖고 있을 뿐 아니라 그들의 해임건의를 할 수 있기도 하고 심지어는 대통령까지도 탄핵소추권까지 갖고 있는 일반인으로서는 생각할 수 없는 무소불위의 권한을 가졌다고 해도 과언이 아니다.

이토록 막강한 권력을 갖고 있다 보니 간혹 인간적으로 덜 성숙한 국회의원들은 취임선서는 까맣게 잊고, 그러한 모든 권력이 국민의 요구나 기대에 부응하도록 행사해야 한다는 본분을 저버리고, 자기생각(욕심)에 맞으면 되는 것으로 착각하거나 자기가 법인 것처럼 오도하여 법과 규정, 방침 등 적법한 절차를 무시하거나 법은 멀리 있고 잘 나타나지 않을 것이라고 스스로를 위안하는 경우 등이 작용하여 이해관계에 있는 사람들에게 커미션을 받는다거나 리베이트를 요구하는 경우 등 경제/경영인들과 유착하는 행태들에 의해 일반 서민들은 감히 범접할 수 없는 천문학적인 액수의 경제부정을 저지르는 경우들이 발생하기도 하는 것이다.

학설에 의하면 정치가 1% 부정을 저지르면 경제가 3% 하락한다는 통계가 있다. 그렇다면 정치를 바르게 한다면 그만큼 국민은 살기가 좋아질 수 있다는 가정이 가능하다고 볼 수 있는 것이 아니겠는가?

정치인들의 불법, 부정행위를 보는 것은 국민들에게 엄청난 스트레스를 제공한다. 스트레스가 만병의 근원이라고 의학자들은 말하는데, 못된 국회의원들은 국민들을 못살게 하는 것은 물론 국민을 병들게 하고 있다고 해도 심한 표현이 아닐 것이다.

우리 정치사에서 부정과 비리에 의해 법적제재를 받은 정치인들을 낱낱이 지적하려면 아마 책을 한 권 더 써도 모자라지 않을까 싶다.

그런 경제적인 부정들만 있는 것이 아니다. 법을 제정하는 과정에서도 국가와 사회를 최우선으로 고려하여 만인의 편의나 이익, 행복에 기여하도록 해야 하는데 그것보다 우선하여 당리당략의 테두리를 벗어나지 못하고 있는 경우들이 허다하다.

오죽하면 "나는 법을 어겼다." 라는 제하의 기사가 어느 일간지 1면 헤드라인을 장식했겠는가? 그 기사에 의하면 첫마디가 대한민국은 당론공화국이다. 라고 시작되고 있다. 당론이 정해지고 나면 민생이나 국익은 온데 간데 없고 오로지 당의 하수인으로 전락하여 거수기에 불과한 허수아비가 된다는 것이다. 국회에서 국가운영에 대해 잘 못 판단을 하면 그 모든 피해는 오롯이 국민의 몫으로 돌아오게 된다.

어느 국회의원은 세종시 창설에 대해서도 심한 자괴감을 버릴 수 없다고 했다. 국익과는 관계없이 오직 표만을 계산해서 감정적으로 구상하여 당의 지시에 의해 통과시킨 결과 오늘날 그 피해는 연간 2조원이 넘는다고 한다. 그것이 과연 경제적인 피해뿐이겠는가? 정부의 업무적인 비효율은 물론 그곳에 근무하는 공무원과 가족들의 경제적, 정신적인 피해들이 어찌 돈으로 계산될 수 있겠는가?

이러저러한 모든 행위들이 국민의 생활에 직, 간접적으로 엄청난 영향을 미치고 있기 때문에 정치인들에게는 고도의 도덕성과 청렴성과 책임감, 사명감 등 일반인에 비해 비교할 수 없는 자질과 자세를 요구되고 있기 때문에 정치인다운 덕목은 헤아리기 어렵겠지만 그나마 최소한 다음과 같은 덕목들은 겸비하여야 할 것이다.

● 정치인다운 가치들

○ 입법기관으로서의 사명감을 견지하여 어떤 국민보다 준법정신에 충일해야 하고 법을 지키는 일에 대해서는 모든 국민에 모범이 되어야 한다.
○ 최소한 정치인이라면 국가와 국민에 대한 애국심과 충성심을 갖는 사명감을 가져야 한다.
○ 정치인은 고도의 도덕성과 윤리의식을 가져야 한다.
○ 정치인이라면 청렴성을 견지해야 한다. 옛 선비들처럼 가난하게 살아야 한다는 것이 아니다. 그들에게 주어지는 각종 보수만 가지고도 얼마든지 상류층 인생을 영위할 수 있는 것으로 알고 있다. 그 이상의 욕심을 자제해줄 것을 기대하는 것이다.
○ 국민을 계도하는 위치에 있다는 사명을 알고 올바른 리더의 자질을 갖추어야 한다.

○ 언제나 정의 편에 서서 자신을 죽일 각오를 해야 한다.

○ 국민의 지도자 위치에 있다는 사명을 알고 국민으로부터 지탄 받는 행위는 절대 근절해야 한다.

○ 과거 시대에 국민으로부터 숭앙을 받은 위인들의 언행을 본받으려는 자세로 늘 자신을 닦는 노력을 해야 한다.

○ 자신의 욕심을 자제해서 죽는 날까지 법정에서 심판받는 부끄러운 모습은 보이지 않아야 한다.

7. 공무원다움

공무원이라 하면 "국가나 지방공공단체의 공무를 담당, 집행하는 자"라고 정외되어 있다.

공무원은 한마디로 국민의 세금으로 봉급을 받으면서 국민의 생활편의랄지 치안 등 안전, 그리고 국민전체의 행복한 생활향상을 위해 노력해야 하는 국민의 종이요 국민의 심부름꾼이라고 봐야 할 것이다.

그런데 종복 개념보다는 상전으로 군림하는 경우가 허다하거나 일상화되어버린 것 같은 느낌은 왜일까? 과거 일제식민시대의 통치하에서 길들여진 관료의식에서 연유한 것일까? 아니면 5-60년 전의 절대 빈곤시대에 국민 위에 군림하던 공무원상이 몸에 베인 것일까? 때로는 주객이 전도되거나 와전되는 현상들이 빈번하게 발생하고 있는 것이다.

공무원은 한 번 합격하여 임용만 되면 맨 먼저 평생 동안 먹고 사는 문제가 보장된다. 그리고 자기의 노력이나 성실 여하에 따라 국장이랄지 부서의 최고 위치까지 성공도 가능한 기회를 제공하기 때문에 젊은이들에게는 선망의 직종으로 인기순위 1, 2위를 차지하고 있는 실정이다. 그러다보니 다양한 분야에서 장래가 촉망되는 유능한 젊은이들하며 대학원을 수료한 인재들도 공무원 시험에만 몰리는 바람에 경쟁률이 15:1, 20:

1을 기록되는 경우도 허다한 실정이라고 한다. 국가장래를 짊어지고 가야할 젊은이들이 창업이라거나 어떤 새로운 분야에 대한 도전의식은 사라지고 안정의 길만 찾는 별로 바람직하지 않은 현상을 보이고 있기도 하다.

기성세대는 말한다. 젊은이들은 모험심도 있고, 도전정신도 가짐으로써 미국의 마이크로소프트 창업자 빌 게이츠랄지 애플 창업자 스티브잡스라거나 페이스북 창업자 저커버그 그리고 워런버핏 같은 금융의 천재, 중국의 알리바바 창업자 마윈 같은 식의 성공을 일구어내는 사람이 되어 세계인과 경쟁하는 자세를 견지해야지 국내의 안정적인 공무원이나 교사 같은 직에만 매달려서는 안 된다.고 요구하고 있다.

그런가하면 국민들은 일반적으로 쉽게 하는 표현들로써 군인단운 군인 경찰다운 경찰이라는 식의 표현은 잘하지만 정작 그 다운 모습들이 뭔지는 적나라하게 정의해본 적이 별로 없다는 생각이 든다. 그런 맥락에서 공무원다운 자세, 공무원다운 가치들이 무엇인지 하나씩 짚어보고자 한다.

공무원은 국민 전체에 대한 봉사를 하는 자세를 견지해야 하기 때문에 이들에게는 일반 국민보다 훨씬 더 높은 반듯한 자세와 모범적인 윤리기준이 요구된다.

이런 기준들에 부응하도록 하기위한 각종 법령들이 있는데 이런 법령들의 규제를 떠나 그 이전에 스스로 정직한 공무원, 청렴한 공무원, 국민들로부터 인정과 존경을 받을 수 있는 공무원 상을 정립하기 위해 행정윤리, 공직윤리, 직업윤리 등을 자체적으로 제정, 적용하고 있기도 하다.

때문에 공무원들은 고도의 청렴성과 정직성을 갖추어야 하고 일정부분 자유랄지 풍요랄지 하는 것은 포기하는 자세를 가져야 하는 것이 공무원의 불가피한 부분이기도 하다. 그런데 공무원이면서 기업인처럼 풍요도 누리고 싶고, 자유도 만끽하려는 자들의 개인적인 욕심에 의해 기업인들이나 상인들에게 필요 이상의 제재를 가하거나 갑의 행세를 함으로써 어떤 반대급부를 기대하는 행위들이 일상화되다시피 하는 행태를 각종 보도를 통해서 보는 경우가 비일비재한 것을 보면 공무원다운 공무원이 얼마나 있을까 하는 의구심을 지울 수가 없다.

○ 국가 공무원법상의 의무

성실의무, 복종의 의무, 직장이탈 금지의무, 종교 중립의 의무, 비밀 엄수의 의무, 영리업무 및 겸직 금지의무, 정치운동 금지의무, 집단행위 금지의무 등 권한 부분은 없고 실로 일반 국민들로서는 감당하기 어려운 의무들이 주어져 있다.

○ 공직자 윤리법

이 법에 의하면 고위 공직자는 재산을 등록하고 공개하는 제도도 있고, 선물을 받으면 신고하여야 하며, 퇴직한 공직자는 유관기관에 취업을 할 수도 없으며, 가지고 있는 주식도 신탁해야 하는 등의 일반서민들로서는 감히 엄두가 안 나는 법 조항들에 의해 제한을 받고 있는 실정이다.

그 뿐이랴! 다음과 같은 공무원 윤리헌장이 있는가 하면 공무원 신조까지 제정해서 그들에게 족쇄를 채우고 있기도 하다.

● 공무원 윤리헌장

우리는 영광스러운 대한민국 공무원이다. 오늘도 민족중흥의 최 일선에 서서 겨레와 함께 일하며 산다.

이 생명은 오직 나라를 위하여 있고 이 몸은 영원히 겨레를 위해 봉사한다. 충성과 성실은 삶의 보람이요, 공명과 정대는 우리의 길이다.

이에 우리는 국민 앞에 다 하여야 할 숭고한 사명을 민족의 양심으로 다

지며 우리가 나아갈 바 지표를 밝힌다.

1) 우리는 민족사적 정통성 앞에 온 신명을 바침으로써 통일 새 시대를 창조하는 역사의 주체가 된다.

2) 우리는 겨레의 엄숙한 소명 앞에 솔선 헌신함으로써 조국의 번영을 이룩하는 민족의 선봉이 된다.

3) 우리는 창의적 노력으로 최대의 능력을 발휘함으로써 민주한국을 건설하는 국가의 역군이 된다.

4) 우리는 불의를 물리치고 언제나 바른 길만을 걸음으로써 정의사회를 구현하는 국민의 귀감이 된다.

5) 우리는 공익우선의 정신으로 국리민복을 추구함으로써 복지국가를 실현하는 겨레의 기수가 된다.

● 공무원 신조

1) 국가에는 헌신과 충성을
2) 국민에게는 정직과 봉사를
3) 직장에서는 경애와 신의를
4) 직무에는 창의와 책임을
5) 생활에는 청렴과 질서를

  위에서 본 바와 같이 공무원의 의무와 윤리법, 공무원 윤리헌장과 신조에 의하면 사전에 있는 단어 중에서 고상하고 우아하고 품위 있는 모든 단어들은 총 망라하여 성경 다음으로는 이보다 더 멋있는 낱말들을 동원할 수 없을 것 같다는 생각이 들 정도로 일반국민으로서는 도저히 모방하거나 상상할 수 없는 정제된 인간, 별천지의 인간들만이 준수할 수 있고, 실행할 수 있는 것처럼 보이는 고도의 모범적이고 희생적이고 선도적인 자세 등을 요구하고 있기까지 하다.

이렇게 거창한 법들과 맹세들이 있는데 그러면 공무원들은 이런 법들을 다 준수해서 청렴하고 정직한 자세를 겸비하고 있는가?

법에 의한 규제들은 국민의 전체적인 안전이나 편의를 위해 제정되었을 것이다. 그런데 그 대전제를 망각하거나 간과하여 오로지 자기들의 편의나 이해를 위해 코걸이를 만들고, 자기들 유리한 방향으로만 해석하는 일부 몰지각하고 비인간적인 공무원들이 간혹 있는 것 같다.

이런 일부 파렴치한 공무원들은 각종 공사를 하는 경우에는 감독을 한다는 구실로 부정한 요구를 한다거나 국민의 눈살을 찌푸리는 각종 불법적인 대접을 받는다거나 하는 경우가 다반사이고, 각종 인/허가 시에도 법이나 규정 내에서 하자가 없다면 당연히 허락해야 될 사안들도 불필요한 조건들을 요구함으로써 불편을 느낀 국민들이 편의를 위해 봉투를 제공한다거나 접대를 제공하도록 간접적으로 유도하여 종국에는 법에 의해 심판을 받는 사건들이 언론에 보도되는 경우를 심심찮게 보게 된다.

법조인으로서 법에 의한 처벌을 해야 할 일임에도 피의자나 피고의 뇌물공세에 자신의 양심이나 법적 원칙과 기준을 저버리고 일반국민의 수준만도 못한 판결을 하는 것을 보는가 하면,

국가 예산으로 하는 각종 공사 간에 기업들로부터 터무니없는 부정한 돈을 받거나 향응을 제공받는 행위로 인해 공사는 부실하게 진행되고, 결국에는 국민의 생명을 앗아가는 사고로 연결되는 보도를 한두 번 접했던가?

경찰들의 추접하고 비겁한 부정행위들도 지속적으로 일어나고 있는 실정인가 하면 그 뿐이랴 그래도 군인들은 조금 깨끗하고 청렴하고 정직할 것 같은 이미지를 갖고 있기도 했는데 그들 또한 더럽고 추접한 도둑심보를 가진 사람들이 많은가 보다.

여군을 성추행한 장군이 있는가 하면 실탄을 막아주지 못하는 부실한

방탄복을 납품하여 부정한 뒷돈을 받는 장교들도 있고 전투장비의 부속을 속여서 차액을 착복하는 정말 더럽기 짝이 없는 고급장교들이 있는가 하면 육군은 말할 것도 없고, 해군도 해상이나 해저에서 기동하는 함대나 잠수함의 부속들을 부정으로 거래하여 거액을 착취하는 해군 참모총장들이 있기도 하고, 공군 또한 마찬가지로 부정행위로 치부를 한 장성들을 비롯하여 고급 장교들이 한두 명이 아니었다.

개인들은 돈의 노예가 되어 부정한 돈을 챙기면서 달콤함을 느끼면서 즐거운 웃음을 웃으면서 어떤 희열을 만끽하였을는지는 모르겠지만 그것은 병사들의 생명과 직결되는 것이요, 국가의 안위와 나아가 국민의 안전에 떼려야 뗄 수없는 직접적인 연관선상에 있는 것이 아니겠는가?

이러면 안 되는 것 아닌가? 이거는 아니지 않는가?

국민의 세금으로 생활의 안정과 권위와 명예와 수많은 국민으로부터의 인정 등 헤아릴 수 없는 혜택을 입고 있으면서 부족할 것 없을 것 같은 공무원들이 경우와 순리, 상식에 벗어나는 이런 행위들을 한다는 것은 자기 자신을 황폐화시키는 패륜 행위인 것이요, 국민에 대한 배신행위는 말할 것도 없거니와 국가에 대한 역적행위라고 단정하지 않을 수 없는 것이다.

부정을 차단하고 봉쇄할 수 있는 강령이랄지 법령들이 그렇게 많고 강력한데 왜 이런 부정한 행위들이 끊이지를 않는 걸까? 생각이 있는 사람들은 눈살을 찌푸리며 한심하다는 생각들을 하겠지만 부정한 사건/사고들을 원천적으로 차단할 수 있는 특단의 조치를 할 수 없는 것이 아니라 안 하고 있는 것이라고 생각한다. 누군가 결정할 수 있는 위치에 있는 사람이 작심만 한다면 얼마든지 가능하리라고 보는 시각을 갖고 있는 사람들이 많을 것이다.

예를 들자면 싱가포르의 리 관유 수상 같은 경우에는 청렴결백의 표본이다. 국가를 그렇게 부유하고 강력하게 만들고, 국민을 그렇게 잘 살 수 있도록 발전시키면서도 자신은 허름한 관저에서 근검절약하면서 생활하였다. 그는 공무원들에게 기업체 못지않은 봉급을 책정해주었다. 그리고 부정을 하는 공무원은 강력하게 처벌함으로써 청렴한 공무원, 정직한 공무원, 오로지 국민을 위해 봉사만 하는 공무원 사회의 풍토를 정착시켰던 것이다. 부정의 정도가 심한 경우에는 사형까지 시켰다고 하니 어느 누가 감히 부정을 꿈이라도 꿀 수 있겠는가? 그렇게 하여 싱가포르의 공무원의 청렴도는 세계적으로 인정을 받고 있는 것이다.

한 사람, 한 사람 각 개인들이 정직할 수 없다면 그 정직을 법으로 보장할 수 있도록 해야 하는 것 아닌가?

이처럼 강력한 처벌을 한다면 어느 누가 감히 목숨을 걸고 부정을 할 수 있겠는가?

그런데 서로 서로 부정을 하는 분위기이거나 환경 속에 있게 되면 끼리 끼리 문화가 되어 어지간한 부정은 눈 감아 주거나 봐주기 식의 솜방망이 처벌을 하니까 안 들킬 수 있다는 심리라거나 들키고 걸리더라도 그까짓 처벌 정도는 감수할 수 있다는 모험심등이 작동되기도 하여 우리나라 공무원 사회의 부정 비리는 끊이지를 않고 반복되고 있는 것이 아닌가 생각한다.

그렇기 때문에 공무원의 부정은 막을 방법이 없는 것이 아니라 의지가 약하거나 없는 것이라고 생각하는 것이다.

이런 분위기 속에서 공무원다운 공무원을 주창하는 것이 어떤 의미가 있겠는가 하는 자괴감이 없는 것도 아니지만 그렇다고 모두가 방관하거나 눈 감고 모른 채 하는 것은 더더구나 아니지 않는가 하는 생각으로 머리를 쩨내 보는 것이다.

● 공무원다운 가치들

○ 자기 업무분야에 전문가가 되어야 한다.

○ 자기 양심을 걸고 어느 누구 보다 정직해야 한다.

○ 국민에 대한 봉사정신으로 철저하게 무장되어야 한다.

○ 국민에 대한 지도자의 입장이라는 것을 늘 인지하고 모범을 보이려는 자세를 갖추어야 한다.

○ 국가와 국민에 대한 애국심과 충성심이 강해야 한다.

○ 국민이 자기를 먹여 살리는 상전이라는 생각을 철저하게 간직해야 한다.

○ 기업인이라거나 민원을 요구하는 국민을 상대할 때 갑의 자세를 철저히 버리고 오로지 봉사자로서의 자세로 친절을 다해야 한다.

○ 모든 국민이 자신을 감시하고 있다는 생각, 공무원이야말로 어항 속의 금붕어라는 생각과 행동이 몸에 배어야 한다.

○ 고도의 정직성과 청렴성을 견지하여야 한다.

○ 부정과 비리를 근본적으로 배척하겠다는 정신으로 무장되어야 한다.

8. 어른다움과 어린이다움

앞장에서 부모다움과 자녀다움, 그리고 선생님다움과 학생다움에 대해 논했기 때문에 상당부분 중첩되는 내용들도 있겠지만 부모다움과 자녀다움은 가정 내에서의 관계라고 보면 어른다움과 어린이다움은 사회에서의 위계 문제이며 교육 문제라고 보면 큰 하자가 없을 것 같다.

누구나 쉽게 말하곤 한다. 어른은 어른다워야 한다고 그런가 하면 어린이가 불경하거나 되바라진 행동을 할 경우에는 어린이답지 않다는 표현을 의례히 하곤 한다. 그러면 어른다운 모습에는 어떤 것들을 기대하고 요구하는 것일까? 어른 된 모두가 한 번 쯤 되뇌어 봤으면 하는 마음으로 음미해 보고자 한다.

◉ 어른다움

어른을 어떻게 정의할 수 있을까? 사전에 의하면 성인(成人), 결혼을 한 사람, 지위나 항렬이 높은 사람, 나이 많은 사람의 경칭이라고 정의되어 있다.

과연 이 정의는 맞는 표현일까?

20살이 되면 성인이라고 일컬어지는데 그 20살이 30대 이상의 사람들 입장에서 봤을 때 어른이라고 볼 수 있겠는가?

결혼을 한 사람을 어른이라고 한다면 20대에 결혼을 한 사람은 어른이고 40이 되어서도 결혼을 못한 사람은 어린이란 말인가?

지위나 항렬이 높은 사람을 어른이라고 한다면 국가고시를 합격하여 하루아침에 과장이 된 사람은 25~30살도 어른이고 평생 말단에서 묵묵히 직분을 수행하고 있는 부하직원은 그보다 나이가 많아도 어린이인가?

이렇게 자세하게 들여다보면 사전적 정의에 동의하기 어렵다는 생각을 누구나 하게 되리라고 생각한다. 그렇다면 어른이라고 칭할 수 있는 것은 절대적인 기준이 아니라 상대적인 기준이라야 한다고 볼 수 있겠다.

20대도 5~6세 미만의 어린이에게는 어른이 맞을 것이다. 그런가 하면 20대에게 50대가 넘은 사람은 어른일 것이다. 그 뿐인가? 20대에게 어른으로 칭해지는 50대라 할지라도 80대가 넘은 사람은 그 50대를 어른으로 볼 수는 없는 것 아니겠는가? 따라서 어른이라 함은 1세대를 30년으로 봤을 때 1세대 차이가 나는 사람을 어른이라고 보는 것이 타당하리라 생각한다.

어른의 위치에 있는 사람은 그를 어른으로 보는 사람들에 대해 어른다운 행위를 해야 할 것이다.

● 어른다운 덕목

○ 어른은 어린의의 거울이라는 사명을 알고 언제나 존경 받고 본받을 수 있는 언행을 해야 한다.

○ 복장도 흐트러짐 없이 언제나 단정하게 하고 다니는 모습을 보여야 한다.

○ 어린 사람이 듣고 있을 때 욕이라거나 쌍스러운 말을 해서는 안 된다.

○ 어른들끼리 언쟁을 하거나 싸움을 하는 모습을 보여서는 안 된다.

○ 그런가 하면 어른이 되어가지고 어린 사람과 언쟁을 하거나 싸움을 하는 행위는 어떠한 경우를 막론하고 해서는 안 된다.

○ 법규를 잘 준수하고 공공질서를 지키는 모습을 언제나 보여줄 수 있어야 한다.

 - 공공장소에서 담배를 함부로 피운다거나 꽁초를 함부로 버리는 행위를 해서는 안 된다.

 - 휴지라거나 오물을 함부로 방기하는 행위를 해서는 안 된다.

 - 횡단보도 신호등도 반드시 지키는 준법정신이 투철한 모습을 보여야 한다.

 - 도로를 무단 횡단하는 모습을 보여서는 안 된다.

○ 술에 취해 대로변에서 갈지자로 걷는 모습을 보이거나 노상 방뇨하는 행위를 해서는 절대로 안 된다.

○ 어린 사람이라고 무시하거나 비하하는 용어를 사용해서는 안 된다.

○ 어린 사람이 잘 못한 경우를 볼 때는 품위 있게 시정해주려는 자세를 가져야 하지만 불필요한 간여나 잔소리처럼 들리는 행위는 자제해야 한다.

○ 공공시설을 오염시키거나 파손하는 행위를 해서는 안 된다.

○ 어린이의 위험을 수수방관하는 무책임한 모습을 보여서는 안 된다. 어린이는 보호받을 권리가 있다는 것을 알아야 할 것이다.

○ 어린 사람들의 탈선이나 불량행위는 위엄을 가지고 지도를 하거나 자신의 힘으로 어렵다고 판단된다면 신고정신을 발휘해야 한다. 자신과 관련 없는 일이라고 회피해서는 안 된다.

○ 그 외에도 위법행위나 사회정의에 반하는 행위를 목격했을 때는 시정을 하거나 신고하는 자세를 견지해야 한다.

이토록 어른이라 하면 사회적으로 갖는 사명이 상당히 막중함을 느낄 수 있다. 그런데 이런 어른으로서의 사명을 간과하거나 무신경하게 지나친다면 사회는 무질서와 불편이라거나 범죄들이 난무할 수도 있을 것이 아닐까? 하는 우려를 지울 수가 없다.

◉ 어린이다움

앞장의 어른다움에서 어른의 사전적 의미를 새겨봤는데 그러면 어린이는 과연 어떤 사람인가? 통칭하여 어린이는 12~13살 이내, 즉 초등학생 이하의 어린 아이들의 총칭이라고 보면 큰 하자는 없을 것 같다. 물론 어린이와 어린 사람은 엄격하게 큰 차이가 있는 것이다.

어린 사람이라 하면 한 세대의 차이가 나는 아랫사람이 그 윗사람에게 보여 질 때는 어린 사람이라 할 것이다. 그러나 여기에서는 절대적인 어린이에 대해서 생각해보고자 한다.

어린이답지 않게 되면 어른들이 받는 스트레스는 엄청날 것이다.(시쳇말로 장난이 아닐 것이다. 라는 표현을 쓰고 싶다) 정말 모든 어른들이 한번쯤 생각해봤으면 좋겠다. 어린이가 어린이답지 않은 사회를, 끔찍하지 않겠는가? 어린이가 어린이다운 사회가 밝고 맑은 사회, 즐거움이 넘치는 사회, 행복 지수가 높아지는 사회가 아니겠는가?

어린이를 일컬어 미래를 짊어지고 나갈 역군이라 하고 우리의 미래라고 말한다. 그런데 그 역군을 잘 키우기 위해서, 미래를 잘 만들기 위해서 어른들은 얼마나 고민하고 노력하고 있는가?

어린이는 순수하다. 어린이는 조건이 없다. 어린이는 계산이 없다. 어린이는 걱정이 없다. 어린이는 생각이 단순하다. 총론적으로 그러면 어린이다운 모습일 것이다.

사람은 신체 연령과 정신연령이 비례하여야 한다. 그런데 요즘은 영양이 풍부하여 정신연령보다 신체 연령이 과다하게 발달하는 경향이 있다 보니 때로는 어른들의 눈살을 찌푸리게 하는 어린이들을 보게 되는 경우도 있는 실정이다.

생각해보자. 어린이가 순수하지 않거나 매사에 조건을 내걸거나 조건이 까다롭다거나 산술적인 계산이 아니라 인간관계에 있어 이해타산을 따지는 계산을 하고 어린이가 미래나 내일, 가족의 생계에 대해 걱정을 하고 어린이가 이런 저런 생각이 복잡하다면 과연 그를 어린이라 할 수 있겠는가?

어른이 어른다운 사회가 된다면 당연히 어린이는 어린이다운 사회가 될 것이다. 때문에 어린이다운 어린이를 보고 사는 사회가 되기 위해서는 반드시 어른이 어른다워져야 된다는 것을 전제로 한다는 것을 알아야 하겠다.

어른들은 "어린이는 어린이다워야 한다."라고 누구나 말한다. 그런데 어린이다운 것이 어떤 것이냐? 라고 반문한다면 막연하게 그저 착하고 순수하고 말 잘 듣는 것 정도라고 말 할 뿐 어린이답게 하기 위해 어른들이 어떻게 해야 하는지에 대한 생각이 깊은 사람은 별로 없을 것 같다.

미국의 지그지글러 박사는 어린이는 어떻게 성장하는가? 라는 물음을 던지면서 아래와 같이 설파하고 있다.

- 불평하며 자란 아이는 비난하는 법을 먼저 배운다.

- 적대감 속에 자란 아이는 폭력을 먼저 배운다.

- 놀림 속에 자란 아이는 부끄러움을 먼저 배운다.

- 수치심을 느끼면서 자란 아이는 죄책감을 먼저 배운다.

- 용기를 가지고 자란 아이는 자신감을 갖는다.

- 사랑을 받고 자란 아이는 사랑하고 배려하는 법을 먼저 배운다.

- 칭찬을 받고 자란 아이는 감사하는 법을 먼저 배운다.

- 정의감을 보고 자란 아이는 공정함을 먼저 배운다.

- 평온한 가정에서 자란 아이는 성실함을 먼저 배운다.

- 인정을 받으며 자란 아이는 자신을 사랑하는 법을 먼저 배운다.

- 관용과 우정을 보고 자란 아이는 세상을 사랑하는 법을 먼저 배운다.

결국 어린이다울 수 있는 환경을 만드는 것은 어른들의 몫인 것이다. 어린이답게 키우는 것은 가정에서 부모의 역할이요, 학교에서 선생님의 역할이며 사회에서 어른들의 역할임이 분명해진 것이다. 그 역할들을 다 잘 해 준다면 어린이는 어른들이 더 이상 기대할 것이 없을 만큼 어린이다워져 있을 것이라고 확신을 한다.

그런 맥락에서 어린이에 대해 어른들이 어떻게 역할을 해야 할까를 고민해보기 위해 1957년도에 제정한 어린이 헌장을 한 번 음미해 보는 것도 의미가 클 것으로 사료된다.

● 어린이 헌장

1. 어린이는 건전하게 태어나 따뜻한 가정에서 사랑 속에 자라야 한다.
2. 어린이는 고른 영양을 취하고, 질병의 예방과 치료를 받으며, 맑고 깨끗한 환경에서 살아야 한다.

3. 어린이는 좋은 교육시설에서 개인의 능력과 소질에 따라 교육을 받아야 한다.

4. 어린이는 빛나는 우리 문화를 이어받아, 새롭게 창조하고 널리 펴나가는 힘을 길러야 한다.

5. 어린이는 즐겁고 유익한 놀이와 오락을 위한 시설과 공간을 제공 받아야 한다.

6. 어린이는 예의와 질서를 지키며, 한겨레로서 서로 돕고, 스스로를 이기며 책임을 다하는 민주 시민으로 자라야 한다.

7. 어린이는 자연과 예술을 사랑하고 과학을 탐구하는 마음과 태도를 길러야 한다.

8. 어린이는 해로운 사회 환경과 위험으로부터 먼저 보호되어야 한다.

9. 어린이는 학대를 받거나 버림을 당해서는 안 되고, 나쁜 일과 힘겨운 노동에 이용되지 말아야 한다.

10. 몸이나 마음에 장애를 가진 어린이는 필요한 교육과 치료를 받아야 하고, 빗나간 어린이는 선도되어야 한다.

11. 어린이는 우리의 내일이며 소망이다. 나라의 앞날을 짊어질 한국인으로, 인류의 평화에 이바지 할 수 있는 세계인으로 자라야 한다.

이렇게 청정하고 숭고한 어린이에 대한 기대나 요구, 환경이나 자세들이 어린이 스스로 할 수 있는 것이 한 가지라도 있는가? 이런 모든 것은 어른들의 몫이다. 그런데 어른들이 이런 어린이 헌장이 있다는 자체를 알고 살아가는 사람이 아주 드물다는데 본질적인 어려움이 있다고 생각한다. 이런 어린이 헌장을 한 번쯤 읽어보기라도 한 사람은 어린이에 대한 태도가 다를 것으로 기대할 수 있을 것이다.

어린이다움을 기대하는 것은 어른들의 몫이다. 어린이는 그냥 어린이로 잘 자라기만 하면 되는 것이다. 따라서 어린이다움이라는 가치들은 어른들이 바라는 것들이라는 회귀적인 결론에 이르는바 어른들이 어린이들에게 바라는 것들을 나열해보고자 한다.

○ 어린이는 육체적으로 건강하고 정신적으로 건전했으면 좋겠다.
○ 어린이는 늘 명랑하고 활발하고 씩씩하면 좋겠다.
○ 어린이는 거짓말을 모르는 착하고 정직함을 간직하면 좋겠다.
○ 어린이는 어른들이 생각하는 나쁜 짓을 안 했으면 좋겠다.
○ 어린이는 어른들이 기대하는 좋은 짓을 하려는 자세를 갖고 노력했으면 좋겠다.
 - 어른들의 어른다운 말에 공손하게 반응하는 행위
 - 휴지나 오물들을 아무 곳에나 버리지 않는 행위
 - 욕을 하거나 나쁜 말을 사용하지 않는 행위
 - 공공장소에서 고성을 지르거나 함부로 뛰어노는 등 공공질서를 무시하지 않는 행위
 - 도로를 무단횡단하거나 횡단보도에서 신호를 무시하지 않는 행위 등
○ 어린이는 같은 또래의 친구들 간에 친하게 지내면서 싸움이나 다툼을 모르고 살았으면 좋겠다.
○ 학생은 주어진 학업에 최선을 다하는 자세를 가졌으면 좋겠다.

제 7 장
가치관이 사람을 평가한다.

I. 가치관

 가치라는 말을 사전에서 찾아보면 "어떤 대상에 대한 인간주체와의 관계에 있어서 그것이 가지는 의의" 라고 정의한 내용이 있는가 하면, "인간의 정신적 노력의 목표로 간주되는 객관적 당위" 라는 설명도 있고, "욕망을 충족시키는 재화정도" 라는 설명도 있다. 가치관이라 함은 이런 해석에 대한 관점이 될 것이다.

 아무튼 필자가 가치관에 대해 얘기해 보고자 하는 내용은 두 번째 정의인 인간의 정신적 노력의 목표로 간주되는 객관적 당위에 대해 독자들과 같이 되새겨보는 계기를 가져보고자 함이다.

 제1장에서부터 전개된 내용들이 아주 고상하고 거창하거나 난해한 학문적인 부분이나 철학적인 내용들이 아니라 그저 평범하고, 수수하고, 보편적으로 인간적인 사람이라면 누구나 공감할 만한 내용들, 수준들로 엮어져 있다는 것에 대해서 공감하리라 믿는다. 그런 맥락에서 가치관이라는

부분에 대해서도 편하고 쉽게 생각해보고자 한다. 고차원적이라거나 학문적인 측면으로 얘기하지 말고, 그저 평범한 사람들의 일반적인 얘기들 속에서 묻어나올 수 있는 말들로 풀어나가 보고자 한다.

 인생에 가치관이라 하면 그 사람이 살아가면서 갖고 있는 주요한 관심사라거나 중요하게 생각하는 우선순위 같은 것이라고 생각하면 가히 틀린 말은 아닐 것이라고 생각한다.
 그렇다면 그 가치관은 사람마다 다를 것이라는 것은 인정해야 한다. 5천만 국민이 살아가고 있다면 그 나라에는 5천만 가지의 가치관들이 있을 것이다.
 그런데 그 가치관이 자기 혼자만의 만족을 추구하고, 그 만족을 위해서 주변의 다른 사람들의 희생이나 손해, 양보를 전제로 하는 가치관이라거나 다른 사람들의 인상을 찌푸리게 한다거나 기분을 불쾌하게 해서는 안 되는 것이 사회적 동물로서의 기능일 것이라고 생각한다. 책을 읽고 있는 당신은 어떤 가치관을 가지고 있으며 어떤 가치관이었으면 좋겠다는 생각을 하고 있습니까? 그 세부적인 가치관들에 대해 독자들과 같이 생각하는 장이 되기를 희망해 본다.

 사람들은 누구나 성공을 꿈꾼다. 그런데 그 성공의 기준이 10대와 20대, 30대, 나아가 4,50대 등 조금씩 또는 다 달라지기도 한다. 왜 그럴까? 가치관이 변하기 때문이다. 말하자면 가치관의 변화에 따라 성공의 기준 자체가 변하는 것이라고 보면 틀림없을 것이다.
 성공이라는 것에 대해서는 한 인생의 개인적인 삶에서도 기준이 달라지는데 사람에 따라서는 얼마나 다양한 성공이 있을는지? 함부로 정의 할 수가 없을 것 같다. 자기기준을 가지고 "성공이란 이런 것이다." 라고 주장하는 것은 아주 경솔함의 극치요, 무지의 산물이라고 말해도 큰 하자가 없을 것이다.

아무튼 막연하게 성공이라 하면 관료사회에서 고관대작이 되는 것, 정치계에서 금 뱃지를 다는 것, 기업계에서 사장소리를 듣는 것, 또는 연예계에서 독보적인 인기를 차지하여 그 분야에 탑이 되는 것 등을 꼽는 것을 통상적으로 성공했다라고 생각하는 경향이 있기는 하지만 그것은 어쩌면 가장 속물적이고 원초적인 성공의 개념이 아닐는지 모르겠다.

어떤 책에선가는 "성공이란 무엇인가?" 라는 질문에 대해
- 자주 많이 웃을 수 있는 것.
- 아이들로부터 사랑과 존경을 받는 것.
- 정직한 비평가의 찬사를 듣는 것.
- 친구의 배반을 참아낼 수 있는 것
- 아름다움을 식별할 줄 알며 다른 사람에게서 최선의 것을 발견할 수 있는 것.
- 건강한 아이를 낳든, 한 평의 정원을 가꾸든, 사회 환경을 개선하든 자기가 태어나기 전보다 세상을 조금이라도 살기 좋은 곳으로 만들어 놓고 떠나는 것.
- 자신이 한 때 이곳에 살았음으로 해서 단 한 사람의 인생이라도 행복해지게 하는 것.
이것이 진정한 성공이다. 라고 다양하게 정의 해 놓고 있는데 과연 독자들은 어떤 성공이 진정한 성공이라고 여겨지는가?

그것이 바로 가치관에 따라 성공의 기준이 달라지는 것이라고 생각되는데 그러면 각각의 개인들이 가져볼 수 있는 가치관에 대해 세부적으로 생각해보고자 한다.

○ 권력을 갖는 것.

○ 명예를 얻는 것

○ 지위나 신분을 높이는 것.

○ 국가에 애국하는 것.

○ 국민에게 충성하는 것

○ 지식을 추구하는 것.

○ 어떤 분야를 전문적으로 발전시키는 것.

○ 세계인류에 공헌하는 것.

○ 종교적으로 심취하여 영적인 삶을 추구하는 것.

○ 건강을 유지하는 것.

○ 사랑을 쟁취하는 것.

○ 가족의 화목을 유지하는 것.

○ 부모에게 효도하는 것.

○ 사회에 봉사하는 것.

○ 돈을 많이 버는 것.

○ 쾌락을 추구하는 것 등

　큰 분류만 하더라도 이렇게 다양할진데 이를 다시 세분해본다면 사람 수만큼의 가치관이 나올 수 있다는 것이다.

아무튼 이런 가치관을 정립하고 추구한다는 것은 그저 쉽거나 편하게 될 수는 없는 것이다. 그 분야에 전문적인 지식을 갖추기 위해 부단하게 노력해야 하고 목표를 달성하기 위해서는 뼈를 깎는 고통도 이겨내야 할 것이다.

　그러면 위에 언급한 가치관들 별로 한 가지씩 그 의미를 되짚어보기로 하자.

1. 권력을 갖는 것

국가에는 3권이라고 칭하는 권력에 관련된 기관들이 있다. 입법부, 사법부, 행정부가 그것인데 그 중에 일반 서민의 삶에 가장 가까이 피부로 느낄 수 있는 권력기관이 사법기관이기 때문에 일반 서민들은 권력의 상징이라 하면 사법기관을 연상할 수 있다. 법을 집행하는 기관이다. 그곳에 발을 들여놓을 수 있는 대표적인 수단은 사법고시에 합격하는 것이라는 것은 다 알고 있는 사실이다. 그래서 그 많은 대학교의 법학과 학생들이 머리를 싸매고 사법고시에 도전한다. 재학 중에 합격하지 못하면 졸업 후에도 몇 번이고 재도전하는 과정에서 다양한 환경 속에서 시도하겠지만 고시촌이라는 곳에 들어가서 몰입하는 사람들이 주류를 이룬다.

그리하여 일단 사법고시에 합격만 하면 한 순간에 사법부에 일약 5급 공무원이 되는 것이다. 이중 판사나 검사의 임무를 수행하게 되면 각양각색의 죄인을 다스리는 무서운 사람이 되는 것이다.

그러면 입법부나 행정부는 권력들이 없는 부서인가? 그렇지는 않다. 다만 사건 사고와 거리가 먼 착하고, 정직하고, 올바르게 살아가고 있는 일반 서민들의 생활과 직접적으로 연관되지 않을 뿐, 영향을 미치지 않는 것은 아니다.

일반인들은 입법부에 대해 체감을 잘 못하지만 기업을 하는 사람들이라거나 공공기관의 공익에 관한 업무를 하는 사람들, 행정부서에서 국가사업이나 예산 등을 집행해야 하는 위치에 있는 사람들은 입법기관의 영향을 지배적으로 받게 되는 것이다. 때문에 그들에게 국회의원은 무서운 권력기관이 되는 것이다. 심지어 국회의원들에게는 편성한 예산에 대해 제대로 집행하는가? 계획된 업무들은 제대로 시행하고 있는가? 등에 대한 감시 권까지 갖고 있으니 얼마나 무서운 존재이겠는가?

그런가 하면 행정부 기관에 근무하는 그들은 권력에서 먼 사람들인가? 말단에서 그야말로 행정업무만 하는 공무원들에게도 직위에 따라 수행하는 업무에 따라 주어진 권한들이 막강한 경우를 더러 보게 된다. 과거 민주화가 주창되기 전, 군사정부 하에서는 상당한 수준의 권력이 공무원에게 집중되어 있었다. 국민은 그저 거느려야 하는 하층 위치라고 여겨지던 시절이 있었다. 비록 민주화가 상당부분 확산되어 "국가의 주인은 국민이다. 모든 권력은 국민으로부터 나온다."라고 헌법적인 권리를 부르짖긴 하지만 그것은 투표 때 한 번 행사되는 것이지 일상생활 속에서 국민의 한사람이 어떤 권리행사를 할 부분은 별로 아니 거의 없다고 해도 과언이 아닐 것이다.

 행정부라 하면 법에 따라 공무를 시행하는 기관이기 때문에 어쩌면 일반 국민에게 가장 피부에 와 닿는 권력을 행사하고 있을는지도 모를 일이다. 운전을 하는 사람들은 교통경찰만 눈에 띄어도 아무런 위법이나 불법을 저지르지도 않았고, 잘 못한 것도 없는데도 불구하고 가슴을 졸이는 사람들이 있다. 유흥업을 하는 사람들은 위생과나 안전 업무 등에 종사하는 공무원을 무서워 한다는 것은 일반화되어 있는 상식이라 할 것이다. 그런가 하면 인,허가 업무를 담당하는 공무원들을 상대해 본 사람들은 그들의 권한행사에 혀를 내두르는 사람들도 더러 볼 수 있는 실정이다. 이렇듯 크고 작은 권력들을 갖기 위해 인생을 건 사람들이 있기도 한데 과연 그것이 맞는 인생이고, 옳게 사는 인생인지는 아무도 정답을 갖고 있지 못한 것이 인생이다.

 그런데 그 권력이라는 것들은 단지 공적인 업무를 수행하기 위해 필요한 만큼을 법적으로 보장해 놓은 것인 만큼 공무를 수행하는데 공적으로 필요로 하는 것이기 때문에 그 공무를 수행하는 데만 동원하고, 그 외에 개인적인 사욕을 위해서 동원해서는 안 되는 것이라는 것을 그 직위에 있을 때 알아야 한다.

그런데 이따금 착각하거나 오버하는 경우들을 종종 보게 되는데 참으로 안타까움을 금할 수가 없다. 그 착각이나 오버 때문에 각종 부조리와 비리, 부정들의 싹이 근절되지 않고 주기적으로 대형사건 사고들이 발생하면서 법정 구속되는 사태들을 보게 되기도 하고, 심한 경우 부정사건의 중심에 있는 고위 공직자가 자신의 생명을 스스로 처리하여 비참한 말로를 맞이하는 경우들을 더러 보게 되기도 한다.

2. 명예를 얻는 것

메슬로우는 인간심리 욕구단계를 5단계로 설정했다. 맨 첫 단계는 기본적인 욕구단계로서 의식주의 단계라고 했다. 그 다음엔 의식주가 해결되고나면 안정의 욕구, 3단계로는 인정의 욕구단계 그리고 존경의 욕구, 마지막으로 자아실현의 단계로 설정했다.

"사람은 죽어서 이름을 남긴다."고 누가 말했던가? 그 이름을 빛나게 하고자 하는 것이 명예욕이 아닐까 생각된다.

어떤 분야를 빛나게 만들면 부차적으로 그 분야를 빛낸 사람의 이름은 저절로 빛을 발하게 된다. 예술이라거나 스포츠 분야에서도 그렇고, 새로운 발명이나 발견이라도 하게 된다면 말할 필요도 없이 훌륭한 사람으로 각인될 것이다.

또는 어느 분야에 최고가 되면 그 명성은 빛을 발하게 된다. 권력의 최고 위치에 서게 되면 이름은 자동으로 빛나는 것 아니겠는가? 기업을 일궈서 나라를 일으켜 세우는 사람도 있고, 수십만, 수백만의 사람들을 먹여 살리는 능력을 갖추어 뭇사람들로부터 숭앙을 받는 사람도 있고, 아무튼 다양한 분야에서 자기 이름을 빛나게 하는 사람들이 있기도 하다.

권력욕구와 마찬가지로 명예 욕구에서도 과욕은 패가망신의 지름길이라는 것을 앎으로서 올바른 명예가 무엇인지 그것을 지키기 위해 어떤 몸가짐을 해야 하는지를 잘 헤아려야 한다는 것을 이따금 TV뉴스를 통해서 가르쳐주기도 하는 경우를 더러 보게 된다.

3. 국가에 애국하는 것

요즘 젊은 세대에 금 수저, 은 수저라는 말들이 아무런 거부감 없이 통용되고 있는데 썩 바람직한 것 같지는 않다. 왜 애국이라는 주제 하에 이런 말부터 나오는가 하면 외국여행을 가보면 애국심이 절로 생겨난다고 한다. 우리나라보다 잘 사는 나라를 가면 자존심이 상해서 애국심이 생겨나고, 우리보다 못사는 나라를 가면 자부심이 생겨서 애국심이 생겨난다고 한다. 그건 사실이다. 외국에 갔을 때 우리나라 기업체의 상호가 거리를 장식하고 있는 것을 봤을 때의 뿌듯함과 흥분된 마음을 어떻게 표현할 수 있겠는가?

이런 상황을 조금 축소 적용해보면 이해가 빠를 것이다. 우리 가정이 경제적으로 잘 사는 집이라면, 지위나 신분 면에서 내로라하는 집안이라면 어떻겠는가? 말하자면 요즘 젊은이들 표현처럼 금 수저 집안이라면 어떻겠는가? 반대로 우리 집안이 먹고 살기도 힘들고, 뭔가 시도나 도전해 보려 해도 기본적인 자본금조차 없는 수준이라면 내 집에 대한 생각이 어떨까? 내 부모에 대한 생각은 어떨까?

애국심이라는 용어에 대해 거부반응이 없기를 바라마지 않는다. 세계 어느 나라를 가더라도 우리가 그들보다 잘 사는 나라라면 그 자부심이 어떻겠는가? 반대로 가는 나라마다. 어느 나라에서 왔느냐? 확인하고 나서는 무시하는 표정을 한다거나 불쌍하다는 식의 표정을 짓는다면 그 기분, 그 감정은 어떠하겠는가? 우리나라에도 세계의 여러 나라에서 그들의 꿈을 실현하기 위해 와 있는 산업근로자들이 있다. 우리는 3D업종이라 하면서 혐오하고 거부하는 직종에 그들은 그런 자리도 감사하게 받아들이고 있질 않는가?

자기나라 국민을 보호할 수 없고, 먹여 살릴 수 없고, 자긍심을 느낄 수 있도록 하지 못한다면 그것이 과연 나라다운 나라이겠는가? 가족을 버리고, 태어난 고향을 등지고 목숨을 걸고 자기의 나라를 탈출하는 국민이 있다면 과연 그 나라가 국가로서의 기능을 하고 있는 것인가?

내 가정이 빈곤하고, 내 놓을 만한 것이 없다면 내가 초라하고 비참하듯이 나라가 자긍심을 주지 못한다면 어떠하겠는가? 국민 한 사람, 한 사람의 애국심이 중요한 이유를 알겠는가?

나 개인도 내가 사랑하지 않으면 아무도 사랑해주지 않을 것이다. 내 가정도 마찬가지다. 내 나라를 내가 사랑하지 않는다면 세계 어떤 나라 사람들이 사랑해 줄 수 있겠는가?

애국이라는 용어에 대해 너무 거창하게 생각하지 않았으면 좋겠다. 무슨 역사적으로 훌륭하거나 유명했던 사람들 같은 (예를 들자면 이순신 장군이나 세종대왕 또는 안중근, 류관순 등) 애국심을 요구하는 것이 아니다. 애국하는 방법은 다양할 것이다. 쉽고 단순하게 얘기하자면 자신에게 충실한 것이 진정한 애국을 하는 것이다. 자기가 맡은 분야에 최선을 다해서 최선의 상태로 이행하는 것, 자기의 책임이나 의무를 다 하는 것, 질서를 잘 지키는 것, 실정법을 잘 준수하는 것, 만나고 마주치는 사람들에 대해 애정을 갖고 친절을 베푸는 것 등 그저 사람의 도리를 잘 하려고 노력한다면 그것이야말로 최고의 애국행위가 아니겠는가?

4. 국민에게 충성하는 것

앞의 애국 개념과 같게 생각하면 큰 하자 없을 것이다. 거창하게 국민에게 어떻게 충성을 할 수 있겠는가? 그저 단순하고 가장 가까이에서 생각해보자 내 부모에게 감사할 줄 아는 것, 즉 효도할 줄 하는 것이 곧 국민에게 충성하는 것이 아니겠는가? 자기가 맡은 분야에 최선을 다하여 최고의 상태로 발전시키는 것, 자기 직책에 충실하게 임하는 것,

그리고 국가에는 국민으로서 지켜야 할 4대 의무가 있다. 그 의무를 성실히 잘 이행하는 것이 곧 충성하는 길이다. 국방의무를 다하지 않고자 도피행각을 한다면 나라는 누가 지킬 수 있겠는가? 또한 그 부모는 얼마나 가슴 졸이며 불안하고 걱정스럽겠는가? 이는 국가의 의무를 논하기 이전에 기본적으로 부모를 괴롭히는 불효인 것이다. 백행지본이 효라고 하는데 가장 기본이요 기초인 효를 모르고 행하지 않는다면 무슨 충성이 되겠는가? 그저 사람으로서의 기본적인 도리를 잘 한다면 그것으로 국민에 대한 충성은 충분하다고 사료된다.

5. 지식을 추구하는 것

"무식은 호랑이보다 무섭다."는 말이 있다. 호랑이보다 무서운 사람이 되지 않으려면 지식을 갖춰야 한다. 지식을 쌓으라는 말이 아니라 갖춰야 한다고 표현하는 것에 의미를 새겨보기를 권한다. 학술적이거나 전문적인 어떤 지식을 필요로 하거나 요구하는 것이 아니라 그저 일상을 살아가는데 필요로 하는 아주 평범하고 사소하고 일상적인 상식들에 대해 알고 살아간다면 호랑이보다 무서운 사람으로 살아가지는 않을 것이라고 확신한다.

사람답게 살아가려고 노력하는 자세, 경우와 순리에 순응하는 마음, 자

기 분수에 맞게 행동하는 자세, 예의범절에 어긋나지 않는 행위, 공중도덕을 준수하려는 생각이나 행동 등 사람들과 어우러져 살아가는 세상 속에서 주변이나 이웃에게 불편하거나 피해를 주거나 스트레스를 느끼도록 하는 것을 자제하려는 아주 기본적이고 순수한 생각들을 잘 하는 것이야말로 상식에 충실한 지식인이 아니겠는가?

6. 어떤 분야를 전문적으로 발전시키는 것

각자 개인들의 가치관에 대해 보충설명을 하는 와중에 있기 때문에 독자들이 혼란을 겪지 않기를 바란다. 이런 가치관을 갖는 것은 그 사람의 고유한 분야이다. 모든 사람이 이런 가치관을 가질 수도 없고, 가질 필요는 없는 것이다. 어떤 분야에 재능을 기지고 있다거나 소질을 갖고 있는 사람들에 해당되는 얘기일 것이다. 과학이건 의학이건 문화예술이건 또는 산업분야이건 그 분야에서 전문적으로 발전시킬 수 있다면 그 또한 자기가치를 추구하는 것이다.

7. 세계 인류에 공헌하는 것

우리나라는 유엔사무총장을 배출한 위대한 국가라고 생각한다. 이렇게 거창한 인물만이 세계인류에 공헌하는 것은 아니다. 열악한 열대지방에 나가서 국위를 선양하고 있는 평화유지군이 있는가하면 건설 분야에서 저개발 국가에 기술을 전파하기도 하고, 한비야 라는 분은 세계의 빈곤국가를 여행하면서 헐벗고 가난하고 굶주리는 어린이들을 위해 봉사활동을 하고 있다. 탤런트 김 혜자님도 그렇고 산악인 엄 홍길 씨도 그렇고 "울지마 톤즈"라는 영화가 나올 정도로 아프리카 난민들을 위해 암에 걸린 자신의 생명까지도 바쳐버린 이 태섭 신부님 같은 분들처럼 거창한 행위가 아니더라도 집을 지어주는 단체, 학교를 지어주는 사람들, 그 학생들을 가르치는 사람들, 보건환경이나 의술이 열악하여 죽어가는 환자들을 위해 의료봉사를 하는 단체들, 물이 없어 야생 동물들도 먹기 어려울 것 같은 물을 먹고 사는 사람들을 위해 샘을 파주고 다니는 사람들, 그런가 하면 언론에는 언급도 안 되지만 2, 3만원의 후원금을 통해 여러 생명을 구해주고 있는 유니세프 회원 분들 등 이루 말할 수 없는 사람들이 세계인류에 공헌하고, 이바지 하고 있는 사람들도 있음을 우리는 알고 있다.

8. 종교적으로 심취하여 영적인 삶을 추구하는 것

삶의 유형을 3차원으로 구분하는 사람들도 있다. 어떤 기준이나 원칙으로 구분하는 지 조금은 애매하고, 막연하기도 하지만 의식주에 만족하는 삶을 일차원으로 규정하고, 정신세계를 구가하는 삶을 2차원적인 삶이라 규정하며, 종교적인 삶을 3차원의 영적인 삶이라고 규정하는 것 같다.

필자는 이런 구분이 맞는 말인지 잘 규정하기 어렵기는 하지만 종교에 심취하여 매일매일 기도하면서 살아가고 있다면 그것이 과연 영적인 삶이라고 말 할 수 있는 것일까? 왕왕 그렇게 생각하는 신앙인은 없는 것일까? 적어도 영적인 삶을 산다고 말하려면 그 분야에 몸담은 신앙인은 물론 다른 분야의 신앙인이라도 인정할 수 있어야하고 신앙을 가지지 아니한 일반인들도 인정하고 존경을 받는 그런 성직자의 삶 정도가 되어야 영적인 삶이라고 말하는데 어색함이 없지 않을까 생각한다.

우리나라는 국민의 존경을 받는 종교적인 지도자분들이 더러 있다. 목숨을 바쳐 자기 신앙을 숭앙했던 우리나라 최초의 신부님인 김대건 신부님도 있었고, 최근에는 김수한 추기경님, 성철스님, 법정스님, 독재정부에 맞서 학생들을 보호했던 박형규 목사님을 비롯해서 종교적으로 국민들의 숭앙을 받은 수많은 성직가분들이 계신다. 그분들의 순수한 종교적인 삶이야말로 3차원의 영적인 삶을 살았다고 말할 수 있지 않을까 생각한다.

9. 건강을 유지하는 것

사람이 생, 노, 병, 사의 인생행로에서 자유로울 수 있는 사람은 없을 것이다. 누구나 젊었을 때는 대체적으로 건강하기 때문에 심각하게 건강에 대해 생각하지 않는 경우들이 많기는 하지만 그러나 일부 선천적으로 건강이 좋지 않은 사람에게는 건강보다 더 중요한 가치는 없을 것이다. 그런가하면 한 5~60대가 되면서 건강이 신경 쓰이는 나이가 되면 그때서야 비로소 건강에 대해 노력을 기울이는 사람들이 있다. 건강에 대해서도 근육질의 사람이 되고자 애쓰는 사람, 정력 강화를 위해 혈안이 된 사람 등 추구하는 가치에 따라 시도하는 건강의 유형도 다양한 것 같다.

10. 사랑을 행하는 것

인류역사상 가장 훌륭한 단어가 사랑이라고 한다. 그런데 일부 사랑이라고 하면 이성 간의 감정만을 떠올리는 사람들이 많이 있기도 하다. 하지만 사랑에는 그렇게 단편적인 것만이 아닌 다양하고 심오한 사랑들이 존재한다는 것을 알 수 있다.

젊은 시절의 이성에 대한 애틋한 사랑이야 누구나 인생의 한 행로에서 통과의례처럼 치렀을 것이다. 그것을 가치관에서 논할 것은 아닐 것이다.

원초적이고 단순한 이성간의 사랑보다는 조금 차원이 다른 숭고한 사랑이 존재한다는 것도 음미해 볼 수 있는 기회가 되면 좋겠다는 마음에서 희생적이고 헌신적이며 이타적인 그런 사랑을 행하는 사람들을 떠 올려

보고 싶다. 앞에서 언급했듯이 세계인류에 공헌하는 사람들의 심오한 사랑이 있는가하면 하느님의 사랑을 실천한 테레사 수녀님 같은 삶, 방정환선생님이나 페스탈로치같이 사랑의 본을 보여주고 사랑을 온몸으로 실천하며 인생을 살아가신 사람들처럼 수준 높은 가치관이 있기도 하다.

반면에 육체적인 쾌락을 인생의 전부인양 쫓는 사람들도 있는 것 같다. 대체적으로 이성에 대해 호기심이나 호감을 갖는 것은 인지상정이라 할 수 있을 것이지만 정도를 벗어나게 되면 사회질서를 무너뜨리는 결과를 초래할 수도 있다는 것을 알아야 한다. 인간들 간의 순수한 감정을 파괴하는 경우, 가정을 파괴하는 경우, 심지어는 한 순간의 원초적인 만족을 위해서 인명을 경시하고 살인행각까지도 불사하는 치한이 되기도 하는데 서문에서도 언급했듯이 가치관이라는 것은 보편성을 가져야 하고 대중적이고 이타적인 것이라야 돋보이고 빛을 발할 수 있는 것이다. 개인적인 만족을 위한 가치관이라는 것은 어쩌면 자멸을 초해할 것이라는 것을 알아야 한다.

11. 가족의 화목을 유지하는 것

사랑의 개념에서 언급했는데 사랑에는 무한책임을 수반하는 것이다. 가족을 이루었다면 그 가족에 대한 사명을 다해야 한다. 그런데 이따금 가족을 등한시하고 자기 개인적인 쾌락에만 전념하는 아버지나 어머니들을 보기도 하는데 안타깝기 그지없다. 그러나 종종 보도를 통해서 보는 것은 빙산의 일각으로 일탈된 사람의 모습일 뿐이고, 자기 가족의 행복을 위해 자기를 희생하고 일생을 바친 순애보적인 사람들이 많다는 것을 우리는 안다.

12. 부모에게 효도하는 것

효라는 개념이 점점 무디어지고 사라져가는 세태라는 것이 너무 한심스럽고 안타깝다. 사람은 초심을 잃으면 그 순간부터 무너지기 시작한다. 그런 경우를 수없이 봐왔다. 대표적으로 사업을 하는 사람들의 모습이다. 처음 시작할 때는 아주 인간적이고 정직하고 순수하게 사업이 잘 되면 좋은 일도 많이 할 것처럼 다짐하지만 조금 잘 되기 시작하면 좋은 차부터 사고 고급스런 술집부터 찾아다니면서 가정을 등한 시하고 거드름을 피우기 시작한다. 그와 동시에 사업은 사향 길로 접어드는 것이다. 말하려 하는 것은 초심을 잃으면 무너진다는 것을 말하려 하는 것이다. 효라는 것을 설명하면서 너무 멀리 돌아가는 것 같긴 하지만 초심을 안다면 효를 잊어서도 버려서도 안 되는 것이다. 쉽게 말하자면 "나는 누구인가? 어디서 왔는가?"만 생각한다면 감히 부모를 무시하거나 없인 여기는 행위는 자기를 무너뜨리는 행위라는 것을 알아야 하는 것이다. 근본적으로 내가 있는 것 자체가 부모의 덕이라는 기본을 알아야 한다. 부모가 아니었으면 내가 어떻게 존재하겠는가?

효의 깊은 개념은 "부모와 같이 생각하는 것"이라고 한다. "우리 부모님은 어떤 생각을 하고 계실까? 무슨 생각을 하실까?" 그런 마음가짐을 가진 것이 효도인 것이다. 그런 수준 높은 효도를 요구하거나 기대하진 않는다 할지라도 효의 기본은 고마움을 아는 것이다. 감사할 줄 아는 것이다. 인간관계 속에서 그런 기본적인 것을 모르고 살아간다면 어디에서 누구에게 인정을 받을 수 있고 존경을 이끌어낼 수 있겠는가? 효도를 알고 실천해야 한다.

옛날에는 백행지본이 효라고 했다. 효도를 알고 실천하는 삶을 살아가는 사람들은 어떤 일도 잘된다. 어디에서 누구에게나 인정과 존경을 받는다. 효에 가치관을 두는 것은 인생을 살아가는데 있어 결코 손해 보는 일이 아닐 것이다.

13. 사회에 봉사하는 것

 남을 위해 희생이나 봉사하는 것은 결국 자신을 위한 일이라고 한다. 거기에서 자기만족과 희열을 느끼면서 엔들핀을 얻기 때문에 결과적으로 자기인생에 이익이 된다는 것이다. 이런 봉사활동에 매료된 사람들이 많아진다는 것은 밝고 명랑한 사회, 살기 좋은 사회를 이루어가는 초석이 될 것이다.

14. 돈을 많이 버는 것

 여러 유형의 가치관에 대해 논해보았지만 지금까지 개진한 모든 가치관에 대해 공감하고 매력을 느낀 부분이 얼마나 있는지 잘 모르겠다. 그러나 대개의 사람들은 돈 버는 일에는 모든 것을 전폐하고 우선시 하는 사람들이 많다는 것에 대해 부정할 사람은 많지 않을 것이다.
 돈이라는 것은 인생을 살아가는데 불가피하게 필요하다는 것을 부정할 수는 없지만 인생의 목적이나 인생 전부가 되어서는 안 된다. 그럼에도 일부 사람들은 그것의 구분을 잘 하지 못하는 경우가 많다. 돈이 전부요, 돈이 인생이 되어 위에서 개진한 어떤 가치관도 돈 앞에서는 무의미하고 무가치한 것처럼 행동하고 처신하는 사람들이 있음을 볼 때 안타까운 생각을 버릴 수가 없다. 돈이 전부여서는 안 된다. 돈이 자기만을 위해서 쓰여 져서는 안 된다고 생각한다. 목표 뒤의 목표를 알아야 하듯이 돈을 벌고자 한다면 왜?, 무엇 때문에 벌고자 하는지 목적의식이 뚜렷해야 하고, 그 목적은 이타적이고 사회적이고 국가적이라야 한다는 가치관을 가져야 한다.

Ⅱ, 꿈

"꿈을 잃은 국민은 멸망한다."는 말이 있다. "인간은 꿈으로 먹고 산다." 라고도 한다. 맞다. 그렇다. 인간이라면 밥만 먹고 살 수는 없을 것이다. 꿈이 있어야 한다.

필자는 개인적으로 출생과 성장과정의 환경에 대해 약간의 아쉬움을 갖고 있다. 부모님이라는 존재는 원망하는 존재가 아니다. 나를 낳아준 것 자체만으로도 한없는 감사를 알아야 한다. 그런데 아쉬움이란 무엇인가? 그것은 한없는 욕심에서 비롯된 것이라는 것을 필자 자신도 잘 안다. 독자들도 공감하는 부분이 있을는지 또는 공감하는 환경에 있는 분이 있을는지 궁금하긴 하지만 그 아쉬움이란 것은 꿈이라는 용어를 너무 늦게야 듣게 되었다는 것이다.

필자의 고향은 아주 시골 벽촌의 농촌이었다. 당연히 아버지는 농부이셨고, 집은 가난했다. 삼남이녀의 오남매 중 장남으로 태어났다. 초등학교를 비롯해서 중, 고등학교를 다니는 과정에서 공부하라는 강요는 들었고, 공부를 잘하라는 채근은 들었지만 왜 공부를 해야 하는지, 무엇 때문에 공부를 잘해야 하는지에 대한 당위를 들어 본 적이 없다. 다시 말해 인생의 꿈이라거나 인생의 목표, 어떤 이상, 방향 등 이런 말을 들어 본 적이 없이 유년시절과 청년시절을 보내버렸다. 그저 막연하게 살아왔던 것이다.

군 생활을 30년 가까이 하긴 했지만 사관학교에 입학하고 소위로 임관하는 과정에서 어떤 청운의 꿈을 안고, 국가와 국민을 위해 애국을 하고 충성을 하겠다거나 군의 최고 계급인 장군이 한 번 되어보겠다는 목표나 꿈같은 것이 없이 그저 국방의무를 다하는 하나의 방편으로써 사병 생활보다는 장교 생활이 낫겠다는 막연한 기대를 가지고 군 생활을 시작했던 것이다. 그리고 지휘관들에게 인정을 받았던 것은 어떤 꿈이나 이상을 가진 장교여서가 아니라 오직 남보다 못하면 안 되고 남에게 무시당하면 안 되겠다는 개인적인 오기와 자존심으로 어떤 업무든 최선을 다했고, 어떠한 위험도 감수하면서 몸을 도사리지 않고, 몸을 아끼지 않고, 계산하지 않고, 순수하게 열심히 하는 것만으로 인정을 받았고 보상을 받았던 것으로 기억한다.

만약에 유년 시절이나 청년 시절에 나의 아버지가 시골농촌의 농부가 아니였거나 농부라고 해도 조금 배움이 있는 농부였더라면, 도시 생활을 하면서 사회의 조직이나 단체생활을 경험해 본 사람으로서 꿈이나 이상을 가르쳐 주었더라면, 또는 나에게 형이나 누나라도 있어서 그런 것들을 얘기해 줄 수 있는 사람이 있었더라면 하는 아쉬움을 져버릴 수가 없는 것이다.

꿈을 가져야 한다는 당위성을 얘기하려다 사설이 길어지긴 했지만 어린 시절부터 꿈이라는 단어를 알고 사는 것과 그런 개념을 모르고 사는 것은 인생에 엄청난 차이를 나타내리라는 것은 장담할 수 있다.

모든 부모들이 자기 자녀가 잘 되었으면 좋겠다는 기대도 하고, 욕심도 갖고 자녀를 잘 가르치려고 노력한다. 그런데 욕심은 있지만 어떻게 잘 가르쳐야 하는지 그 필요성이나 방법을 잘 모르는 부모들이 많은 것 같다. 자녀를 사람다운 사람이 되도록 키우고 싶다면 또는 자기 자녀가 사람다운 사람이 되기를 기대한다면 자신이 사람다운 사람이 먼저 되어야 한다. 부모는 자녀들의 거울이요, 인생교수요, 시범조교이기 때문이다.

그 방법이 자녀들이 크는 과정에서 꿈이 뭔지를 먼저 알 수 있도록 지도해야 한다. 꿈이라는 것은 인생을 사는 이유인 것이다. 왜 사는가? 무엇을 위해서 살아야 하는가? 어떻게 살아야 할 것인가? 등 인생의 목표를 가지고 살아갈 수 있도록 지도해야 한다. 건물을 지을 때 설계도를 먼저 만들고, 그 설계도에 따라 건물이 지어지듯이 인생의 설계도가 꿈인 것이다. 인생의 종합계획서(마스타플랜)를 가지고 살아야 하는 것이다. 배가 항해하는데 가고자 하는 목적지가 없다면 어찌 되겠는가? 그 방향설정을 어렸을 때부터 부모들이 지도해 줘야 한다. 학교에서 지식을 가르치는 선생님들도 마찬가지다. 지식만 전수하고 끝내는 직업적 자세의 선생님이 아니라 지성과 인성을 지도하고, 학생들의 인생을 책임진다는 사명감을 가진 말 그대로의 선생다운 선생의 역할을 해야 하는 것이다.

그럼 꿈에 대해 자세하게 개진하고자 한다.

꿈은 명확해야 한다. 그리고 꿈은 기록해야 한다. 생각만 가지고는 의미가 없다.

꿈은 단기적인 꿈과 장기적인 꿈, 그리고 인생전체에 대한 꿈 등으로 구분할 수 있을 것이다. 10대와 20대, 30대 등 연령대별로 세분화하여 기록해야 한다.

첫째, 갖고 싶은 것은 무엇이며 얼마 만큼인가? 왜 갖고 싶은 것인가?

둘째, 하고 싶은 것은 무엇인가? 왜 그런 것들을 하고 싶은가?

셋째, 되고 싶은 것은 무엇인가? 왜 그렇게 되고 싶은가?

이렇게 갖고 싶은 것과 하고 싶은 것과 되고 싶은 것들이 설정되었다면 그런 것들을 언제까지 이룩할 것인가? 시한을 정해야 하고, 그런 다음에는 그 꿈들을 이루기 위해서는 어떻게 해야 할 것인가? 방법을 정해야 하며 그러기 위해서 자신은 어떤 노력을 해야 할 것인가를 명확히 기록해야 한다.

그리고 꿈 뒤의 꿈을 설정해야 한다. 그것이 왜이다.

이렇게 인생의 꿈, 종합설계도가 정립되었다면, 그 꿈을 이루기 위해 노력한다면 자신이 버려야 할 것, 포기해야 할 것 등이 명확해 질 것이다.

그렇게 되면 인생을 헛되이 살아갈 사람이 없을 것이라는 것은 모든 독자 분들도 공감하리라 확신한다.

이 책을 사서 보실 정도의 성향을 가진 독자 분들은 분명 꿈을 가지신 분들일 것이고, 또 꿈을 상당부분 달성한 분들이라고 확신하지만 만에 하나 아직 꿈을 체계적으로 정리하지 않으신 분이 있다면 오늘 당장 꿈부터 정립해 보시기를 권장하고 싶다.

제 8 장
교육은 어떻게 시킬 것인가?

교육은 단편적으로 "이렇게 하는 것이다." 라고 정의하기는 어려울 것이다. 교육이야말로 아주 복합적이고 다양하며 종합적, 입체적인 부분이 많기 때문에 한두 가지로 얘기할 수는 없다. 교육은 말귀를 못 알아먹는 유아에서부터 노인에 이르기까지 헤아리기 어려운 분야가 교육 속에 있어야 한다.

교육이라 하면 제도권에 있는 학교교육을 생각하기 쉬우나 학교교육은 인생의 전반을 고려할 때 빙산의 일각에 지나지 않는 것이라고 생각한다.

한 사람이 교육되기 위해서는 어머니의 뱃속에서부터 시작하여 태어나서 학교에 가기 전까지의 가정에서 이루어지는 교육, 그리고 학교에 들어가서 배우는 교육과 그 외에도 사회에서 받아들여지는 교육 등 헤아릴 수 없이 다양한 것이 교육이라고 봐야 한다.

그러면 태아교육부터 순서적으로 음미해보고자 한다.

1. 태아교육

인생의 교육은 어머니의 뱃속에서부터 시작된다. 태아교육이다. 임신하고 있는 기간 동안에 그 어머니가 어떤 생각을 하고, 어떤 행동을 하고 살았느냐에 따라 태아의 의식상태, 정신형성에 막대한 영향을 미치는 것이다.

앞장에서도 언급했지만 심지어는 태중 1년이 생후 10년 공부보다 중요하다고 말하는 학자도 있다.

그것을 강조하는 임산부 七胎道(임산부가 지켜야 할 7가지 자세)라는 것이 있는데 소개해보자면

● 임산부 7태도

○ 높은 마루나 걸상에 올라가지 말며 험준한 길이나 냇물은 건너서도 아니 되고 담장을 넘거나 개구멍으로 나다녀서도 안 된다.
○ 말이 많아서도 안 되고, 심하게 웃거나 놀라거나 겁을 먹거나 울어서도 안 된다.
○ 잠을 잘 때는 가로로 눕지 말고, 서 있을 때는 기우뚱하지 말며, 부정한 것을 보지도 말고, 음탕한 소리를 듣지도 말아야 한다.
○ 닭살이 생기는 닭고기, 팔자걸음을 걷는 오리고기, 뼈가 없는 오징어는 먹지 말아야 한다.
○ 성현의 글을 읽고, 아름다운 시를 읽으며, 태중아이에게 들려준다.
○ 기품이 높은 거북이, 봉황, 주옥같은 노리개를 모아 품에 지니고 다닌다.
○ 음욕, 욕심, 투정이나 원한을 품어서는 안 된다.

그래서 옛 선조들은 임신한 며느리나 딸에게는 쌍스러운 말도 안 듣게 하고, 사람들이 싸우는 광경은 보지 않게 하고, 가축들을 잡는 광경을 보지 못하게 하고, 피라거나 피를 연상할 수 있는 빨간 색깔은 보지도 못하게 하는 산부 보호의 지혜를 가지고 있었던 것이다.

그리고 태어나는 과정에서도 산모가 진통을 겪고 난 아이에 대한 모정과 제왕절개를 통해 진통 없이 태어난 아이에 대한 모정이 다르다고 하는가 하면 모유를 먹이고 키운 아이와 분유를 먹이며 키운 아이 성품이 다르다고 하니 모정이 다를 때 받아들이는 아이의 감정은 어떻겠는가?

그런데 요즘은 제왕 절개로 태어난 아이가 약 43%요, 분유로 키우는 아이가 약 64% 정도라고 하니 정서적으로 모정을 덜 느끼며 자라는 아이가 그만큼 많다고 보는 것은 지나친 해석일까?

그리고 태어나서부터 어떤 환경에서 자랐느냐에 따라 피부로 배우는 교육은 자라면서 지대한 영향을 미치게 되는 것이다. 영화 늑대소년 같은 예가 환경이 인간에게 미치는 영향을 입증하는 것 아니겠는가? 인간을 모방의 동물이라고 한다. 보고, 듣고, 느낀 것에 의해 영향을 받으며 그대로 따라 하는 습성을 지니고 있다. 때문에 듣지 못하는 청각장애인은 말을 배울 수가 없기 때문에 말을 하지 못한다고 한다. 오죽하면 맹자의 어머니가 아들의 교육을 위해서 세 번씩이나 이사를 하면서 아들을 키웠겠는가? 그토록 모방이라는 것은 교육에 절대적으로 영향을 미치는 것이다.

2. 가정교육

청학동에서 한문을 교육하는 김 봉곤 훈장님이 쓴 책에서 아주 심오한 얘기를 읽은 기억이 있다.

내용인 즉 초, 중학교의 방학이 되면 도회지의 어머니들이 아이들을 데리고 와서 자기 아이 사람 좀 만들어 달라고 부탁을 한단다. 이럴 경우 난감한 것은 자기는 사람 만드는 기술도 없을 뿐 아니라 또 설혹 있다 치더라도 시기가 맞아야 하는데 초등학생이나 중학생이 되고나면 이미 상당히 늦어버렸기 때문에 난감하기 그지없다는 얘기를 하면서 자녀 교육에 대한 그의 얘기를 하고 있었다.

그 얘기를 저자 나름으로 해석하자면 사람은 뱃속에 있을 때부터 교육이 된다는 것이다. 대개의 부모들이 아기 때는 너무 어려서 말을 못 알아듣는다고 생각하는 경향이 있는데 그게 아니라는 것이다.

나무를 반듯하게 자라게 하려면 새싹 때부터 지주를 대주어 반듯하게 자라도록 해야 하고, 잘 못된 가지는 잘라주는 등의 노력을 해야 하며, 일정하게 자란 후에는 바로 잡을 수가 없는 이치와 같은 것이라고 말하고 있다. 분재처럼 자라버린 후에 어떻게 바로 잡을 수가 있겠는가?

어렸을 때부터 어린이에게 자기의 정체성을 일깨워 주어야 한다.

그런데 사람들은 귀금속이나 다이아몬드는 귀하고 비싸고 좋다는 생각을 하면서도 자기의 자녀의 중요성이나 고귀한 가치에 대해서는 잘 생각을 하지 않고 있다는 것이다. 다이아몬드를 하나 명품으로 다듬기 위해서는 얼마나 많은 노력과 공이 들어가는가? 사람을 그런 노력으로 다듬고 가꾸어서 귀중한 명품으로 만들려는 노력을 해야 하며 아이들 스스로 자기의 중요성과 존엄성을 알 수 있도록 심어주어야 한다는 것이었다. 참으로 공감하는 얘기가 아닐 수 없는 내용이었다.

모든 인간에게는 반드시 소정의 교육이 절대로 필요하다. 교육의 정도에 따라 인성이나 인품, 인격 나아가 생활수준까지 차이가 날 수밖에 없는 실정이라는 것은 누구도 부인할 수 없을 것이다.

교육의 가장 중요한 첫 단추는 가정교육인데 오늘날은 가정교육이 사라졌다고 봐도 과언이 아닐 것이다. 가정교육의 필요성을 모르는 부모가 있는가 하면 알고는 있지만 시킬 수 있는 상황이 안 되는 부모도 있고, 시키기는 하는데 방법을 잘 모르거나 잘 못된 부모 등 다양하다.

자식을 자기의 욕망을 채워주는 대리인으로 키워서는 안 된다. 진정으로 그 자신이 온전한 한 인간으로 이 사회와 국가와 인류세계에 있어 독립적인 한 구성원으로서 그의 인생을 잘 살아 갈 수 있도록 온 정성과 사랑으로 보살피고 교육해줘야 한다.

부모는 자녀가 태어나서 각 단계를 거쳐 어른이 될 때까지 천편일률적으로 교육해서는 안 되며 성장단계에 따른 적절한 역할을 해 줘야 하는 것이다.

● 자녀의 성장단계별 부모의 역할

○ 유아기의 자녀에게는 보호자로서
○ 초등학생 자녀에게는 교육자로서
○ 청소년기 자녀에게는 상담자로서
○ 성인이 된 자녀에게는 동등한 문제해결자로서 역할을 제대로 잘 해 줘야 하는데 과연 현대를 살고 있는 젊은 부모들이 이런 단계별 역할에 대해 알고 있는 사람이 얼마나 있으며, 알고 있다 하더라도 제대로 실행하는 부모가 얼마나 있겠는가?

● 그런가 하면 자녀들은 단계별로 관심을 갖고 중점을 두어야 할 사항들이 있다.

○ 태어나서 6세까지는 지적 능력과 언어 능력을 키워줘야 한다.
○ 7-8세까지는 동요를 많이 듣고 하게 해야 하며
○ 9-10세에는 추리와 추상능력을 키워주는데 중점을 두고, 건전한 만

화나 동요 책들을 많이 보게 하는 게 좋으며

○ 10-13세에는 집단의식이 강해지므로 많은 친구들과 어울리도록 하고

○ 14-18세는 사춘기로써 자기밖에 모르는 시기이므로 부모가 권위적으로 대하면 반항의식을 갖게 된다.

그뿐이겠는가? 자식을 인간답게 잘 키우고 싶다면 부모스스로가 달라져야 한다는 것도 알아야 하고, 그야말로 교육자가 되더라도 완벽하게 지도하기는 쉽지 않은 것이라는 사명을 가져야 한다.

● 자녀를 인간답게 잘 키우기 위한 부모의 자세

○ 더 많이 아는데 관심을 가질 게 아니라 더 많이 관심 갖는 법을 익혀야 한다.

○ 힘을 사랑하는 사람으로 보이지 말고, 사랑의 힘을 가진 사람으로 보이도록 해야 한다.

○ 높은 집을 세우려 하기 전에 아이의 자존심을 먼저 세워 줘야 한다.

○ 아이를 바로 잡으려고 노력하기 전에 아이와 하나 되는 법을 먼저 익혀야 한다.

○ 더 많은 사랑으로 껴안아 주고, 더 적게 논쟁해야 한다.

이렇게 복잡 미묘하고 철학적이기까지 한 것이 자녀의 교육인 것이다.

그런데 과연 현대를 살아가는 부모들 특히 젊은 부모들이 이런 절차나 덕목들을 얼마나 알고 있겠는가?

필자가 자녀들을 키우면서 겪었던 일화들을 조금 소개하고자 한다.

아이들이 어렸을 때 직업상 이곳저곳으로 이사를 자주 다녔었는데 사는 지역의 주변에 있는 높은 산들을 늘 데리고 다니곤 하였다.

서울 거여동에 위치한 부대에 근무할 때는 큰 딸아이가 아홉 살, 작은 아이가 여섯 살, 막내인 아들이 네 살 때였다.

어느 겨울 일요일 날이었었는데 하루 종일 집에서만 보내는 것이 아이들에게도 무료하겠다는 생각이 들기도 하고, 나 스스로도 이렇게 무의미하게 보내는 건 아니다 싶은 생각이 들어서 오후 한 두시쯤이나 되어서야 아이들에게 남한산성에 올라가자고 설득하여 정상을 목표로 집을 나섰다. 그런데 산 중턱에 오르니 녹지 않은 눈들이 등산을 무척 어렵게 만들었다. 그러나 아이들에게 중턱에서 포기하는 모습을 보이는 것은 교육상 무척 좋지 않겠다는 생각 때문에 내려갈 수도 없는 입장이었다.

경사가 심한 바윗길 같은 위험한 곳에서는 아이들을 차례차례 안아서 올려놓기를 반복하면서 내가 무모한 결정을 하였구나 하는 후회가 되기도 하였지만 아이들에게 내색을 할 수도 없는 입장에서 온갖 신경을 곤두세워 오르고 또 오르다보니 해가 질 무렵에야 겨우 남한산성의 정상에 도달 할 수 있었다.

그런가 하면 아들이 일곱 살 때는 안양에 살았었는데 한 번은 안양에서 관악산 정상을 거쳐 과천까지 종주를 한 적이 있었다. 대략 7시간 정도를 걸었던 것으로 기억되는데 위험한 바윗길에서는 오히려 어린 아이가 엄마를 걱정하며 보호하는 과정을 보기도 하였고, 그 험난하고 힘든 등산길에서도 불평 한 번 하지 않고(못한 건지도 모름) 등산을 마무리 하였던 것이다. 물론 언제나 딸아이들도 예외 없이 다 대동하고 다니는 산행이었다.

그렇게 등산을 했을 뿐 그런 행위가 그들에게 어떻게 긍정적으로 기능하는 부분이 있을는지는 전혀 생각하지 못하고 지냈었다. 그런데 아들이 초등학교에 다니면서 같은 또래 학생들에게도 어리게 보고 보호하려는 행동을 하는 것을 본 적이 있어 보통 흐뭇한 것이 아니었다. 그 외에도 또래아이들에 비해 의연하고 어른스러움을 자주 보곤 하였는데 그런 행위들이 높은 산을 올라 다니면서 마음이 넓어진 것이 아닐까 하는 생각을 하기도 하였다.

또 한 가지 특이한 경우를 소개하자면

아이들이 4살부터 9살배기 시절 아이들에게 어떻게 하면 바보상자라고 하는 TV를 조금이라도 덜 보게 할 수 있을까를 신경 쓰고 고민하다가 어느 날인가는 아이들에게 일주일에 하루를 TV 보지 않는 날을 정하자고 제안을 하였다. 그런데 아이들이 무조건 투정을 부리거나 반대를 하는 것이 아니라 언제 보지말자는 것이냐? 라는 반응을 하는 것이었다.

나는 아이들에게 그 날짜를 선정하도록 했는데 아이들이 불만 섞인 목소리로 그러면 뭐를 해줄 거냐는 조건을 요구했다. 처음에는 그런 조건까지를 고려하지 못했지만 아이들의 요구도 일리가 있다고 사료되어 즉흥적으로 "그날 하루를 엄마, 아빠가 같이 놀아주겠다. 그리고 한 방에서 같이 자 주겠다."라고 했는데 의외에도 아이들이 흔쾌히 동의를 하는 것이 아닌가? 나는 속으로 쾌재를 부르면서 일주일에 하루를 TV시청을 하지 않는 날로 정하게 되었다.

그리고 그날 하루는 퇴근 후에 아이들과 같이 놀아주어야 하는데 처음 얼마동안은 나도 아이들도 즐겁고 신나는 날들이었다. 그런데 그것이 어른인 나에게는 상당한 고역이었다. 처음에는 아이들이 좋아하는 공기놀이도 하고, 바둑이나 장기도 두고 하였는데 이게 한계가 있었다. 우선 어른인 내게 퇴근 후에 하루 종일 같이 해야 하는 것이 자상하거나 정감을 가진 가정적인 아빠도 아닌 내게는 고역이었고, 그리고 놀이에는 승패가 있는 것에 대해 감정이 교차하는 경우가 잦았다. 말하자면 장기나 바둑을 두면서 지면 투덜거리고 이기면 좋아하는데 계속 져 주기도 그렇고, 연속해서 이겨버릴 수는 더더구나 없는 일이고, 아무튼 간단한 문제가 아니었으며, 지속적으로 그런 놀이를 하는 것은 한계가 있다는 것을 느끼게 되었다.

이런저런 여러 가지 고민을 하다가 문득 떠오르는 것은 천자문을 재미있게 하면 좋겠다는 생각을 하기에 이르렀다. 아이들에게 천자문 책을 사주고 옛날 서당에서 읽었던 운율을 살려서 재미있게 읽어주면서 일주일에 책 한 페이지에 있는 12자씩을 읽고 쓰면서 익히도록 하였다. 다행스럽게도 아이들은 잘 따라 주었는데 그것이 우리 집의 가정의 날이 되었었다.

그런데 이 아이들이 자라서 학교에 들어갔을 때 가르쳐주지도 않은 한글을 어느 날인가 모르게 다 익히는 기이한 경험을 하기도 하고, 아이들이 정서적으로 사회를 참 적응을 잘 한다는 느낌을 받으면서 대여섯 살 때 했던 그런 조치들이 아이들의 정서에 영향을 미친 것이 아닌가 하는 마음이 들어 보통 뿌듯한 것이 아니었다.

필자는 또 아이들이 어렸을 때부터 사회성과 대중성을 알 수 있도록 무척 많이 강조했었던 것으로 기억된다.

말하자면 사람들이 많은 곳에서 소란을 피운다거나 휴지나 쓰레기를 아무 곳에나 버린다거나 하는 것을 용납하지 않고, 반드시 쓰레기통을 찾아서 넣도록 하였으며, 여러 사람이 모인 공공장소에서는 함부로 떠들지 못하게 하는 등 반듯하게 자라도록 교육을 했는데 그렇게 자라는 아이들을 보면서 주변의 나와 인연을 가진 분들은 다양한 반응을 하는 것이었다.

대개는 참 교육이 잘 되었다고 칭찬을 하였지만 어떤 분은 그렇게 엄한 기준으로 교육을 시키면 나중에 성인이 되면 사회에 적응하기가 어려워질 것이라면서 우려를 나타내는 경우도 있었다. 나는 그 분께 그런 의견에 동의 할 수 없다면서 응용하는 것은 그 때 그 때 상황에 따라 적응할 그들의 몫이지 부모들이 그런 융통성부터 알려주는 것은 아니라고 생각한다. 어렸을 때는 원칙에 준해서 바르게 가르치고 지도해야 하는 것이 맞는 것이라고 강변을 했던 기억이 지금도 생생하다.

이런 모든 과정에서 할 수 있는 최선의 가정교육은 대화이다. 대화는 일방적으로 되는 것이 아니기 때문에 자식의 입장에서 이해해 주는 것이 관건이며 자주 마주보고 만나주는 것이 중요하다.

그러나 대개의 부모들은 자녀들에게 잔소리로 일관하며 그것을 자식 잘 되라고 하는 교육으로 여긴다. 그리고 자녀의 기를 죽이면 안 된다는 잘 못된 자기 위주의 생각으로 모든 것을 아이가 요구하는 대로 응하는 것이 부모 역할을 아주 잘 하고 있는 것으로 착각한다. 그리하여 그 아이의 자제력을 제한하고 인내심을 고갈시킨다. 때문에 아이는 기가 너무 쌔게 됨으로써 그 부모까지도 이겨버리는 것이다. 그런데 그 부모만 이기고 말면 그나마 큰 문제가 안 될지도 모를 일이지만 도덕성이 없고, 공공성이 없으므로 이 드넓은 세상을 다 이겨버리고 말려고 달려들게 되는데 크나큰 문제가 있는 것이다.

그 아이는 살아가면서 자기 의도에 맞지 않거나 자기주장이나 자기 욕심에 차지 않으면 참지를 못하는 자기중심적인 사람이 되기 때문에 사회에 적응을 하지 못하는 이단자가 되고 마는 것인데 그것이 문제아요 범법자가 되는 것 아니겠는가? 이를 누가 만들었는가? 사소하게 생각하고, 별로 중요하게 생각하지 못하고, 오직 아이의 기만 살려주고자 했던 그 부모에 의해 이렇게 엄청난 결과를 초래하게 되는 이치를 과연 부모가 얼마나 알고 교육하는가?

● 아주 오래 전에 주한 이스라엘 대사를 지냈던 아셀 나임 씨의 가정교육에 대해서 인터뷰를 통해 들은 바가 있는데 요약해서 소개해 본다.
지구촌 시대에 살아남기 위해서는 IQ만으로는 불충분하며 감성지수(EQ)가 중요해지고 있다. 말하자면 성공의 열쇠는 똑똑한 머리보다 균형

잡힌 감정이나 열정, 인성 등에서 나온다. 대다수의 젊은 부모들은 양육에 대한 사전 지식이나 준비 없이 얼떨결에 부모가 돼버린다. 학교는 인생에 필요한 교육은 하지 않고 그저 정보나 지식을 전수 할 뿐이다.

어린이의 호기심은 타고난 재능이며 배우려는 지적 욕구의 원천이다. 어린이가 무엇인가 하고자하는 욕구는 귀중한 자산인 것이다. 아이들이 도움을 청할 때 시간 없다고 거절하면 안 되며 "오늘은 시간이 안 되는데 토요일쯤에 시간을 내서 도와주마." 라고 말하면 그들에게 방향감각을 제공해주고, 부모에 대한 좋은 느낌을 갖게 하며 동기를 지속시켜주는 효과가 있다.

또한 아이의 노력을 인정해주는 것이 중요하다. 어떤 일을 했을 때 "참 잘했구나." 하며 등을 가만히 두드려 주는 것이 아이를 잘 하도록 하는 동기가 부여되는 것이다. 어린이는 우리가 그들에게 말하는 내용에서 배우는 것이 아니라 그들 스스로 직접 집에서 보고 듣는 것으로부터 배우게 된다. 부모는 정직함이나 법을 준수하는 모습을 반드시 손수 보여 주어야 한다. 고 강조하면서 부모가 되는 사람들이 어떤 자격증이나 면허증 없이 부모가 되는데 문제가 있다고 지적했다.

독자들께서도 다 잘 알듯이 맥아더 원수는 아들을 위해서 늘 아래와 같이 기도했다고 하지 않는가?

● 맥아더 원수의 〈아들을 위한 기도〉

주여 내게 이런 아들을 주옵소서.
약할 때에 자기를 돌아 볼 줄 아는 여유와
두려울 때 자신을 잃지 않는 용기를 가지고
정직한 패배에 부끄러워하지 않으며
승리 했을 때 겸손하고 온유한 아이가 되게 해 주옵소서.

생각할 때에 고집하지 말게 하시고
주를 알고 자신을 아는 것이 지식의 기초임을
아는 아들을 저에게 허락하시옵소서.
원 하옵나니 그를 평안하고 안이한 자로 인도하지 마시고
고난과 도전에 직면하도록 하소서.
그리하여 폭풍우 속에서도 용감히 싸울 줄 알고
패자를 관용할 줄 알도록 가르쳐 주옵소서.

그 마음이 깨끗하고
그 목표가 높은 아들이 남을 정복하려고 하기 전에
먼저 자신을 다스릴 줄 아는 아들이
장래를 바라봄과 동시에
지난날을 잊지 않는 아들이 되게 하여 주소서.

이런 것들을 허락하신 다음에
이에 부가하여 원 하옵나니 유머를 알게 하시고
생을 엄숙하게 살아감과 동시에
생을 즐길 줄 알게 하옵소서.

자기 자신에 지나치게 집착하지 말게 하시고
겸허한 마음을 갖도록 하시어
참된 위대성은 소박함에 있음을 알게 하시고

참된 지혜는 열린 마음에 있으며
참된 힘은 온유함에 있음을 명심하게 하옵소서.

그리하여 나 아버지는 어느 날 내 인생을 헛되이 살지 않았노라고
감히 고백할 수 있도록 도와주시옵소서.

 부모를 일컬어 아이의 거울이라고 한다. 아이들은 부모의 말이나 행동
을 그대로 따라 배우면서 성장해가는 것이다. 학교에서 배워 온 공부도
그렇고, 집에서 시키는 잔심부름에서도 그렇고, 어떤 일을 잘 못했을 때
"그렇게 밖에 못하냐?" 라거나 "너는 뭐 하는 꼴이 맨 날 그 모양이냐?"
라고 부정적으로 힐책을 하면 아이 스스로도 잘 못한 것에 대해 화가 나
고 분통을 터뜨리고 있는 마당인데 거기에 대고 부채질을 하는 꼴이 되
어버리니 아이는 내면에서 엄청난 반항심을 키우게 된다. "그래 나 그
밖에 못한다." 그러면서 더 잘 하려는 마음을 갖게 되는 게 아니라 더
실망시켜주고 싶은 반항과 자학을 느끼게 되는 것이다.
 그러나 이와 반대로 뭔가를 잘 못했을 때 "야! 참 잘했구나. 그런데 이
보다 더 잘하는 방법은 없었을까?" 라고 먼저 칭찬부터 해주고 격려해
주는 말을 해 준다면 그 아이는 잘 못했다는 것을 알고 있는데 잘 했다
고 하니 얼마나 죄송하고 미안하겠는가? 때문에 아이는 반성을 하고, 더
잘해야 되겠다는 다짐을 마음속으로 하게 되는 것이다. 부모는 잘 하면
좋겠다는 교육적인 의도를 가지고 한 말이지만 어떻게 말하느냐에 따라
이렇게 엄청난 차이를 나타내게 되는 것이다.
 "칭찬은 고래도 춤추게 한다."고 한다. 하물며 사람인데 야단을 치거나
회초리만 가지고는 발전하거나 성장하지 않는다. 오로지 칭찬과 격려 속
에서 아이는 긍정적인 발전을 하는 것이다.
 합당한 꾸중은 사랑에서 나오지만 훈계나 체벌은 분노에서 나온다고 한
다.
그런데 우리의 부모들은 어떻게 하는가? 대개는 야단치고 혼내고 큰소리
부터 치고 보지는 않았는가?

이토록 한 자녀를 올바로 키운다는 것은 부모가 거의 완벽한 교육학자가 되어도 쉽지만은 않다는 것을 알 수 있다. 사람은 자동으로 자라는 것이 아니라 복잡하고 다양하며 종합적으로 교육을 해도 부모가 기대하고, 사회가 요구하고, 국가나 인류가 필요로 하는 그런 사람이 되기는 어려운 것이다. 하물며 교육의 필요성이나 방법도 이해하지 못하는 부모에게서 자란 사람에게서 완전한 인간, 사람다운 사람으로 성장하기를 기대하는 것은 죽은 나무에서 꽃이 피기를 기대하는 어리석음이 아니겠는가? 오죽하면 아이는 뼈를 깎는 고통으로 키우는 결과라고 하겠는가?

3. 학교교육

이렇게 가정에서 일차적으로 교육된 어린이는 일정한 나이가 되면 제도권의 정규교육을 받게 된다. 말하자면 유치원부터 초등학교, 중학교, 고등학교, 대학교의 일련의 과정을 거치면서 기본적인 인간으로서, 사회의 한 구성원으로서의 필요한 부분을 하나하나씩 익혀가는 교육을 받게 되는 것이다.

학교교육은 인생의 종합교육장이라는 사명을 알아야 하는데 교육에 임하는 선생님들은 그 사명을 알고 교육하는 사람이 얼마나 있는가?

이따금 감동을 주고 심금을 울리는 참 교육자가 없는 것은 아니지만 모든 선생님들에게서 방정환 선생님 같은 그런 훌륭한 역사적인 교육자이기를 요구하거나 기대하기는 어려운 상황인 것이다.

그런가 하면 교육과목이나 내용자체도 살아가면서 구직이나 어떤 자격 취득을 위한 과정을 통과하기 위한 지식습득에 비중이 클 뿐 인생, 인간으로서의 가치랄지 사회나 국가, 세계 인류의 구성원으로서의 기능이나 역할, 임무에 초점이 맞추어진 교육은 많지 않은 것 같다.

유대인들의 지혜의 교과서라고 하는 탈무드의 학교에 대한 개념을 대표적으로 표현하는 대목이 있는데 소개하고자 한다.

어느 학생이 탈무드 신학교에 들어가기 위해 시험을 치렀는데 면접시험 단계에서 면접관이 물었다.

"그대는 왜 이 학교에 들어오려고 하는가?" 라는 질문을 했다. 학생은 "이 학교에서 공부하기 위해서 지원했다."라고 대답했는데 면접관은 "공부하기 위해서라면 도서관으로 가는 것이 좋을 것이다. 학교는 공부하는 곳이 아니다. 학교라는 곳은 훌륭한 사람 앞에 앉는 것이다. 그들로부터 살아 있는 본보기를 배우는 것이다. 학생은 위대한 랍비나 선생을 지켜봄으로서 배워가는 것이다."라고 하더라는 것이다.

과연 오늘날 우리 학교의 선생님들이 또는 교육을 담당하는 장관이랄지 일선 교육관계자들이 이런 개념이나 사명을 알거나 가지고 있는 사람들이 몇 명이나 있을까? 우려스러운 부분이다.

한문에는 지혜와 인성이 들어있다고 한다. 그런데 한글은 오직 지식만을 주입시키는 것이란다. 세상은 지식으로 살아지는 것이 아니다. 인성이 근본이 되어야 하고 지혜가 깊어야 사람다운 사람으로 살아갈 수 있고, 인정받을 수 있고, 다른 인간에게 영양소가 되는 긍정적인 기능을 할 수 있을 것이다.

이토록 복잡하고 어려운 것이 교육일 진데 요즘의 교육현장은 어떠한가? 심지어는 전교조라나 뭐라나 하는 그런 교육자들도 있다. 선생님이 어떻게 노동자인가? 그들이 처음부터 나쁘거나 불량한 의도를 가지고 출범하지는 않았을 것이다. 처음에는 순수하고 참신한 주장을 하며 교육계의 부정이나 청탁을 뿌리 뽑고, 올바른 교육을 시행하고자 하는 충정에서 출발 했을 것이다. 그런데 처음 출발할 때의 초심은 흐트러지고, 정치적인 문제가 있는 곳이나 사회적으로 문제가 야기되는 곳에는 언제나 개입하는 모습을 보면서 정치적인 교육자로 전락한 교육자도 있는 것으로 의심되기도 하고, 일부 몰지각한 교사들이 교육의 본질을 오도하여 어떤 사상이나 이념을 주입하려는 의도를 가진 교사도 있는 실정이니 참으로 답답하고 한심한 상황이 아닐 수 없는 것 아니겠는가?

 이런 전교조 출신 교육감이라는 사람들은 인권이라는 미명하에 학생 인권조례를 만들어 선생님들이 학생들에게 체벌을 일체 가할 수 없는 법을 만들기도 하였다. 좋다. 학생도 인간이니까 인간으로서의 권리를 갖도록 하는 것은 좋다고 치자. 그런데 학생에게는 필요로 하는 어떤 사명이랄까 책임, 의무들이 있는 것이다. 인간은 누구나 자유를 누릴 권리가 있다. 단지 그 자유라는 것이 기본적으로 헌법에 저촉이 되면 안 되는 것은 당연한 것이고, 공공의 이익이나 공공의 질서에 어긋나면 안 되는 것이다. 즉 최소한의 책임이나 의무의 범주를 벗어나서도 안 되는 것이며, 위반해서도 안 되는 것이다. 그 뿐 아니라 도덕의 한계에서도 벗어날 수 없는 것이 자유일 것이다. 속담에 "오뉴월에 이웃이 없다면 옷을 못 벗겠느냐?"라는 말이 있다. 아무리 덥더라도 이웃의 눈치가 있기 때문에 자기 편할 대로 벗고 살수는 없다는 의미일 것이다. 이토록 자유스러울 수만 없는 것이 사람이기 때문인 것이다.

 그런데 학생의 책임이나 사명은 오간데 없고, 오로지 방종에 가까운 자유만을 부각시킴으로써 순진한 학생은 보호받지 못하고, 조금 벗어난 학생은 맘대로 학교가 되어 선생님까지도 학생의 노리개 깜으로까지 전락하는 우스운 모습들을 이따금 뉴스에서 접하곤 하는 것이 오늘 날 교육 현장의 모습이다.

 모든 것에는 때가 있다는 것은 다 아는 사실이다. 학생이 학창시절에 배움에 전력하지 않는다면 언제 제대로 한 번 배워 볼 기회가 주어지겠는가?

이 토양을 만들어 주는 것이 교육자의 몫이 아니겠는가? 그런데 일부 교육자의 본분에서 일탈한 교사들은 이런 사명을 알고 있는 것일까?

필자는 어떤 기회에 "간디의 교육철학"이라는 책을 한 번 본 적이 있는데 내용을 간추려서 소개하고자 한다.

간디, 나의 교육철학   저자: 마하트마 간디, 역자: 고 병헌, 출판: 문예출판

○ 교육의 목적은 인격을 형성하는 것이다. 건전한 인격 형성에 도움이 되고 자기계발을 증진시키는 교육이 참교육이다. 부자가 되고 높은 지위에 오르며, 편안하고 안락한 생활을 하는 것과 같은 것들은 교육이 교육답게 되는 것, 참교육을 가로막기 때문에 결코 교육의 목적이 되어서는 안 된다. 그런데 사람들이 아무 생각이 없어서 교육의 가치를 돈이나 많이 벌 수 있는 사람, 또는 높은 지위에 오를 수 있는 사람이 되는 것으로 두는 바람에 학생들의 인격을 향상시키려는 고민을 하지 않는데 문제가 있다.

○ 지성인을 기르는 참교육은 적절한 운동과 손, 발, 귀, 코, 입 등 신체기관을 잘 활용할 수 있게 하는 교육을 통해서만 가능하다. 는 신념을 갖고 있다.

○ 몸과 마음의 발달 그리고 영혼의 깨우침이 함께 일어나지 않는 지식교육은 이미 한 쪽으로 기울어진 것이다. 몸과 마음, 영혼을 골고루 발전시키는 것이야말로 어린이나 어른 모두에게 최선의 교육이다.

○ 글을 배운다는 것은 단순한 도구에 불과한 것이다. 환자를 치료했던 바로 그 도구가 사람을 죽게 할 수도 있는 것처럼 글을 안다는 것이 우

리에게 도움이 될 수도 있으나 해가 될 수도 있다는 말이다. 그런데 우리가 사는 세상을 보면 사람들이 지식을 선용하는 경우보다는 악용하는 경우가 훨씬 많은 것 같다. 그러니까 지식이라는 것이 현실적으로 우리에게 이로움 보다는 해로움을 더 많이 준다는 사실이 우리의 삶을 통해서 증명되고 있는 셈이다. 그럼에도 사람들은 여전히 교육을 글자 익히기 정도로 생각하면서 이구동성으로 어린이에게 읽기, 쓰기, 셈하기 등을 가르치는 것이 매우 중요하다고 말한다. 그렇다면 한 번 생각해보자. 배운 것이 없어서 세상 돌아가는 것에 대해서는 그저 상식적으로 밖에 이해하지 못하지만 성실하게 농사를 지으면서 생계를 이어가는 사람, 부모를 어떻게 모셔야 하는지, 가족을 어떻게 대해야 하는지, 아이들을 어떻게 키워야 하는지, 이웃들과 어떻게 지내야 하는지를 잘 알고 있는 농부의 경우는 어떠한가?

○ 교육은 그 목적을 제대로 준수할 때 비로소 우리에게 이로운 것이 될 수 있습니다. 우리가 우리의 감각을 조절할 수 있고, 우리의 도덕과 윤리를 굳건한 기반위에 세울 수 있을 때 교육은 비로소 자기자리를 찾을 수 있게 됩니다. 이런 교육이라면 교육은 우리를 아름답게 꾸며주는 훌륭한 장식이 될 것입니다.

○ 오늘 날 교육열은 매우 뜨거워 졌음에도 불구하고 정작 교육이란 무엇인가에 대해서 깊이 생각하는 사람은 별로 없다는 데 문제가 있다.

○ 우리 선조는 올바른 인격과 품성을 기르는 것을 가장 중요하게 생각하였고, 이것이 초등교육의 가장 핵심적인 목적이었다. 그런데 오늘날은 정작 교육이란 무엇인가에 대해서 깊이 생각하는 사람이 별로 없다는데 심각한 문제가 있다.

○ 학교와 가정이 서로 조화를 이루지 못하면 학생은 양쪽 모두로부터 지속적인 고통을 받을 수밖에 없을 것이다.

○ 어떤 사람이 최고의 성전의 내용을 아무리 자세하게 꿰고 있더라도 자기 자신에 대해서는 잘 알지 못하거나 모든 속박에서 자신을 해방시킬 힘이 없다면 아무런 소용이 없으며 "자신을 아는 것이야말로 모든 것을 아는 것이다" 그런데 자신을 아는 것은 사실 문자 교육을 받지 않아도 가능하다. 예언자 모하메드는 소위 문맹이었고,
 예수 또한 학교에 다닌 적이 없다. 그렇다고 해서 이들이 자기 자신에 대한 깨달음을 얻었다는 사실을 부인할 사람은 아무도 없을 것이다. 예수와 모하메드는 어떠한 시험에도 합격한 적이 없지만 그들은 최고의 존경과 경배를 받는다. 그들에게서 학식 높은 사람에게서 나타나는 어떤 특징들을 발견할 수 있으며, 그들은 위대한 영적 성취를 이룬 자, 즉 성인의 경지에 이른 것이다.

○ 훌륭한 인격의 소유자는 진리와 비폭력, 무소유, 그리고 도둑질 않는 것과 두려움 없는 것 등 여러 맹세들을 실천하려고 노력하는 사람이다.

○ 훌륭한 인격의 소유자는 진리 이외의 모든 삶을 포기할 각오가 되어 있는 사람이다.

○ 훌륭한 인격의 소유자는 죽을 준비는 되어 있어도 남을 죽이지는 않으며, 자신은 고통을 기꺼이 감수하면서도 남에게 그 고통을 지우려 하지는 않는다.

○ 훌륭한 인격의 소유자는 뇌물을 절대로 받지 않으며 자기 자신 뿐만 아니라 남의 시간도 가볍게 여기지 않고 정당한 이유 없이 돈을 축재하지도 않는다.

○ 훌륭한 인격의 소유자는 편안함과 안락함을 추구하지 않고 일시적인 기분을 만족시키기 위해서 쓸데없는 것들을 사용하지 않으며 검소한 삶을 만족스럽게 살아간다.

○ 훌륭한 인격의 소유자는 소멸될 수밖에 없는 육체가 결코 나일 수 없으며, 나는 그 누구도 죽일 수 없는 불멸의 영혼이다. 라는 확고한 신념으로 모든 두려움에서 벗어나고 황제에게 조차도 굽실거리지 않으며 오직 자신의 의무를 의연하게 수행한다.

○ 교육을 받아야 하는 이유에 대해 전혀 생각해 보지 않고 학교에 다니는 학생은 먼저 그 목적을 이해해야 한다. 목적을 이해한 학생이라면 앞으로 학교를 인격형성의 장으로 삼겠다는 결심을 할 수도 있을 것이다.

○ 교육의 목적이 인격형성이요, 자아발전인데 진짜 문제는 이 목적을 모른다는데 있다. 땅값을 메기듯이 주식시장에서 주가를 결정하듯이 교육의 가치를 평가한다는 사실이다. 그러면 여자들은 돈벌이를 하지 않아도 되는 나라들도 많은데 그런 나라의 여자들은 교육을 받을 필요가 없다고 말할 참인가?
○ 나의 교육관

- 어린이는 여덟 살까지는 남녀가 함께 교육 받아야 한다.
- 어린이 교육은 교사의 지도하에 주로 공작과목 혹은 손으로 하는 작업

에 초점을 맞추어야 한다.

- 어린이의 진로를 결정할 때에는 어린이 고유의 적성을 반드시 고려해야 한다.

- 교육의 모든 단계마다 왜 이러한 교육과정이 필요한지 이유를 분명하게 알려주어야 한다.

- 어린이가 사물에 대해서 이해하기 시작하면 먼저 사물에 대한 일반적인 지식을 가르치고 읽기, 쓰기는 나중에 가르쳐야 한다.

- 어린이는 먼저 기하학적인 모형을 그리는 것을 배워야 하며 글자 쓰는 법은 그 다음이라야 한다. 기하학적 모형 그리기로 기초를 다져놓은 후에 글자 쓰기를 배우면 쉽게 글자를 잘 쓸 수 있다.

- 쓰기보다는 읽기를 먼저 가르쳐야 한다. 글자는 이전에 본 그림을 회상할 때처럼 그 모양을 머릿속에 담아 놓았다가 나중에 머릿속에 있는 글자모양을 그대로 그려내는 방식으로 배워야 한다.

- 이런 식으로 배운 어린이는 여덟 살 정도 되면 자신의 능력에 따라 상당한 정도의 지식을 갖게 될 것이다.

- 어린이는 절대로 강제로 가르치려 해서는 안 되며 배우는 모든 것에 어린이가 흥미를 느낄 수 있어야 한다.

- 교육은 어린이에게 마치 놀이와 같은 것이어야 한다. 놀이는 교육의 본질적인 것이다.

- 아홉 살에서 열여섯 살까지는 어린이 교육의 두 번째 단계이다. 이 기간 동안에는 세계사와 지리학, 식물학, 천문학, 산술, 기하학, 대수학 등에 관한 일반지식을 익혀야 한다.

- 두 번째 단계에서는 어린이라도 학비를 스스로 벌 수 있도록 하는 것이 좋다. 즉 공부하면서 생산 활동에도 참여하는 것이 좋다.

- 열여섯 살에서 스물다섯 살까지는 세 번째 단계이다. 이 기간 동안 모든 젊은이는 자기의 희망과 환경에 따라 교육 받아야 한다.

- 교사에게 너무 높은 임금을 지불해서는 안 되며 생계를 이어갈 정도면 충분하다. 교사는 모름지기 봉사정신으로 충만하지 않으면 안 된다. 그리고 그 근본도 잘 알지 못하면서 단지 영어를 좀 할 줄 안다고 해서 아무 외국인이나 초등학교 교사로 세우는 것은 참으로 비열하기 짝이 없는 것이다. 모든 교사는 자고로 인격이 우선이어야 한다.

○ 교육이란 모든 사람의 육체와 정신, 영혼 속에서 최고의 것을 이끌어내는 노력이라고 생각한다. 읽고 쓰는 것은 교육의 시작도 끝도 아니며 그저 교육방법 중의 하나일 뿐이다. 읽고 쓰는 그 자체만으로는 교육이라고 말 할 수 없다.

○ 초등교육은 최소 1년 동안은 책이 없이 진행되어야 한다고 생각한다. 초등교육의 시작은 이야기 방식으로 진행되어야 한다. 글자를 외워야 한다는 부담을 주지 않아야 그들의 눈은 봐야 할 것을 보는데 사용하고, 그들의 사고력은 방해받지 안 하고 성장할 것이다. 책을 사용하고 글자를 암기하도록 강요한다면 한참 발달할 시기에 다양한 능력의 개발이 정체되고 지적 발전도 가로막히게 된다.

○ 어린이는 태어나자마자 배우기 시작하는데 그러한 배움은 대체로 눈과 귀 그리고 여러 감각기관을 통해서 이루어진다. 어린이는 부모의 말투를 따라 하게 된다. 부모가 품위 있고 인격적인 말투를 사용하면 그 어린이도 그렇게 할 것이다. 이처럼 가정에서 보고 배우는 것이야말로 정말로 실질적인 교육이다.

○ 학교는 가능한 한 가정과 같은 분위기라야 한다. 교사는 부모 같아야 하며 교육 내용은 교양 있는 가정에서 배울 수 있는 것과 같은 것이어야

한다.

○ 제대로 된 윤리학이라면 그 자체로 훌륭한 경제학일 수 있는 것처럼 참다운 경제학은 결코 최고의 윤리적 기준에서 어긋나지 않는 것이다. 부의 신을 숭배하고 강자로 하여금 약자를 희생하여 부를 축적하게 하는 경제학이라면 그런 것은 참으로 무시무시한 거짓 학문이며 결국 죽음만을 초래할 것이다. 사회정의를 추구하고, 그 사회에서 가장 보잘 것 없는 사람들을 포함하여 모든 이에게 평등하게 이로울 수 있는 경제학이야말로 참다운 것이라고 할 수 있으며 이러한 경제학이어야 비로소 품위 있는 삶을 영위하는데 필수 불가결한 요소로 기능할 수 있을 것이다.

○ 어린이의 정신적 발달은 읽기나 쓰기 이전에도 가능하며 오히려 읽기, 쓰기가 어린이의 자연스런 발달을 어느 정도 방해할 수 있다는 사실이 경험적으로 증명되고 있다.

○ 이야기 방식으로 가르쳐 보라. 학생들이 매우 빠르게 발전하는 것을 보게 될 것이다. 어린 시절부터 교과서의 노예가 되게 해서는 안 된다.

○ 교과서는 오직 교사들을 위해서만 쓰도록 하고 학생들에게는 사용할 수 없도록 하고 싶다. 학생들에게 글자나 단어에 대해서 가르치기 전에 데생하는 것을 가르쳐서 맵시 있고 균형 잡힌 도형이나 그림을 그릴 수 있게 해야 한다.

○ 읽기를 통해서만 지식을 얻을 수 있다는 환상을 버려야 한다. 책을 읽을 때 내용을 이해하려는 노력 없이 읽는 습관을 들인다면 문맹인보다 나을 게 뭐겠는가?

책에 의존해서 교육하는 것은 결코 좋은 교육방식이 아니다. 책이란 기본적으로 가르치는 사람을 위한 것이지 배우는 사람을 위한 것이 아니다.

○ 학생들에게 어머니 같은 존재로 설 수 없다면 그 사람은 결코 교사로서의 자격이 없는 것이며 학생들도 자신들이 진정 배우고 있다는 느낌을 가질 수 없다.

○ 학생들의 내면에서 최선의 것을 이끌어 내는 것이 진정한 교육이다. 진정한 교육은 머릿속에 억지로 채워 넣는 방식으로는 결코 가능하지 않다. 그런 식의 교육은 오히려 학생들의 독창성을 파괴하고 학생들을 단순한 기계 부속품으로 전락시키는 참으로 쓸모없는 것이 될 것이다.

○ 문자는 어린이가 그림을 먼저 인식하고 그 이름을 생각해내는 것과 같은 방식으로 가르쳐야 한다. 쓰기는 그리기의 일환으로 다루다가 어린이가 문자의 형태를 제대로 잘 인식할 수 있는 수준에 이른 후에 시작하면 된다.

○ 두서없이 읽어대는 책들을 통해서 지식을 얻게 하는 것은 참으로 그들을 정신적 성장을 위험에 빠뜨리는 범죄행위와 같은 것이다. 교육방법은 강의식이 아닌 이야기 식이어야 한다.

○ 문자를 모르고도 얼마든지 말을 할 수 있다. 따라서 눈과 귀 그리고 혀가 손보다 선행한다. 읽기가 쓰기에 선행하고, 그리기가 문자를 보고 베끼기에 선행해야 하는 것이다. 반드시 쓰기보다 읽기를 먼저 가르쳐야 한다.

○ 교육적으로 건전한 것이 경제적으로도 건전하다.

○ 어느 나라가 독립을 한다 하더라도 민족교육 없이는 독립도 오래 갈 수 없다는 사실을 반드시 기억해야 한다.

○ 모든 나라의 다양한 문화의 바람이 내 집에 불어오기를 바란다. 그러나 그 바람으로 인해 내 집의 뿌리가 뽑히는 것은 막아야 한다. 나의 집을 잃고 거지나 노예처럼 살고 싶지도 않고, 남의 집에 빌붙어 사는 것도 싫다. 나의 집에는 신의 창조물 중에서 가장 보잘 것 없는 것들이라 하더라도 머물 수 있는 공간은 있으나 인종, 종교, 혹은 피부색을 빌미로 한 오만과 차별, 자만은 절대 들어올 수 없다.

○ 자녀를 학교에 보내는 부모로서 해야 할 의무

 - 자기 자녀가 다니게 될 교육기관의 규칙에 대해서 충분히 잘 알아야 한다.
 - 어떤 문제든 자기 자녀의 습관이나 요구를 면밀히 관찰하여 판단해야 하며 일간 어떤 결정을 내리게 되면 그 결정을 끝까지 밀고 나가야 한다.
 - 입학을 한 후에는 어떠한 경우에도 도중에 학교를 그만 두게 해서는 안 된다.

○ 바람직한 교사의 자세

 - 교사가 되려는 사람은 교육만을 지고의 사명으로 알아야 한다. 보수

가 얼마나 되는가 하는 것은 그 다음 문제라는 자세를 갖는 것이 무엇보다 중요하다.

- 교사는 교육하는 것을 자신의 천직으로, 의무로 알아야 한다.
- 자신이 수행해야 할 계율을 실천하지도 않으면서 밥만 먹겠다고 한다면 그 교사는 도둑과 다름없는 것이다.
- 훌륭한 교사는 필요한 경우에 교재에 묶이지 않고 마치 유명한 화가가 살아 움직이는 그림을 그리듯이 생생하게 가르친다. 그림이 사진보다 낫듯이 아무리 좋은 교재라도 훌륭한 교재만은 못한 것이다.

이런 철학을 가진 교육의 심오한 의미를 교육자들이 다 잘 알고 있을까 하는 의구심을 갖으면서 이런 식으로 교육이 진행될 수 있다면 참으로 이상적이겠구나 하는 생각을 해보게 된다.

4. 사회교육

교육이란 단편적으로 "이것만이 전부요 최선이다." 라고 얘기할 수 없는 것이다. 아주 복합적이고 종합적이며 어려운 부분이라는 것쯤은 누구나 공감한다. 학교교육만이 전부도 아니고 완벽할 수도 없다.

요즈음은 노인대학도 있지 않은가? 물론 노인대학이라는 곳에서 어떤 학문적 연구나 접근을 하는 것이 아니라는 것은 다 안다. 다만 배움이란 죽을 때까지 배워도 다 배울 수 없다는 것을 확인하고자 하는 것이다.

가정교육과 학교교육으로 교육이 완성되거나 만족스러운 것이 아니라 이제는 사회교육으로 연결된다. 여기에서 사회교육이 뭐냐? 라는 의아심이 생길 수 있겠지만 교육에는 가르치는 것과 배우는 것 두 가지 방식으로 구분할 수 있다고 본다.

그런데 가르치는 것에는 피동적이고 타율적인 이미지를 갖고 있을 뿐 아니라 주입식인 인상을 지울 수가 없다. 그러나 배운다는 것은 능동적이고 자율적인 이미지가 느껴지며 주입식이 아니라 수용하는 느낌을 갖게 된다.

아무리 가르치려 해도 배우려 하지 않으면 무슨 의미가 있고 효과가 있겠는가? 때문에 교육이란 가르침을 받기 전에 배우려는 자세가 우선이다.

사회교육이란 누가 가르치는 것이 아니라 스스로 배우는 것이다.

인생에는 3대 스승이 있다고 했다.

그 하나는 맨 먼저 사람이다. 공자가 말하기를 다른 사람에게서 배우기를 게을리해서는 안 된다고 했다. 좋은 점을 본받으려는 자세, 나쁜 점을 해서는 안 되겠다는 교훈을 얻는 자세를 가져야 한다는 것이다.

만나는 모든 사람이 스승인 것이다. 사람에게는 누구에게나 태어나면서부터 갖고 있는 기능들이 있고, 살아가면서 키워나가는 기능들도 있다. 어떤 사람은 순기능을 하는 사람이다. 매사 긍정적이고 적극적이며 생산적이고 창조적이며 희망적이고 미래지향적으로 타인이나 주변에 플러스로 작용하며 영양소가 되는 그런 사람이 있는가 하면, 그 반대인 사람은 역기능을 하는 사람으로 부정적, 소극적이고 배타적, 염세적, 회의적이며 절망적이고 과거 집착 형으로서 마이너스로 작용하는 독소적인 그런 사람이 있다.

어떤 사람은 만나면 즐겁고 뭔가 배울 게 있고, 같이 도모하는 일은 늘 엔도르핀을 줌으로써 경제적, 정신적으로 이익이 되어 열 번을 봐도 자주 보고 싶은 사람이 있는가 하면,

어떤 사람은 만나면 불쾌하고 짜증나고 같이 도모하는 일은 언제나 안 좋은 결과를 초래함으로써 스트레스를 줄 뿐만 아니라 경제적, 정신적으로도 손해를 입히는 그런 사람으로 한 번만 봐도 다시는 보고 싶지 않은

그런 사람도 있다. 우리는 이런 사람을 일컬어 "일생에 도움이 안 되는 사람"이라는 표현을 쓰기도 한다.

인생은 어떤 사람을 만나고 사귀느냐에 따라 극과 극을 오가는 것인데 여기에서 모든 독자들은 전자인 긍정적인 사람을 만나면 좋겠다는 생각을 하는 것은 삼척동자도 다 느끼는 감정이다. 그런가 하면 어떤 독자는 내가 스스로 그런 사람이 되어야 하겠다는 생각을 하는 사람도 있지 않겠는가? 그것이 중요하다. 만약 그런 생각을 하는 사람이라면 그는 이미 이 사회에 상당부분 긍정적으로 기여를 하고 있는 것이다.

다음으로는 자연이 스승인 것이다.

자연은 인간에게 많은 것을 가르치고 있다.

"사람들이 자연을 극복한다." 는 표현을 쓰는 경우도 있는데 이는 잘못된 표현이라고 생각한다. 인간이 자연을 지배하거나 극복할 수는 없다. 인간의 두뇌를 활용하여 창조적이고 과학적으로 자연으로부터 보호될 수 있고 활용할 수 있도록 발명을 하고 발견을 하는 것은 있을 수 있겠지만 역행하거나 극복할 수는 없는 것이다. 어디까지나 인간은 자연에 겸손해야 하고 순응해야 하는 것이다. 자연의 섭리, 자연의 이치를 알려는 노력 따르려는 노력을 해야 한다.

"물은 낮은 곳으로 흐른다."

이것이 자연현상이다. 범인은 그냥 그러려니 하고 말 수도 있지만 이런 단순한 현상에서도 성직자분들은 낮은 데로 임해야 한다는 깨달음을 얻고, 겸손을 배우는 사람도 있는 것이 아니겠는가? 또 "물은 모든 것을 포용한다."

더러운 것은 감추거나 씻겨주기도 하는 것이다. 물은 모든 자연에 생명력을 불어넣는다. 식물이건 동물이건 물이 없으면 살아갈 수가 있겠는가? 그런가 하면 물은 화가 있는 곳을 진화시켜준다. 그 외에도 물은 어떤 그릇에나 담기는 융통성이 있고, 막히면 돌아갈 줄 아는 지혜가 있고, 바위도 뚫을 수 있는 인내와 끈기가 있고, 구정물이나 더러운 것도 받아주는 포용력도 있고, 흐르고 흘러서 바다를 이루는 단합과 화합과 대의가 있는 등 자연의 가르침을 세세히 다 논할 수는 없겠지만 이토록 심오한 자연의 가르침이 온 천지에 퍼져 있지만 오로지 발견하지 못하는 사람과 발견하고 깨우치는 사람의 구별이 있을 뿐이다.

마지막 3대 스승으로는 사물이 또한 스승이라고 한다.
사람에게는 느낌(feel)이라는 게 있다. 어떤 사물을 보고 무엇을 느끼느냐에 따라 그 사람의 정서에 정신세계에 미치는 영향은 상당할 것이다. 단지 느낌을 작동하고 살아가느냐? 아니면 아무런 느낌도 없이 그저 코 앞만 쳐다보면서 살아가느냐? 의 차이가 있을 수 있을 것이다. 느낌이란 다른 표현을 빌리자면 감정일 것이다. 감정이 있다면 사람이라 할 수 있지만 감정이 없다면 어찌 사람이라 할 수 있겠는가? 여기에서 감정이라는 용어에 대해 일반적으로 나쁜 악감정만을 떠 올리는 사람도 있겠지만 아주 좋은 순 감정, 그리고 그냥 사물의 있는 그대로를 받아들이는 일반적인 감정을 일컫는 말이다. 사람은 언제나 역동적으로 활력을 가지고 살아가야 한다. 느낌이 없고 감정이 없다면 살아 있다 하더라도 죽은 거나 다름이 없다고 보는 게 맞을 것이다. 이런 현상을 한문의 사자성어에서는 生不如死 라 한다. 살아 있으되 죽은 거나 마찬가지라는 뜻이다. 물론 이런 사자성어가 이런 상황을 연상한 것만은 아니겠지만 오죽하면 이런 용어들이 만들어 졌을까?

어떤 사물의 형태나 형상이 잘 못되었을 때 잘 못되었다는 느낌을 갖고 바꾸면 좋겠다는 생각을 하거나 더 나아가 바꿔야되겠다는 적극적인 생각을 하고 행동으로 옮길 수 있는 용기를 가진다면 얼마나 좋겠는가?

어떤 시인은 "성공이란 당신이 이 땅에 태어남으로써 당신이 태어나기 전보다 한 가지라도 또는 한 사람이라도 더 살기가 편해지거나 나아지게 하는 것"이라고 정의했다. 그렇다고 그것이 세상에 알려지고 대단한 가치를 가지고 높이 평가되고 꼭 그런 것만은 아닐 것이다. 아주 사소하고 아주 미미한 것이라도 나의 가족, 친척, 이웃, 친구 이외에도 내가 알고 있고, 나를 아는 어떤 사람이라도 나 때문에 즐거운 시간, 보람 있는 시간을 한 번이라도 가질 수 있었다면 이런 것이 성공적인 사람으로 평가되는 것이라야 하지 않겠는가?

필자는 지방자치단체에서 운영하는 도서관을 활용하는데 어느 날엔가는 화장실을 볼 일이 있어서 들렀는데 용변을 볼 경우에 책이라거나 휴대품을 올려놓을 수 있는 간단한 선반 하나가 없었다. 요즈음은 화장실도 하나의 문화로 표현되는 시대이기도 하고, 재래시장의 화장실도 행정관서나 대기업 건물 내의 화장실을 뺨칠 정도로 관리되고 있는 실정인데 자치단체의 시에서 운영하는 도서관의 화장실이 이건 아니다 하는 생각에 이르러 도서관장에게 건의를 해서 화장실마다 선반을 설치토록 한 바가 있었다. 그러나 그 어느 누구도 선반을 설치하는데 기여하는 사람이 있다는 것은 모르겠지만 사용은 편리하게 하지 않겠는가? 나는 그 선반을 사용하게 되는 경우가 있을 때마다 스스로 대견하고 만족스런 웃음을 짓곤 한다.

또 어느 날인가 오후에 가족과 함께 하천변을 따라 산책을 하려고 나섰는데 구청 앞 도로에 가로등이 켜져 있는 것을 보고 그냥 지나칠 수가 없어서 구청에 들러 담당공무원에게 소등할 것을 요구하여 소등을 한 연후에 운동을 계속한 경우가 있기도 하였다.
그 절전 비용이 얼마나 되는지는 모른다. 그러나 불필요하게 국민의 세금이 낭비되는 것을 방치할 필요는 없는 것이 아니겠는가? 그러면 그 대낮의 가로등에 불이 켜져 있는 것을 본 사람이 필자뿐이었겠는가?

모든 시민이 공공시설을 내 물건같이 생각하는 필(의식)을 갖고 있다면 훨씬 살기 좋고 편한 세상이 되지 않을까 하는 기대를 해 볼 수 있는 것이다.

이토록 사회교육은 사회 전체의 분위기나 환경이 인간에게 미치는 영향이 지대한 것이다. 옛날 대가족 제도 하에서는 할아버지의 가르침에 의해 아이들이 바르게 자랄 수 있었을 뿐 아니라 시골의 마을에는 마을마다 호랑이 할아버지가 있었다. 어떤 아이가 어른에게 인사를 하지 않든지 행동이 벗어나면 훈계를 하고 야단을 쳐서 함부로 행동할 수 없는 어떤 가훈처럼 지켜져야 하는 사회적인 룰이 있었고, 되바라지지 않도록 하는 보이지 않는 무서운 훈육관이 있었다.

그러나 작금의 사회 환경은 어떤가? 대가족 제도는 사라지고 핵가족화되어 자녀를 교육할 씨스템이 사라졌으며 호랑이 할아버지는 오래 전에 사라진 역사가 되고 말았다.

반면에 사회 곳곳에서 청소년들의 이탈이나 비행은 어느 곳에서나 상시 목격하게 되지만 이를 시정하고자 참견이라도 했다가는 어떤 봉변을 당할지 모르기 때문에 고도의 정의감이나 교육자적인 자세를 갖지 않은 사람들은 그냥 모른 척 하는 것이 상책이라고 생각하면서 그들의 비행을 눈감아버리고 못 본 척 지나쳐버리는 것이 오늘 날의 사회 분위기이다.

더 나아가 황금만능의 사조 속에서 어른들의 상술만 판치는 세상에서 길거리 광고문이랄지 전단지 등은 어린 학생이나 청소년들에게 좋은 영향을 할 수 있는 것은 아무것도 없고, 음란물들이 널 부려져 있는 거리에는 그들을 퇴폐적인 사고에 물들도록 유도하고 있는 것이다.

그 뿐인가 정보 통신의 무제한적인 발달로 인해 인터넷이라거나 스마트폰 등의 음란물들은 또 얼마나 많이 판을 치고 있는가? 말하자면 사회 전체가 오염으로 물들어 있는 환경에서 감수성이 예민한 자라나는 청소년들에게 독야청청하기를 기대하거나 요구한다는 것은 근본적으로 무리인 것이다.

사회 전반적으로 물리적인 부분, 제도적인 부분, 정서적인 부분, 법치적인 부분, 관행적인 부분 등등 이루 헤아릴 수 없을 만큼 복잡하고 얽혀 있는 상황이라고 생각한다.

제 9 장
말 한마디가 운명을 좌우한다.

논어에 보면 "더불어 말 할 수 있는 사람과 말을 나누지 않으면 사람을 잃게 되고 더불어 말을 나눌 수 없는 사람과 말을 나누면 말을 잃게 된다."는 말이 있다. 말은 인간만이 가진 의사소통 수단이다. 우리 몸 전체가 신체 내부기관을 제외하고는 뇌의 지시나 명령, 통제를 받아 움직이는 타율신경계통으로 되어 있기 때문에 모든 행동이 뇌의 지시를 받아 반응하는 것인데 말은 아주 중요한 감정의 표현이요, 정신이나 감정의 상태요, 수준인 것이다. 인간의 뇌세포는 230억 개 정도인데 그 중 98%가 말의 영향을 받는다고 한다. 뇌 속에 있는 언어 중추신경이 모든 신경계를 다스린다는 것이다. 그만큼 말의 중요성이 신체구조에서도 입증되는 것이라는 것을 알아야 한다.

사람들은 누구나 말을 잘 하면 좋겠다는 생각을 하면서 말을 잘 하려는 노력도 많이 한다. 말을 잘하게 해 준다는 교육기관도 많다. 스피치학원, 웅변학원 등.

말을 조리 있게 잘 하지 못하는 사람들은 말을 조리 있게 잘 하는 사람을 보면 무척 부러워하기도 한다.

그러면 과연 말을 잘 한다는 것이 무엇일까? 독자들도 나름대로 한 번씩 정의해보기를 바라마지 않는다.

● 말을 잘 한다는 것

그것은 정의 된바가 없을 것으로 사료된다. 필자 나름대로 말을 잘 한다는 것이 무엇일까 정의를 해 보자면

○ 어떤 상황이나 경우에 따라 삼단논리에 준해서 서론, 본론, 결론 식으로 잘 전개한다.

○ 육하원칙에 따라 체계적으로 전개한다.

○ 기승전결을 매끄럽게 잘 진행한다.

○ 표준말과 기풍 있는 단어를 사용하며 수준 높은 어휘를 선택한다.

○ 발음을 분명하게 하며 말의 의미에 따라 강약과 고저와 장단을 잘 적용한다.

○ 사람들과 말을 할 때는 사람의 숫자에 따라 또는 범위에 따라 그 사람들이 들릴 수 있을 만큼 목소리 크기를 잘 조절해야 한다.

○ 띄어 말하기를 잘 해야 한다. 띄어쓰기에 대해서는 배웠지만 띄어 말하기에 대해서는 들어 본 바가 없는 것 같기도 하다.

○ 표준어를 사용하며 지방색에 따른 억양이나 발음이 튀어나오지 않도록 한다.

위와 같이 말을 하면 언제 어디에서나 말을 잘 하는 것으로 들리지 않겠는가? 라고 정의를 해 본다.

그러나 말을 잘 하기 위해서 훈련하고 연습하는 것도 중요하고 많은 도움이 되겠지만 그보다 우선하고 중요한 것은 인격이 갖춰져야 말다운

말을 할 수 있고 상황에 맞는 말, 격에 맞는 말을 할 수 있을 것이다. 교양이 있는 사람, 지식이 풍부한 사람이 말을 잘 못하거나 함부로 하는 경우가 없음을 보면 공감이 갈 것이다.

　말을 그토록 대단하게 잘 하지는 못한다 할지라도 눈총을 받거나 책을 잡히지 않고 싶다면 대단한 교양이나 풍부한 지식을 쌓지 못하더라도 최소한 세 번만 생각하고 말을 하는(三思一言) 습관을 기른다면 어디에서 누구와 어떤 주제로 얘기를 하더라도 결코 뒤지지 않으리라 확신한다.
　세 번을 생각한다. 그렇게 하는 사람이 얼마나 있을까? 그리고 무엇을 생각해야 하는가? 첫째는 이 사람에게 또는 이 자리에서 이 말이 어울리는 말인가? 생각해야 할 것이다. 두 번째는 지금 이 순간에 이 말이 적당한 말인가? 세 번째는 같은 말이라도 이렇게 표현하는 것과 저렇게 표현하는 것 중 어떤 것이 더 나을까? 생각할 수 있다면 완벽하지 않겠는가? 생각 없이 말을 하는 경우에는 아래의 7가지 효율적으로 말하는 방법에 반할 것이며 그 후유증은 심대한 영향을 미칠 수 있다.

● 효율적으로 말 하는 7가지 방법이 있는데 알아보면

1) 필요한 내용만 용약해서 말한다.
2) 불필요한 이야기나 엉뚱한 이야기는 하지 않는다.
3) 짧게 설명하고 반응을 관찰한다.
4) 같은 내용을 반복해서 하지 않는다.
5) 반복할 때는 새로운 내용을 첨가한다.
6) 새로운 문제를 제기한다.
7) 막연한 내용은 삼가고 구체적으로 말한다.

그런데 위에 제시한 이런 모든 것은 말들은 대기업에 입사시험 과정이나 공무원 채용과정에서 면접을 보거나 또는 회사의 어떤 기획안을 발표한다거나 회의석상에서 브리핑을 할 때 필요로 하거나 중요한 분야라고 생각한다. 그러나 일상을 살아가면서 가족이나 친척, 친구 등 일반적인 인간관계에서는 회의도 아니고, 브리핑은 더더구나 아니다. 때문에 위와 같은 식으로 말을 잘 한다는 것은 의미가 없을 것이고, 그럴 필요도 없다. 그냥 일상적인 인간관계에서 위와 같이 말하고 살아간다면 얼마나 건조하고 정감 없이 삭막할까 하는 생각을 지울 수가 없다.

　말은 상대가 있는 언어이다. 때문에 말 자체보다 대화예절을 먼저 갖추는 것이 우선일 것이다. 따라서 바른 대화 예절부터 알고 넘어가는 것이 순서라고 생각한다.

● 바른 대화예절

1) 상대방의 이야기에 열심히 귀를 기울인다.
2) 상대방이 말하는 동안 가로채지 않는다.
3) 상대방의 말이 자신의 의견과 다르더라도 즉석에서 가로채서는 안 된다.
4) 처음 만나는 사람의 이름은 바로 외어서 사용한다.
5) 자신이 상대방보다 잘 났다는 태도를 보여서는 안 된다.
6) 자신의 의견이 잘 못되었을 경우 솔직하게 사과한다.

　낱말에는 수 없이 많은 단어들이 있지만 가장 강렬한 인상을 심어주는 10가지 단어가 있는데 늘 가슴에 새겨두면 좋을 것 같다는 생각이 들어 소개한다.

● 가장 강렬한 인상을 심어주는 10가지 단어

1) 가장 존경스런 말 : 어머니
2) 가장 아름다움 말 : 사랑
3) 가장 따뜻한 말 : 우정
4) 가장 평화스런 말 : 인정
5) 가장 큰 위안을 주는 말 : 믿음
6) 가장 쓰라린 말 : 고독
7) 가장 비극적인 말 : 죽음
8) 가자 슬픈 말 : 망각
9) 가장 잔인한 말 : 복수
10) 가장 차가움 말 : 아니야

● 어떻게 말하는 것이 잘하는 것인가?

말을 그토록 대단하게 잘 하지는 못한다 할지라도 눈총을 받거나 책을 잡히지 않고 싶다면 대단한 교양이나 풍부한 지식을 쌓지 못하더라도 상대를 배려하는 말, 상황에 어울리는 말을 할 줄 아는 것이 중요할 것이다. 생각 없이 말을 하는 그 후유증은 심대한 영향을 미칠 수 있다.

1. 말은 말 자체를 잘 하는 것보다 잘 말하는 것이 더 중요하다.

그러면 인간관계에서 말을 잘 한다는 것은 무엇일까?
그것은 어디까지나 잘 말하는 것이라고 생각한다. 말을 잘하는 것이나 잘 말하는 것이나 똑같은 말 아니냐 라고 의아하게 생각할는지 모르겠으나 필자는 말을 잘 하는 것과 잘 말하는 것은 엄격히 다르다고 생각한다. 말을 잘하는 것은 이해하기 쉽게 말하는 것이요, 잘 말하는 것은 듣기 좋게 말하는 것이다. 듣는 사람이 기분 좋게 말하는 것, 상대의 기분을 헤아리면서 배려하는 어휘를 선택하는 것이 잘 말하는 것이라고 생각한다.

 말을 잘 하는 것은 지식의 차이이고, 잘 말하는 것은 인격이나 인성, 지혜의 차이라고 구분지어도 큰 하자는 없을 것이다. 말은 우리의 생각과 마음을 표현하는 소리이기도 하지만 말에 의해 우리의 생각과 마음이 움직이기도 한다. 그러므로 우리는 말을 가려서 해야 한다. 서로 격려하며 용기를 주어 상대방이 잘되게 하는 말을 해야 한다. 말을 어떻게 하느냐 하는 것은 인생을 어떻게 살아 왔느냐 하는 문제와도 직결되는 것이라고 한다.

 감사하는 마음을 가진 말은 우리를 잘되게 한다. 규칙적인 감사를 많이 한 사람일수록 삶이 더욱 풍요로워진다. 일을 하면서도 늘 감사하는 사람은 더욱 생산적이고 창의적이며 바른 심성을 갖게 된다. 또한 감사할 줄 알고 긍정적이고 낙관적인 생각을 하는 사람일수록 더 오래 살고, 더 행복하게 살며, 더 친절하고, 사랑도 많으며 성공적인 삶을 산다. 감사는 주변 모두에게 기쁨과 만족을 주지만 불평과 원망은 이웃을 사납게 만들며 서로 미워하는 적대감정을 키우게 된다.

 칼 힐티의 행복론에 의하면 행복의 첫째 조건을 감사라고 한다.
그는 감사하라. 그러면 젊어진다.
감사하라. 그러면 발전이 있다.
감사하라. 그러면 기쁨이 있다고 할 정도로 감사를 강조하고 있다.

2. 칭찬, 격려가 최고의 언어이다.

오죽하면 "칭찬은 고래도 춤추게 한다."는 제목의 책이 있을 정도이겠는가? 칭찬을 잘 하는 것, 격려를 잘 하는 것, 똑같은 말이라도 억양을 부드럽게 하면 훨씬 듣기 좋다.

직장에서 상하 간에도 "일을 이렇게 밖에 못해" 하는 것보다 "일은 이렇게 하는 것보다 이렇게 하는 것이 좋은 것이야"라고 하면 듣는 사람의 기분이 어떻겠는가?

가정에서 부자지간에도 불편하고 기분 나쁜 일이 있을 경우에도 "야 이 놈의 자식아!" 하는 것보다 "아 이 녀석아!"하는 것이 훨씬 더 사랑스럽고 교육적인 것 같지 않겠는가?

또는 학교에서 사제 간에도 선생님께서 "이런 것도 몰라?"라고 하는 것보다 "네가 모르는 것도 있구나." 라고 한다면 지적하는 선생님의 인품이 고매해 보이는 것은 물론 지적을 당하는 학생의 입장에서도 자신감을 갖게 하고 더 잘하고자 하는 의욕을 충만하게 하지 않겠는가?

부부간에도 모든 대화를 할 때 상대를 배려하면서 잘 하려는 노력을 해 보면 부부화목에 절대적으로 기여를 할 수 있을 것이다.

예를 들어 보자면 식사가 조금 늦어지고 있을 때 "밥 아직 안줘"라고 짜증 섞인 목소리로 말하는 것보다 "아직 식사 준비가 안되었나 보네"라고 한다거나

와이셔츠가 준비되지 않았다 하더라도 "이런 것도 준비하지 않고 뭐 했어"라고 핀잔을 주는 식의 말보다 "많이 바빴나 보구먼."이라고 부드럽게 말하면 그 부인이 얼마나 미안해하고 고마워하겠는가?

청소를 하지 않아 집안이 약간 지저분할 때도 "무슨 집안이 이렇게 더러워"라고 감정을 넣어 톤을 높여서 말하는 것보다 청소자체를 직접 하

는 것은 몸으로 말하는 최선이지만 말로 지적을 하고 싶다면 "애들 때문에 청소할 겨를도 없었나 보구먼."이라고 한다면 남편이 얼마나 존경스럽고 미안한 마음이 들겠는가?

이런 상황들은 모든 관계에서 일어날 수 있고, 매일 매 시간 발생할 수 있는 상황들이지만 사람에 따라 반응하는 방법이랄까 형태는 천차만별로 다양할 것이다.

여기에는 그 사람의 인격이나 인품이 절대적으로 작용하게 될 텐데 필자는 이 인격이 지식의 정도요 지혜의 차이라고 생각한다.

그런 지식이라는 것을 소개해보자면 우주의 법칙이라는 것도 무식하면 받아들이기 어렵게 되는 것이다. 생각해보라.

"세상에 공짜는 없다"는 것이 우주의 법칙 제 1조라고 한다. 이 단순한 이치가 일상생활에서 얼마나 많이 부딪히게 되는지. 순간순간 알아지고 이해되겠는가?

늘 생각 속에 그런 이치를 이해하고 숙지하고 있어야 일상생활에서 받아들이기가 쉬워질 수 있는 것이 아니겠는가?

같은 맥락에서 "뿌린 대로 거둔다."라거나 동의어이지만 "콩 심은 데 콩 나고, 팥 심은데 팥 난다."는 말들은 그냥 속담의 성격만 있는 것이 아니라 우리의 생각이나 행동을 조신하게 해야 한다는 교훈을 주는 생활의 법칙들인 것이다.

또한 성경말씀에 있는 "내가 대접 받고자 하거든 남을 먼저 대접하라"는 황금율도 교인들만 지키라는 얘기가 아니라 모든 사람들이 세상을 살아가면서 지녀야 할 덕목인 것이다. 말하자면 "오는 말이 고와야 가는 말이 곱다"라는 속담이라거나 "오는 정 가는 정" 이라는 말들처럼 세상 모든 관계들은 보이지 않는 룰(법칙: 성문법이 아닌 불문율)에 의해 좌우되고, 지배되는 것이다.

이런 소소한 이치들을 잘 알고 실천하는 사람들이 지식인이요, 교양인이라고 강조하고 싶은 것이다.

인간관계를 고양하는데 필요한 지식들은 또 있다. 세상의 변화를 알아야 한다.

그 변화를 모르면 관계는 불편해지고 소원해질 수밖에 없다.

이해를 돕기 위해 설명해보자면 세상은 빛의 속도로 변하고 있다고 마이크로 소프트사 창립자인 빌 게이츠는 "생각의 속도"라는 자신의 저서에서 설파하고 있다. 역사나 세상은 과거와 현대가 공존하고 있다. 옛 것과 오늘 날의 것이 어우러져 있는 것이다. 여기에서 사람들은 변화에 대해 둔감할 수 있다는데 어려움이 있다고 본다.

예컨대 과거에는 어른들, 노인들이 대우 받고 존경받는 세상이 있었다. 말하자면 사회의 중심, 주인이 어른들, 노인들이었다. 어른이나 노인들의 말은 곧 법이었고, 어길 수 없는 지침이었다. 그러나 오늘 날은 그런 것이 없어져버렸다. 왜 그런가? 세상의 변화가 한 몫을 한 것이다.

과거 농경시대나 산업사회에서는 경험이 중요시 되었다. 경험은 시간이었고, 그것은 어른들, 노인들의 고유영역이었기 때문에 존경받아 왔던 것이다. 그러나 오늘 날은 그 경험이라는 것들이 인터넷이나 스마트폰만 두드리면 끝나는 세상에 살고 있기 때문에 경험의 의미가 사라진 것이다. 물론 그것만이 전부라고 말하는 것은 아니다.

그런가 하면 과거에는 어린이는 많았고, 어른들은 많지 않은 대가족이 사회의 주류를 이루었었다. 그런데 오늘 날, 어린이는 없다시피 적고 어른들, 노인들이 많은 초 고령화 사회로 접어들면서 노인들이 넘쳐나고 있는 실정인 것이다. 즉 핵가족화 되면서 어른의 가치, 노인의 가치가 떨어져 버린 것이다. 이런 요소들이 중심축을 바꿔놓고 있는바 어른이 공경 받지 못하는 사회가 되어 버린 것이다. 이런 현상을 어른들, 노인들이 인식하고 받아들여버리면 편할 수 있는데 받아들이지 못했을 때는 노소가 불편해 질 수밖에 없지 않겠는가?

또한 남과여의 관계에서도 과거에는 남자는 하늘이요 여자는 땅이라는 것을 남/여가 인정했었다. 남존여비의 사회였고, 여필종부 하던 시대였다. 왜 그랬는가? 농경사회와 산업사회에서는 힘이 강한 사람이 주인이었다. 힘이라는 것도 세밀하게 분류해보자면 다양한 힘들이 있겠지만 여기에서 말하는 힘이란 주로 완력을 말 할 것이다. 또는 경제력을 일컬음일 것이다.

남자를 한문으로 써 보면 男子 즉 열(十)사람(口)을 먹여 살릴 수 있는 능력(力)을 가진 사람이란다. 그래서 힘이 강한 남자에게 의지하며 살아가는 것이 여자들의 운명 같은 것이었다. 그러나 지금은 지식, 정보사회에 와 있는 상황 하에서 힘은 별로 중요하게 기능하지 못하고 두뇌와 감성이 오히려 중요한 요소가 되고 있는 시대에 완력과 달리 지식이나 감성은 남자가 여자보다 우위에 있을 수 있는 영역이 아닌 것이다. 남자들의 영역이라고 생각했던 부분들을 여자들이 점령(?)하는 시대에 와 있다. 타워크레인에도 여자가 올라가 있는가 하면 축구하면 남자들의 전유같이 생각하였지만 이제는 여자 축구단들도 예사로 볼 수 있지 않은가? 남녀평등을 주창하던 30-40년 전의 시대가 불과 엊그제 같은데 어느덧 명실상부한 여성상위시대에 와 있는 것이다.

이런 이치나 현상을 남자들이 알면 남과 여의 관계나 부부간의 관계가 원만할 수 있겠지만 과거처럼 고루하게 남자의 위치만 주창하게 되면 관계에 문제가 발생할 수박께 없는 것이다.

오늘날 황혼이혼이 급증하고 있는 것도 이런 현상의 일부라고 볼 수 있을 것이다.

인간관계는 참으로 오묘하고, 다양하고, 미묘한 것이라는 것을 독자들도 다 공감하리라 믿는다. 어떤 책에 의하면 사람은 관계를 벗어나서 존재할 수가 없는 사회적 존재라 했고, 이런 와중에서 사람과 사람의 만남은 인위적으로 될 수 없는 숙명이라 했고, 참다운 삶은 만남에서 유래된다고 하면서 만남을 은혜라고 표현했다.

혈연, 지연, 학연, 직장연 등을 떠나 일상생활 속에서 만나고 부딪히는 모든 인간관계들 속에서 내가 부드럽게 대하면 상대도 부드럽게 대하고, 내가 강하게 대하면 상대도 강하게 나오는 것을 수없이 경험하게 되지 않았던가?

일상생활 속에서 빈번하게 일어나는 상황으로 운전 간에 이루어지는 가벼운 접촉사고의 경우를 한 번 생각해보자.

우리 속담에 "뭐 싼 놈이 성질낸다."는 말이 있는데 잘 못해놓고도 오히려 "목소리 큰 놈이 임자" 라는 속담처럼 큰소리부터 치고 보는 사람이 있는데 이는 대개 무식한 사람의 소행이 분명하다. '빈 수레가 요란하다" 했던가? 이런 사소한 일상들에 대하는 태도에서 그 사람의 인격, 인품, 지식이 노출되는 것이다. 큰 소리부터 칠 일이 아닌데 큰 소리부터 치고 나오는 사람들을 상대할 때는 반드시 귓속말로 속삭여줘 보라 백이면 백 얼굴이 하얗게 질릴 것이다. 유능제강이라 했는가? 강하고 쎈 것을 부드러운 것으로 제압하는 것이다.

따라서 일상생활에서 모든 관계에 있어 잘 말하는 것은 한 옥타브 내리는 훈련이 필요하고, 한 템포 늦추는 훈련이 아주 중요한 요소인 것이다. 상대가 속사포를 쏘아댈 때 느긋하게 반응해보라 어찌 되겠는가? 상대가 고성으로 흥분하고 있을 때 차분하게 아주 교양인의 자세로 조용하고 가라앉은 목소리로 대해 준다면 상대는 어떻게 되겠는가? 상상은 독자들의 몫이라고 생각한다.

칭찬하는 말은 우리를 잘 되게 한다. 칭찬은 삶에 용기와 힘을 얻게 하고, 더 발전하고 향상하게 하며 기쁘고 즐겁게 만들어 주는 효과가 있다.

이탈리아의 사회학자 프란체스코 알베로니는 그의 저서 "성공한 사람들은 말의 절반이 칭찬이다." 라는 책에서 성공과 인정에는 칭찬이 깃들어 있다. 고 하면서 칭찬에 대한 정의를 아래와 같이 하고 있다.

첫째, 칭찬은 키 크는 약이다. 행복을 열배로 키워준다.
둘째, 칭찬은 만병통치약이다. 칭찬으로 안 낫는 것이 없다.
셋째, 칭찬은 영혼이다. 보이지 않으면서 큰 영향력을 미친다.
넷째, 칭찬은 메아리다. 간 것이 되돌아온다.
다섯째, 칭찬은 꽃을 피우는 마술사다. 굳어 있는 얼굴에도 웃음꽃을 피우게 한다.
여섯째, 칭찬은 샘물이다. 기쁨에 대한 갈증을 깨끗이 씻어주며 한 없이 솟아오르게 한다.
일곱째, 칭찬은 별책 부록이다. 돈 안 들면서 기쁨을 전해준다.
여덟째, 칭찬은 씨앗이다. 무한한 가능성을 가지고 성장한다.
아홉째, 칭찬은 비타민이다. 몸과 마음이 상큼해진다.
열째, 칭찬은 위대한 대통령이다. 역사를 새로 쓰게 만든다.

이렇듯 칭찬 한마디는 상대방에게 큰 용기와 힘을 주고, 놀라운 잠재능력을 발휘할 수 있도록 만들어 준다. 때문에 칭찬을 아끼는 것은 기쁨을 막는 것이요, 성장을 막는 것이요, 행복을 파괴하는 것이다.
"말 한 마디에 천 냥 빚을 갚는다." 라는 속담도 있듯이 말을 상대의 기분이나 상태, 입장 등을 고려하여 감정이 상하지 않게, 자존심이 상하지 않게 해 줄 수 있다면 그는 어디에서 누구와 어떤 얘기를 하든지, 누구와 어떤 사업적인 대화를 하더라도 반드시 인정받고 성공적인 결과를 이끌어 낼 수 있을 것이며, 상대하는 모든 사람에게 대우를 받을 수 있을 것이다. 말에는 변화시키는 힘이 있다. 그러므로 우리는 늘 잘되게 하는 말, 사람들을 선하게 변화시키는 말을 하기위해 노력해야 하며 감사와 칭찬의 말을 넘치게 할 때 우리 자신뿐만 아니라 이웃이 모두 변화되어 이 세상은 더욱 기쁨과 행복이 넘치게 된다고 한다.

 덕담은 언제 들어도 좋다. 덕담은 덕스러운 인품을 가진 사람의 말일 것이다. 귀담아 들을 말을 간직했다가 전하면 그것은 덕담이 된단다. 그런데 버릴 말을 간직했다가 전하면 그것은 험담이 된다고 한다. 남의 나쁜 점, 남의 약점, 남의 못된 점들은 발설해서는 안 되는 말이다. 그런 남을 불편하게 하고, 기분 나쁘게 하고, 언짢게 하는 말들은 험담인 것이다. 이런 험담을 주로 하는 사람들은 인품이 잘 못된 사람이요, 인성이 나쁜 사람일 것이다.

● 말의 힘

부주의한 말 한마디가 싸움의 불씨가 되고
잔인한 말 한마디가 삶을 파괴합니다.
쓰디 쓴 말 한마디가 증오의 씨를 뿌리고
무례한 말 한 마디가 사랑의 불을 끄고
폭언의 말 한 마디가 살인을 불러일으킵니다.

은혜 스런 말 한 마디가 길을 평탄케 하고
온유한 말 한마디는 장애를 제거하며
즐거운 말 한마디가 하루를 빛나게 합니다.
때에 맞는 말 한마디가 고민을 풀어주며 긴장을 풀어주고
사랑의 말 한마디가 행복의 씨앗이 되며 축복을 줍니다.

위의 말들의 반대 경우를 연상해 본다면
주의 깊게 하는 말은 싸움을 예방하거나 말릴 수 있고

인자하게 하는 말은 삶에 생산적 자원이 되고
즐거운 말 한 마디가 하루를 밝게 하고
때맞춘 말 한 마디가 고민을 줄여주고
달착지근한 말은 사랑의 씨가 되고
예의를 갖춰서 하는 말은 사랑의 불을 피우게 되고
사랑의 말 한마디가 행복의 씨앗이 된다고 한다.

 말은 사람의 마음과 마음을 맺어주는 다리역할을 하며 전쟁으로 입은 상처보다 더 치명적인 것은 한 사람의 입에서 나온 말이다. 말은 인간관계를 살리기도 하고, 죽이기도 하는 위력을 갖고 있기도 합니다.
 그런데 백 마디의 좋은 말보다 한 마디의 진실 된 말이 더 중요합니다. 이토록 말 한 마디는 인생 전체를 좌우한다고 해도 과언이 아닌 것이다.
 이렇게 살펴보니 말을 잘 하는 것도 필요하고, 잘 말하는 것도 아주 중요하다는 것을 공감하게 되었는데 사실은 이것보다 더 중요한 것이 있다.
 그것은 무엇보다 바로 잘 듣는 것이다.

3. 말은 하는 것보다 듣는 것이 더 중요하다.

 사람들은 태어나고 자라나면서 말 하는 것은 배우고 익힌다. 어렸을 때는 엄마, 아빠를 비롯해서 그저 단어 하나하나를 익혀가면서 배워가다가 학교과정에 들어가면서는 체계적으로 자기 의사를 표현할 수 있는 방법들을 배우게 되는 것이다.
 학교에서 배우는 정규과정도 모자라서 웅변학원, 스피치 학원 등 각종 학원까지 다니는 경우들도 있지 않는가?
 그런데 필자 나름대로 조금 안타까운 생각이 드는 것은 어떤 교육과정에도 듣는 요령이나 듣는 훈련을 하는 과정이 없다는 것이다.

카운슬링을 제일 잘 하는 사람은 잘 들어주는 것이라고 하지 않는가? 인간의 욕구 중에서 가장 큰 것은 인정받고 싶은 것, 존중받고 싶은 것이라고 한다. 때문에 상대가 나의 얘기에 귀를 기울여준다면 그는 오히려 자기의 얘기를 들어주는 사람에게 존경심을 느낄 수 있을 것이다. 그럼에도 대개의 사람들은 말을 하려는 생각은 늘 하면서 잘 들어주려는 생각은 잘 하지 않는다. 그런 것도 하나의 인격이나 인품에 영향이 있을 것 같다. 빈 수레가 요란하다는 말처럼 대개 무식한 사람들의 말 패턴은 조금 톤이 높고 말이 많다는 것을 느낄 수 있다. 이에 반해서 유식하거나 교양이 있는 사람들은 말의 톤이 낮고 말을 많이 하지 않는다는 것을 알 수 있다.

무식한 사람들은 남이 말하고 있을 때, 그 말에 관해서 자기의 견해를 말하고자 자기 말만을 생각하고 있다가 상대의 말이 끝나기도 전에 가로채서 자기 말부터 하는 경우들이 많음을 볼 수 있다.

잘 말을 해야 함을 얘기하는 장에서 무식과 유식을 언급하는 것에 대해 독자들이 의아해 할 것 같은 생각 때문에 조금 짚어보고자 한다.

여기에서 유, 무식이란 지식이 무슨 전문적인 분야에 대한 학술적인 지식이 아니라 인생을 살아가는데 필요한 상식들이라는 말씀을 앞에 언급했는데 무식과 유식이 어떻게 다른지 필자 나름대로 한 번 살펴보고자 한다.

아이러니 하게도 유식자와 무식자는 정 반대의 성향을 갖고 있다.
무식한 사람은 자기가 모르는 것이 없다고 생각하는 반면에
유식한 사람은 자기가 아는 것이 없다고 생각하는 사람들이다.
무식한 사람은 자기가 모르는 것이 뭔지를 모르는 사람이고,
유식한 사람은 자기가 아는 것이 뭐가 있는지 잘 모르는 사람들이다.

무식한 사람은 더 배울 것이 뭐 있냐고 생각하는 사람들이고,

유식한 사람은 죽을 때까지 배워도 다 배울 수 없다고 생각하는 사람들이다.

무식한 사람은 자기만을 생각하는 사람이고,

유식한 사람은 남의 입장이나 생각도 존경할 줄 아는 사람들이다.

무식한 사람은 주변이나 세상을 바꾸려 드는 사람이고,

유식한 사람은 자기스스로를 바꾸려고 노력하는 사람들이다.

대개 무식한 사람은 부정적인 생각을 많이 하는 사람이고,

유식한 사람은 긍정적인 생각을 많이 하는 사람들이다.

무식한 사람은 문제제기에 능한 사람이고,

유식한 사람은 문제 해결에 능한 사람들이다.

무식한 사람은 불평불만에 쌓여 있는 사람이고,

유식한 사람은 건전한 비판에 무게를 두는 사람들이다.

이토록 무식과 유식이 극과 극의 성향을 보이는 것이기 때문에 대화에 있어서도 무식한 대화는 화제의 근간을 알 수 없을 만큼 시끄러울 뿐이고, 결론 또한 없는 넋두리들인 경우가 대부분을 차지한다.

주제가 있는 대화이건 그저 어울려서 수다를 하는 관계이건 대화에는 상대가 있기 마련인데 상대가 있는 대화에서는 말을 하는 것보다 듣는 것이 더욱 중요하다. 듣는 것이야 말로 고도의 훈련이 필요한 것이다.

4. 말은 마음으로 들어야 한다.

그런데 듣는다는 것은 귀로만 들으면 즉 상대의 말만을 들으면 안 된다. 말 자체만을 들어서는 말의 내용을 정확히 잘 알 수가 없다. 말을 들을 때는 상대의 마음과 하나가 되어 마음으로 들어야 한다. 말하는 상

대의 눈을 마주 보면서 상대가 말하고자 하는 생각과 마음을 읽을 줄 알아야 한다. 상대가 지금 저 말을 왜 할까? 저 말이 어떤 입장에서 나왔을까? 말의 행간을 읽어야 하는 것이다.

여기에는 역지사지 할 줄 아는 심오한 배려가 중요하다. 상대의 입장이나 상황, 환경을 이해하지 못하면 상대의 말을 다 이해하기 어려운 법이다.

말하는 사람의 행간을 읽지 않거나 읽지 못하고, 그저 말 자체만을 들었다가는 돌이킬 수 없는 오해를 불러일으킬 수도 있고, 해결하기 어려운 낭패를 보는 경우도 있을 수 있을 것이다.

듣는다는 의미의 한문은 청(聽:들을 청)이라 한다. 이를 풀이해보자면 임금님(王)귀(耳)처럼 하고 10(十)개의 눈(目)을 가지고 하나(一)의 마음(心)으로 들어야 하는 것이란다. 이토록 심오한 의미를 가진 것이 듣는 자세라고 하니 듣는다는 것이 얼마나 어렵고 심오한 것인가를 세삼 깨닫게 된다.

말의 행간을 읽지 않음으로써 낭패를 겪은 웃지 못 할 에피소드들이 참으로 많은데 그 중 생각나는 몇 가지를 소개해보고자 한다.

군대 내의 전방사단에서 있었던 일이란다.

잔디연병장을 돌아보시던 사단장님이 잔디에 크로바 등 잡풀이 많은 것을 보고 못마땅하여 수행하는 부하장교에게 토끼나 길렀으면 좋겠다고 했는데 그 부하장교는 실제로 토끼를 사다가 길렀다는 우스운 얘기가 있었다.

며느리가 시어머니에게 선물을 사 주겠다고 하면 거의 모든 시어머니는 괜찮다고 말 한다. 이럴 때 괜찮다는 이 말은 어디까지가 맞는 말이겠는가?

시어머니에게 용돈을 드리는 며느리는 거의 모든 멘트가 "조금밖에 못

넣었어요." 라고 말한다. 그 조금 밖에의 기준은 어느 정도일까?

등산을 할 때 초행길에 있는 동료가 정상이 얼마나 남았냐? 고 물으면 경험 많은 동료는 "거의 다 왔다. 조금만 가면 된다."라고 대답한다. 이때 조금만 가면에서 조금만은 어느 정도인가?

시장에서 장사꾼이 물건을 싸게 드린다고 하면 얼마나 싸게 준다는 것인지 그리고 실제로 싸게 주는 것은 맞는 말인 건지?

이런 여러 형태의 대화들도 어떤 조직의 성격에 따라 내용이 천차만별한 경우를 많이 볼 수 있다.

공직사회에서의 대화 내용이나 성격이 다르고, 기업체에서의 내용들이 다르며 일반적인 관계에서의 내용들이 다 다를 수밖에 없는 것이다.

상대의 말을 성실하게 들어주는 것은 그 자체가 존중이고 사랑이라고 한다. 마음으로 듣기, 눈으로 듣기, 영혼으로 듣기를 위해 노력을 해야 하는 것이다. 사람에게는 영혼의 귀가 있다고 하는데 그런 자세나 능력을 가진 사람은 많지 않다고 한다.

말을 배우는 데는 2-5년이면 족하지만 말을 듣는 데는 60년이 걸려도 부족하다고 한다.

여기에서 이 해인 수녀님의 말을 위한 기도를 한 번 음미해 봤으면 한다.

● 말을 위한 기도   이 해 인

내가 이 세상에 태어나
수없이 뿌려놓은 말의 씨들이
어디에 어떻게 열매를 맺었을까
조용히 헤아려 볼 때가 있습니다.

무심코 뿌린 말의 씨라도
그 어디선가
뿌리를 내렸을지 모른다고 생가하면
왠지 두렵습니다.
더러는 허공으로 사라지고
더러는 다른 이의 가슴속에서
좋은 열매를
또는 나쁜 열매를 맺기도 했을
언어의 나무

주여
내가 지닌 언어의 나무에도
멀고 가까운 이웃들이 주고 간
크고 작은 말의 열매들이
주렁주렁 달려 있습니다.
등근 것, 모난 것,
밝은 것, 어두운 것,
향기로운 것, 반짝이는 것,
그 주인의 얼굴은 잊었어도
말은 죽지 않고 살아서
나와 함께 머뭅니다.
살아 있는 동안 내가 할 말은
참 많은 것도 같고 적은 것도 같고
그러나 말이 없어서는
단 하루도 살 수 없는 세상살이
매일 매일 돌처럼 차고 단단한 결심을 해도

슬기로운 말의 주인 되기는 얼마나 어려운지
날마다 내가 말을 하고 살도록
허락하신 주여
하나의 말을 잘 탄생시키기 위하여
먼저 잘 침묵하는 지혜를 깨치게 하소서

헤프지 않으면서 풍부하고
경박하지 않으면서 유쾌하고
과장하지 않으면서 품위 있는
한 마디의 말을 위해
때로는 진통 겪는 어둠의 순간을
이겨내게 하소서
참으로 아름다운 언어의 집을 짓기 위해
언제나 기도하는 마음으로
도를 닦는 마음으로 말을 하게 하소서
언제나 진실하고
언제나 때에 맞고
언제나 책임 있는 말을
갈고 닦게 하소서

내가 이웃에게 말을 할 때에는
하찮은 농담이라도
함부로 지껄이지 않게 도와주시어
좀 더 겸허하고
좀 더 인내하고
좀 더 분별 있는

사랑의 말을 하게 하소서
내가 어려서부터
말로 저지른 모든 잘 못
특히 사랑을 거스른
비방과 오해의 말들을
경솔한 속단과 편견과
위선의 말들을 주여 용서 하소서

나날이 새로운 마음, 깨어 있는 마음
그리고 감사한 마음으로
내 언어의 집을 짓게 하소서
해처럼 환히 빛나는 삶을
당신의 은총 속에 이어가게 하소서
아멘

 말이라는 것, 우리는 아무런 생각 없이 말이면 다 말인 줄 알고 그냥 그렇게 지껄인 경우는 없었는가? 진정 우리는 말을 할 때 생각을 한 번이라도 깊게 해 본 적이 있었는가?
 위의 시를 잘 음미해 본다면 말이 얼마만큼 무거워야 하고, 얼마나 무서운 것인지 소름이 끼친다는 생각을 하는 독자들도 많으리라.

제 10 장

행동(行動), 처신(處身)을 바르게 해야 한다.

지금까지 사람다운 사람이 되기 위해 필요한 기본적인 소양(요건)들을 살펴보았다고 한다면 이제부터는 그러면 사람으로서 사람답게 살기 위해서는 어떻게 행동해야 하는가 하는 부분에 대해 같이 고민해보고자 한다.

사람들은 흔히 말한다. 언행이 일치해야 한다. 라고. 말하자면 말과 행동이 똑 같아야 한다는 의미인데 말을 했으면 그 말에 대한 책임을 져야 한다는 뜻이다. 전장의 말 부분에서 말의 중요성에 대해 언급했듯이 말을 얼마나 바르게 하느냐에 따라 행동이 얼마나 바르게 나타날 수 있는가 하는 것과 맥을 같이 하게 되는 것이다.

1. 얼굴을 잘 가꿔야 한다.

그러면 행동에 앞서 용모부터 더듬어 보자.

맨 먼저 얼굴을 잘 가꿔야 한다. 이렇게 말하면 여자들이 화장하는 것 정도를 생각할는지 모르겠으나 화장과 용모는 별개의 문제이다. 용모는 글자그대로 얼굴의 모양이요, 얼굴의 형태이다. 링컨이 말 했듯이 "40이 되면 자기 얼굴에 책임을 져야 한다." 라고 했다. 왜 그럴까? 거기에는 심오한 뜻이 있다.

얼굴은 사람의 모든 것을 표현하고 있다.

첫째 건강상태를 표현한다. 대표적으로 간의 건강상태가 안 좋은 사람은 논 동자의 색깔이 노랗게 되고 얼굴색이 까맣게 된다는 것은 모든 독자들도 다 아는 사실일 것이다. 눈이 나쁜 사람은 인상을 찌푸리게 되기도 하고, 어느 한 쪽 이빨이 안 좋은 사람은 얼굴형태가 한 쪽으로 비뚤어지게 되기도 한다.

이런 이치로 의사들은(특히 한의사) 환자의 얼굴만 보고도 환자의 아픈 부위라거나 정도를 가늠할 수 있다고 한다.

그리고 다음으로는 사람의 마음이나 정신 상태를 표현하는 것이 얼굴이다. 정직하고 성실하고 순수한 마음을 가진 사람인가 불량하고 음흉하고 범죄적인 마음을 가졌는가를 얼굴은 나타내고 있는 것이다.

우리는 어린 학창시절 선생님께서 "너 거짓말이지" 라고 협박으로 들리는 말을 들어본 사람도 있을 것이다. 그것은 선생님 눈에 거짓말 하고 있는 얼굴을 보고 있었던 것이다.

그런가 하면 얼굴은 교양이나 지성 정도까지도 표현하고 있다. 인자한 사람, 덕망이 풍부한 사람, 온후한 사람, 교양이 풍부한 사람, 정의에 불타는 사람, 지성이 넘치는 사람으로 보이는 얼굴이 있는가하면 그렇지 않고 포악한 사람, 교활한 사람, 비열한 사람, 욕심이 가득한 사람, 무식해 보이는 사람 등은 확연하게 구분할 수 있지 않은가?

그리고 심지어는 부의 정도까지도 얼굴은 표현하고 있는가보다. 얼굴을 보고 부티가 난다라거나 빈티가 난다고 표현하지 않은가?

그런가하면 나이 들어 늙어가는 사람들의 얼굴을 보면 할머니에게는 "참 곱게 늙었다"라고 하고 할아버지에게는 "참 멋있게 늙었다." 라는 표현이 어울리는 얼굴을 한 사람들이 있다. 그 분들은 인생을 잘 살아오신 분들이라고 보면 맞을 것이다.

반대로 얼굴이 아주 심술궂고 욕심이나 오기로 가득해 보이는 얼굴을 하고 있어 인생이 참 힘들었겠구나 하는 생각이 저절로 나게 하는 그런 얼굴도 있다. 어떻든 그 모든 얼굴은 자기 스스로 만들어 왔던 것이라는 걸 잊어서는 안 된다.

그 외에도 성질이 온후하고 여유 있고, 늘 느긋하고 항상 평온하고, 자애로움이 가득한 그런 얼굴이 있는가 하면 성질이 괴팍하게 보이는 얼굴, 신경질적으로 보이는 히스테릭형 얼굴, 근심 걱정이 가득한 얼굴, 눈만 마주쳐도 섬뜩한 독기가 서려있는 얼굴 등 참으로 다양한 얼굴들이 있다는 것을 상기해볼 수 있다.

우리는 살아가는 동안에 어떤 얼굴을 가꾸어 갈 것인지 날마다 생각하고 고민해야 하는 것이다.

2. 자세를 바르게 하자.

다음으로는 자세를 바르게 해야 한다. 의자에 앉을 때는 의자 중앙에 반듯하게 앉아야 하고 다리를 꼬고 앉거나 비스듬히 앉거나 삐딱하게 앉는 것은 올바른 자세가 아닐 것이다. 서 있을 경우에도 한 쪽 다리를 늘어 뜨리고 비스듬하게 서 있다거나 손을 허리에 얹거나 팔짱을 끼고 서 있는 모습은 아주 건방지거나 교만스럽게 보일 수 있다. 때문에 사소한 것 같은 이런 자세들도 아무런 생각 없이 취하게 되면 자기도 모르게 오해를 불러올 수 있다는 것을 알아야 한다.

3. 복장을 단정하게 하자.

다음으로는 복장을 단정하게 하는 것도 처신의 한 분야일 것이다. 복장은 그 환경에 맞게, 어떤 분위기에 맞게 갖추어야 하는 것이다.

아무데나 반바지차림인 사람, 정장을 입었는데 운동화를 신은 사람, 결혼식장에 하객으로 가면서 등산복을 걸치고 가는 사람, 조문을 가면서 아주 밝고 화려한 색깔의 옷을 입은 사람, 등의 모습을 한 번 떠올려보자. 과연 맞는 의상인가.

4. 행동을 바르게 하자.

이렇듯 처신의 기본인 말을 잘하고 용모를 잘 다듬고 복장을 단정히 하였다면

이번 장에서는 행동 즉 처신에 대해서 생각해보고자 한다.

사람들이 행동을 조신하게 하지 못하거나 눈 밖에 거슬리는 행동을 보게 되면 꼴불견이라고도 하고 '행동거지를 똑바로 하라" 라고 핀잔을 주거나 힐책을 하기도 한다. 그런가 하면 "처신 똑바로 하라" 라고도 한다.

그러면 처신이란 무엇인가? 글자 그대로 몸의 위치가 처신 아니겠는가? 그렇다면 몸을 어디에 두고 어떻게 할 것인가가 중요할진데 그것을 잘 구분하고 잘 대처할 줄 아는 것이 처신을 잘 하는 것일 것이다.

단순하게 1:1의 만남에서도 장소에 따라 서야할 위치가 있고, 마주보고 섰더라도 바라보는 자세가 있는 것이다. 그것도 서로 마주보고 서 있느냐 테이블을 사이에 두고 앉아 있느냐에 따라 위치가 다를 수 있다. 그런 세부적인 것들을 잘 아는 것이 예의 바른 사람이요 에티켓이 좋고 매너가 훌륭하다는 칭송을 들을 수 있고, 그런 사람들이 어디를 가나 대접받고 인정받을 수 있다. 세부적인 매너나 에티켓에 대해 깊이 있게 논할

필요는 없겠으나 그냥 일반상식 선에서 몇 가지만 짚어 보고자 한다.

○ 악수 에티켓

먼저 악수하는 에티켓을 한 번 생각해보자. 악수는 오른 손으로 해야한다. 그 때 왼손을 등이나 허리춤에 올리고 있거나 호주머니에 넣고 있어서는 안 된다. 그리고 눈동자는 상대의 눈을 마주봐야 한다. 악수를 하면서 옆 사람을 보거나 뒷사람을 보는 행위는 상대를 무시하는 행위로보일 수 있는 것이다. 동년배나 동급인 경우에는 같이 한 손으로 하는것이 무방하지만 상대가 연배라거나 상사라면 왼 손을 오른 손 밑에 살짝 받쳐주는 것이 예의다. 앉아있는 경우에 서 있는 사람이 악수를 청할경우에는 반드시 일어서서 악수를 응해야 한다. 악수 한 가지만 하더라도 이토록 복잡한 예의범절이 포함되어 있는 것이다.

○ 위치를 잘 선정해야 한다.

또한 같은 방향에 서 있거나 걷는 경우에는 예의상 낮은 위치에 있는사람이 왼 쪽에 위치해야 하는 것이다.

앉아야 할 공간에서는 연배나 상사가 사무실 안쪽 좌석 즉 들어오는 입구를 바라볼 수 있는 위치에 앉을 수 있도록 해야 하는 것이다.

간단한 식사자리라 하더라도 식당에 들어가서 손아래 사람이나 직장의아랫사람이 입구의 건너편에 앉아서 윗사람에게 들어오는 입구 쪽에 등을 보이도록 앉게 하는 것은 전혀 기본이 안 된 것이다.

자동차를 탈 때에도 운전자의 격에 따라 앉아야 할 좌석이 정해져 있는 것이 사회의 불문율 같은 것이다. 운전자가 고용된 직원이라면 뒤쪽맨 오른 편의 좌석이 제일 상석이요 조수석은 맨 아랫사람 좌석이다. 만약 운전자가 오너일 경우에는 조수석이 다음 차석이 되는 것이다. 그런데 그런 것을 모르거나 무시해 버린다면 알고 있는 사람들에게는 얼마나 황당하고 어이가 없겠는가?

그리고 여러 사람이 모인 곳에서 내가 있어야 할 위치를 아는 것, 취할 자세를 아는 것 그것이 처신을 아는 것이다. 앞쪽에 앉을 것인가 뒤쪽에 앉을 것인가, 가운데 앉을 것인가 가장자리에 앉을 것인가 등을 상황에 따라 잘 구분할 줄 아는 것이 처신을 잘 하는 것일 것이다.

또한 어떤 말을 하는 것도 내가 해야 할 자리인지 해서는 안 되는 자리 인지를 아는 것, 또 어떤 말을 하더라도 그 분위기와 성격에 맞게 할 줄 아는 것이 중요할 것이다.

이렇듯이 용모와 처신을 잘 알고 나면 행동은 절로 잘 될 수 있다고 믿는다.

서 있을 때나 앉아 있을 때 자세를 바르게 하는 것, 옷매무새를 단정하게 하는 것 들이 기본적으로 갖추어지고 나면 그의 행동은 어떠한 환경에서도 어긋남이 없이 바른 행동으로 나타날 것이다.

행동 하나하나를 예로 들어본다면
법을 준수하고 공공질서를 지키는 것,
오물을 아무 곳에나 함부로 방기하지 않는 것,
길거리에서나 공원 등지에서 함부로 침을 뱉지 않는 것,
건방지게 보이는 행동을 하지 않는 것,
비틀거리며 갈지자걸음을 걷지 않는 것,
길거리에서 술 취한 모습을 보이지 않으려는 노력을 하는 것도 훌륭한 자세일 것이며, 옆 사람에게 혐오감을 줄 수 있는 냄새를 풍기지 않으려는 신경을 쓰는 것,
다른 사람이 볼 때 불쾌한 인상을 주거나 느낌을 느낄 수 있는 행위를 삼가는 것 등이 바른 행동이라고 생각한다.

어떤 사람과도 언쟁이 발생할 수 있는 요인을 없도록 해야 하겠지만 언쟁을 하는 경우에라도 삿대질을 하는 것은 삼가야 할 것이며 인도나 횡단보도를 걸을 경우에도 뒤 사람이나 옆 사람의 진로에 방해가 되지 않도록 하는 배려를 하는 것, 주차공간에 주차를 할 때도 내가 내리는 것은 불편을 감수하더라도 옆 차의 승하차에 불편을 주지 않으려는 배려를 하는 것, 지하철 계단에서 노인이나 장애인들의 무거운 짐을 같이 들어주는 배려를 하는 것, 지하철 등에서 임산부나 노약자를 보게 되면 자리를 양보하는 미덕을 갖는 것 등이 행동을 잘 하는 것이 아닐까 생각한다.

요즈음 서울이나 수도권 지역에는 공동주택이 주를 이루고 있는데 공동주택! 그야말로 내 집이면서 남의 집이고 남의 집이면서 내 집인 개념이 공동주택 아니겠는가? 말하자면 세대별로는 칸막이가 돼 있어서 구별이 있지만 넓은 차원에서는 다 한 집에 살고 있는 것이다. 부딪히는 모든 사람이 다 둘도 없는 이웃이요, 시골 개념에서 본다면 한마을 사람이요, 어쩌면 공동운명체인 것이다.

대형 화재들을 통해서 아무런 죄도 없고 잘 못도 없는 이웃이나 윗집 사람들이 사고를 당하는 뉴스들을 이따금 보아왔다. 공동운명체라는 것은 어느 누가 나의 운명을 좌우할 수 있는지 내가 어느 누구의 안전을 좌우할 수 있는지 알 수 없는 것일 것이다. 그럼에도 불구하고 단지 내에서 만나는 사람이나 엘리베이터를 같이 타고 있으면서도 스스럼없이 인사하는 사람을 보기가 너무 어려운 것이 오늘날 우리들이 살아가고 있는 모습이다. 왜 그렇게 인사에 인색할까? 가정교육의 부재요, 사회교육의 부재이며, 다른 사람의 중요성을 전혀 고려하지 않는 오만이요, 교만이라고 지적하고 싶다.

그리고 층간 소음에 대해서도 다른 사람을 배려하는 마음을 조금만이라도 가지고 있다면 일어날 수 없는 일이고, 조금의 소음이 있다하더라도 그토록 험악하게 언쟁을 하거나 목숨까지 위협할만한 일은 아닐 것이다. 어디까지나 공동주택이니까 공동주택에서 살면서 감수해야 할 부분들이 있을 수밖에 없다는 것을 감안하면 되는 것 아니겠는가?

앞장에서 인간을 얘기하면서 인간은 관계가 좋아야 인간이라고 피력했는데 공동주택에서야말로 당연히 관계가 좋아야 하지 않겠는가? 그 관계의 첫 단추가 인사일 것이라는 건 불문가지인데도 사람들은 애써 그 기본적인 인사를 외면하면서 살아가고 있다.

미국이나 유럽 등지에는 처음 보는 사람에게도 "하이" 하는 간단한 인사정도는 의례히 하고 사는 모습인데 우리는 왜 그럴까? 참으로 안타까운 일이 아닐 수 없다.

자연과의 관계도 좋아야 인간이라고 했는데 그것이 순리를 아는 것이다.

순리! 간단하게 말해서 이치에 순응하는 것이 아니겠는가? 무슨 거창하게 종교를 논하고, 하느님을 동원하지 않더라도 그저 일반상식선에서도 알 수 있는 자연섭리라는 것이 있다.

사람이 어떻게 태어났는가? 그리고 어떻게 살아왔는가?

아버지(남자)와 어머니(여자)의 만남을 통해서 사람이 태어난다. 그리고 그 두 분의 온갖 정성과 희생과 헌신, 사랑으로 키워지고, 교육되어 한 사람이 살아갈 수 있게 된 것이다. 그렇게 인류는 종족을 번식하면서 연연히 이어져 온 것이다.

앞장에서도 언급했지만 사람은 가장 기초적으로 자신의 양심에 따라 하늘을 우러러 한 치의 부끄러움 없이 살 수 있어야 하는 것이요, 나아가 사회적으로 지탄 받거나 따돌림 당하는 일 없이 살아갈 수 있어야 하고, 최종적으로 실정법상에 제재를 받지 않고 살 수 있어야 한다. 이렇게 살아야 제대로 살아가고 있다고 말 할 수 있을 것이다.

 제자가 공자에게 어떻게 살아야 잘 살 수 있느냐고 물었다.
 공자의 대답은
1. 공손하면 업신여기지 않고
2. 신임하면 믿음으로 일을 맡기며
3. 관대하면 여러 사람이 따르게 되고
4. 민첩하면 무슨 일이든 이룰 수 있으며
5. 은혜로우면 남을 부릴 수 있으며
6. 예절에 맞으면 난폭함을 멀리 할 수 있고
7. 얼굴빛이 밝으면 신에 가까울 수 있고
8. 말에 예의가 있으면 추함을 멀리 할 수 있다.
라고 말했다. 이런 것들을 지켜나갈 수 있다면 그는 해탈 경지에 있는
도인이라고 해도 과언이 아니리라 생각한다.

 논어에 구사(九思)와 구용(九容)이 있는데 한문 용어라서 현대인들에게
어렵기는 하겠지만 풀어서 한 번 음미해보는 것도 큰 의미가 있을 것
같다.

● 구사(九思)

 1. 사시 명(思視 明): 볼 때는 바르게 옳게 볼 것을 생각한다.
 2. 청사 청(聽思 聽): 들을 때는 말의 참 뜻을 밝게 들을 것을 생각한
다.
 3. 색사 온(色思 溫): 표정을 지을 때는 온화하게 할 것을 생각한다.
 4. 모사 공(貌思 恭): 몸가짐은 공손하게 할 것을 생각한다.

5. 사사 경(事思 敬): 어른을 섬길 때는 공경하는 것을 생각한다.

6. 언사 충(言思 忠): 말을 할 때는 참되고 거짓 없을 것을 생각한다.

7. 의사 문(疑思 問): 의심나고 모르는 것이 있으면 물어서 완전히 알도록 하는 것을 생각한다.

8. 분사 난(忿思 難); 분하고 화 난 일이 있으면 어려움에 이르지 않을까 생각한다.

9. 견리사의(見利思義): 이로운 것이 있거든 의로운 것인가를 생각한다.

● 구용

1. 족용 중(足容 重) : 발걸음은 무겁게 한다. 그러나 어른이 시키는 일을 할 때는 가볍게 해야 한다.

2. 수용 공(手容 恭) : 손은 필요 없이 움직이지 말고 두 손을 공손하게 잡는다.

3. 목용 단(目容 端) : 눈은 단정하고 곱게 떠서 지그시 정면을 본다.

4. 구용 지(口容 止) : 입은 조용히 다물고 함부로 놀려서는 안 된다.

5. 성용 정(聲容 靜) : 말소리는 나직하고 조용하면서도 분명하게 한다.

6. 두용 직(頭容 直) : 머리는 곧고 바르게 해서 의젓한 자세를 지킨다.

7. 기용 숙(氣容 肅) : 호흡은 조용히 고르게 하고 안색은 평온하게 한다.

8. 입용 덕(立容 德) : 서 있는 모습은 그윽하고 덕성이 있어야 한다.

9. 색용 장(色容 莊) : 표정은 항상 명랑하고 위엄 있게 해야 한다.

　모든 사람이 이토록 행동을 잘 하려는 노력을 하고 살아가는 세상이라면 사회는 아주　밝고 행복이 넘치는 살기 좋은 세상이 되리라 믿어 의심치 않는다.

제 11 장
건강(健康)을 유지하려면

◉ 개요

인성을 구비하는 모든 요소는 다 중요하고 필요하다. 그런 요소가 백 가지가 있다고 했을 때, 99자기가 훌륭하다 할지라도 한 가지가 없거나 형편없이 나쁘다고 한다면 그 사람의 인성은 결코 좋다고 평가될 수 없을 것이다.

인생의 모든 가치관 중에서 가장 중요한 것은 건강이라야 할 것이다. 우주 천체가 내가 없다면 존재하지 않는 것처럼 세상의 모든 덕목이나 이치들, 정신적이건 물질적이건 내 건강이 전제되지 않으면 무슨 가치가 있고, 무슨 의미가 있겠는가? 그런 측면에서 모든 가치 중에서 건강이 최우선으로 중요한 가치가 되어야 하는 것이다.

모든 사람이 누구나 건강에 대해 논한다면 육체적인 건강만을 떠올리기 쉬울 것이다. 그러나 필자는 조금 특이하게도 정신분야와 육체분야를 나누어서 건강한 정신과 건강한 육체는 어떻게 유지할 수 있는지에 대해 허심탄회하게 논해보고자 한다.

I. 육체의 건강

건강의 중요성은 아무리 강조해도 넘치지 않을 것이다.

건강은 곧 인생의 성공과 실패의 관건이며, 궁극적으로는 삶과 죽음의 문제이기 때문에 인생의 전부라고 해도 과언이 아닌 것이다. 그러나 건강에 대해 소홀히 했거나 잘 몰랐다고 해도 일상생활에 즉각적으로 문제를 일으키질 않았고, 또 아이러니 하게도 건강할 때는 건강에 대한 걱정도 없고, 문제도 못 느끼기 때문에 소홀히 하기도 하고, 방관하기도 하는 경우가 허다하다. 정말 아주 아이러니하게도 모든 사람이 태고이래로 "건강은 건강할 때 지켜야 한다." 라고 강조하는데 아직 건강에 문제가 없을 때는 그 심각성을 느끼지 못하기 때문에 방심하고 마는 우를 범하기도 하는 게 인생인가 부다. 그러나 막연한 게 좋아지는 것은 없고, 무지한 게 나아지는 것은 없는 법이라는 측면에서 이 장에서는 건강에 대해 조금 진지하게 짚어 보고자 한다.

"건강을 잃으면 모든 것을 잃는 것"이라고 하지 않는가? 그러나 기본적으로 병을 가지고 태어난 몸이 아니고, 일상생활에는 별 문제가 있거나 지장을 주는 신체가 아니기 때문에 대개의 사람들은 건강에 대해 심각한 걱정을 하질 않고 그저 이상 없겠거니, 괜찮겠거니 라고 믿고 싶어 하고 그렇게 기대하며 살아간다.

그리고 영양학이라거나 의학 등 건강과 직결된 분야를 전문적으로 공부하고 연구한 사람 이외에는 건강관리에 대한 상식이나 지식이 별로 없기 때문에 자기의 건강을 어떻게 유지하고 관리해야 하는지 잘 모른다.

건강이란 좋으면 다행이고 안 좋으면 어쩔 수 없는 것 아니냐? 라고 생각하는 사람도 있는데 그렇게 자포자기식 생각을 하면 안 된다. 건강은 자신 혼자만 생각한다면 그런 생각도 나무랄 수는 없겠지만 세상은 홀로 살아가는 것이 아니기 때문에 건강은 의무라고 해야 할 것이다. 반드시 지켜야 하고 유지해야하는 의무인 것이다. 보라. 만약에 어떤 환자가 심대한 병으로 대수술을 한다고 했을 때 진통제의 효과 때문에 정작 수술을 받는 당사자는 그 고통을 못 느낀다. 심지어는 편안하게 잠 한 숨 자고 나면 수술이 끝나 있는 그런 상황도 있는 것이다. 그러나 그의 가족, 그의 보호자는 당사자보다 더한 고통과 슬픔을 감내해야 하지 않겠는가? 때문에 건강은 반드시 지켜야 하는 의무라야 하는 것이다.

또한 다른 각도에서도 건강을 조명해본다면 "도둑이 우환이다"라는 말이 있다. 재물을 모으려는 노력, 또 조금 있는 재물을 지키려는 노력은 눈물겨울 정도이다.

그런데 그 모든 재산을 다 지켰다하더라도 건강을 잃어버린다면 그 재산들이 어떤 의미가 있겠는가? 건강이 없을 때에는 아무런 의미가 없는 것을 잘 알면서도 우환을 없애려는 노력을 게을리 하거나 잘 모르고 있는 것이 어쩌면 인간의 영악함의 한계인지도 모를 일이다.

건강분야는 너무 무지해도 안 되지만 예민한 것이 더 위험한 것이다. 최소한의 기본상식 선에서의 건강유지 비결이라거나 원칙 정도는 알고 지키려는 노력을 끊임없이 배가해야 한다. 그런 맥락에서 일반적으로 알아야 하는 건강에 대한 상식들을 한 번 음미해보고자 한다.

기본적으로 인체는 자연 적응력과 면역력을 갖추고 있기 때문에 최소한의 건강은 지켜나갈 수 있다고 볼 수 있다. 그러나 그것은 자연환경이 오염되지 않은 무공해 청정자원 환경에서는 가능한 얘기였다. 현대사회에서는 모든 환경자체가 건강을 위협하는 요소들이기 때문에 상식선에서라도 그런 위협요소들을 조금은 알고 살아 갈 필요가 있다고 생각한다.

● 현대병의 원인 (건강을 해치는 요인들)

1. 환경의 오염 : 수질, 토양, 기후의 오염으로 인한 곡식, 과일, 채소, 육류 등의 오염
2. 식사패턴의 변화
   불규칙한 식사시간 , 영양의 불균형(동물성 지방, 당분, 염분 등의 과잉섭취)
3. 과중한 스트레스 : 경제문제, 업무부담, 사회 환경 등
4. 운동 부족
5. 부정적 사고
6. 기타: 약물의 오남용 또는 기호품의 남용

현대사회는 의학의 발달로 인해 과거 결핵이라거나 소아마비 등의 병들로부터는 자유로워지기는 하였다. 그러나 각종 암이라거나 고혈압, 당뇨, 심장병 등 생명을 직접적으로 위협하는 병들은 증가하고 있는 추세이다.

이런 질병들은 과거에는 어른들이나 노인들에게 많이 발병한다고 하여 성인병이라 일컬어졌던 것인데 오늘 날에는 젊은이는 물론 어린이에게까지 이런 성인병들이 나타나고 있는 현상에 대해 의학계에서는 현대병이라 명명했다.

시대적으로는 현대에 일어나고 있다 해서 현대병이라 했는데 그러면 그 원인은 무엇일까? 그 원인을 규명해 본 결과 먹을거리에 원인이 있는 것으로 판명됨으로써 오늘 날 남녀노소 구별 없이 다양하게 나타나고 있는 각종 병들을 일컬어 식원병(食原病)이라 칭하고 있는 것이다.

아무튼 남녀노소를 불문하고 오늘 날 일어나고 있는 병들의 원인은 어디에 있을까 하나하나 짚어보고자 한다.

1. 환경의 오염

 인간의 성장, 발육 또는 인체의 유지 등 가장 기본적 바탕이 되는 농작물을 재배하는 토양에 영양분이 거의 없어졌다는데 심각한 문제를 안고 있다. 심지어 학자들은 땅이 썩어가고 있다고 표현하기도 한다. 화학비료의 과다 사용, 농약이나 살충제 제초제 등의 사용으로 미네랄을 비롯한 인체가 요구하는 영양분의 대부분이 상실되었다. 농작물을 재배하는 논밭에 지렁이라거나 메뚜기, 개구리, 우렁이, 미꾸라지 등의 미생물들이 살 수 없는 토양이 되어 있는 실정이다. 미생물이 살 수 없는 토양이라면 그 영향이 사람에게는 미치지 않겠는가? 가시적으로 나타나지 않을 뿐 생명에 위험을 안고 있는 농작물들을 인간이 먹고 있는 것은 아닐까?
 또한 채소나 과일들도 토양에 영양분이 많지 않기 때문에 채소자체에 영양분이 부실한 악순환이 되는 것이다.

 ▷ 쌀은 과도한 도정을 통해서 영양분을 깎아 버리고 있다. 과거에는 6~7분도 도정해서 먹음으로써 밥의 맛도 좋을 뿐만 아니라 영양분이 많이 함유된 밥을 먹을 수 있었다. 그러나 오늘 날에는 가장 영양가가 많은 껍질부분에 분사된 농약 찌꺼기들을 제거하기 위해서 12~13분도로 도정을 함으로써 영양분은 거의 상실한 채 탄수화물만 섭취하는 수준에 이른 것이다.
 모든 과일 또한 껍질부분에 영양분이 많이 있으나 농약성분 제거를 위해서 껍질을 전부 제거하고 먹고 있으니 무슨 영양분이 얼마나 있을 수 있겠는가?

 ▷ 그런가 하면 외국에서 수입하는 먹을거리들의 과다로 인해 자연생태

계의 파괴현상이 초래되고 있는 실정들도 인체의 건강을 위협하는데 상당부분 영향을 미치고 있는 것이다.

원칙적으로 사람이나 동물이나 그들이 살고 있는 생활주변에서 생산되는 자연식품을 먹어야 건강이 보장되는 것이다. 외국에서 수입되는 먹을거리들에는 장기간 수송에 따라 불가피하게 항생제와 방부제를 사용할 수밖에 없으며 장기간 보관에 의한 영양소의 파괴 등으로 인해 포만감은 줄 수 있으나 결코 건강에 유익할 수는 없다고 볼 수 있는 식재료인 것이다.

▷ 수질오염

자연환경의 오염 되지 않은 과거에는 지하수를 아무런 걱정 없이 마시고 살았었고 계곡물은 의례히 먹을 수 있는 물로 알고 마셨으며 심지어는 개울물도 스스럼없이 마시곤 하였던 시절이 있었다. 그러나 오늘날은 어떤가? 지하수도 극심한 오염으로 인해 아무런 부담 없이 먹을 수 있는 물이 없는 실정이다. 도농의 구분 없이 거의 모든 사람이 상수도에 의존하여 살고 있는데 과연 그 상수도라고 완전히 신뢰할 수 있는가?

최초 물을 공급하는 정수장에서 보내지는 물은 그런대로 괜찮다고 믿을 수도 있을 것이다. 급수를 담당하는 수도당국에서는 국민에게 양질의 물을 공급하기 위해 백방으로 노력을 경주하고 있다. 그런데 각 가정에까지 보내지는 과정에서 오래된 수도관의 오염이나 부식 등에 의해 불가피하게 수질은 아무런 걱정 없이 마시기에는 부담스런 물이 되고 있기 때문에 가정에서는 수돗물 자체를 원수 그대로 먹는 집이 없다고 해도 과언이 아닌 실정인 것이다.

거의 대부분 집에서는 정수기에 의존하고 있고, 정수기를 살 형편이 어렵다거나 정수기에 대한 불신을 가진 사람들은 물을 끓여서 먹는 등의 대책들을 강구하고 있는 것이다. 그러면 끓여먹는 것은 최선인가?

이토록 건강을 보장한다는 것이 어렵고 복잡한 것이라고 해도 과언이 아닌 것이다.

▷ 다음으로 공기에 대해 생각해 보고자 한다.

우리가 한 순간도 없어서는 생명을 유지할 수 없는 공기는 안전한가?

공기는 선택의 문제가 아니다.

밥처럼 때가 되면 먹거나 배고프면 먹고 안 고프면 안 먹을 수 있고, 물처럼 갈증을 느끼면 먹고, 아니면 안 먹을 수 있는 문제가 아니질 않는가?

공기는 4분만 마시지 못하면 뇌세포가 죽어가기 시작한다. 그리고 10분이 경과하면 거의 모든 뇌세포가 죽기 때문에 임상학적 사망에 이르게 되는 것이다.

생각이나 마음과 전혀 관계없이 필수적으로 자동적으로 마셔야 하는 것이 공기인 것이다.

그런 그야말로 생명의 필수적인 요소인 공기! 결코 한순간도 없어서는 안 될 공기가 오늘 날의 상태는 어떤가? 도시의 확산과 국토의 개발에 의해 나무나 숲들은 사람의 생활공간과 먼 곳에 있게 되고, 산업화의 발달과 자동차의 증가로 매연이나 일산화탄소 등 대기오염은 나날이 가중되고 있는 실정이다.

그 뿐인가? 매년 정기행사처럼 전국을 뒤덮는 황사와 미세먼지들은 또 어떤가? 인간의 호흡을 방해하는 것은 물론 각종 질병을 유발하는 실체들인 것이다.

그럼에도 불가피하게 그런 발병 요소들 속에서 살아갈 수밖에 없는 환경에 있다는 것이다.

오죽하면 공기를 세척하는 공기정화기가 가정이니 사무실의 필수품이 되어가고 있겠는가?

2. 식사패턴의 변화: 불규칙한 식사시간, 영향의 불균형, 인스턴트식품의 과다취식

인체는 하루에 세 차례 규칙적으로 영양분을 공급을 받아야 필요로 하는 에너지를 유지할 수 있도록 셋팅이 되어 있다고 해야 이해하기가 편할 것이다.

식사 때가 되었는데도 밥을 먹지 않으면 배가 고프다는 신호를 보내는 것이 그 증거이다. 밥을 통해서 인체를 유지할 수 있는 에너지원인 각종 영양이 공급되는 것이다. 그 영양이 규칙적으로 공급되지 않으면 일상생활을 감당할 수 있는 체력을 유지할 수가 없는 것이다.

그런데 경제활동에 얽매어서 일상을 규칙적으로 유지하지 못하는 사람들이 의외로 많음을 우리는 주변에서 많이 볼 수 있다. 이렇게 식사시간을 놓치는 것은 예삿일이 되어버린 사람들을 비롯해서 이런저런 다양한 사정들 때문에 규칙적으로 식사를 하지 못하는 사람들도 부지기수인 것이다.

그런가하면 고지방 육류의 과잉섭취를 비롯해서 탄수화물만 풍부한 식품들도 우리의 식생활을 상당부분 점령하고 있는 실정인데 이로 인한 비만인들은 날로 증가추세에 있는 형편이고, 빵이라거나 햄버거 등의 패스트푸드 또는 피자 등 인스턴트식품의 과잉으로 인체는 혹사를 당하고 있다고 해도 과언이 아닌 시대 속에 우리는 살고 있는 것이다.

3. 과중한 스트레스 : 경제문제, 사회문제, 기타

삶을 유지한다는 것은 불가피하게 일정부분의 경제적 부담을 안을 수밖에 없다. 그런데 생활에 필요한 비용을 충족할 수 있는 수입이 있다면 큰 어려움은 없겠으나 수입이 뒷받침 되지 못하는 사람들에게는 엄청난 부담일 수밖에 없을 것이다. 적은 수입에 가족의 생계를 책임져야 하는 가장이나 부모의 입장에서는 그 고통과 스트레스가 감당하기 어려운 실정이다.

근무여건 또한 늘 편하고 기분 좋은 환경은 아니라는 것은 모든 사람이 공감하는 상황이며, 인간의 수명은 길어지고 있는데 직장에서는 노년까지 책임을 질 수 없기 때문에 조기에 퇴직을 할 수밖에 없는 실정이 아닌가?

그 뿐인가 수입활동을 위해서 하는 장사라거나 사업 등은 순탄하게 진행되는 것이 얼마나 있겠는가? 어떤 사업이든 처음 시작할 때는 호기 있게 출발하지만 손익분기점을 지나서도 이익을 내지 못하고 있는 경우에는 매일같이 자금압박을 받으면서 받는 스트레스는 그야말로 생사람을 잡는다는 표현을 써도 무리가 아닐 것이다.

그리고 다양한 인간관계 속에서 모든 사람이 다 우호적이고 인간적이고 엔돌핀을 주는 사람은 아닌 관계에서 그들과 교류하고 관계하면서 살아갈 수밖에 없는 삶 속에서 스트레스는 자연스런 현상이라고 해도 과언이 아닌 것이다.

스트레스를 만병의 근원이라고 학자들은 말하고 있다. 그 스트레스를 어떻게 관리
하느냐? 하는 것은 각자의 역량이겠지만 근본적으로 스트레스 없는 세상은 있을 수 없으니 병의 요인을 불가피하게 안고 살아가고 있다고 해도 과언이 아닐 것이다.

4. 운동 부족

건강을 유지하는 요소 중에 적당한 운동을 필요로 한다고 했다. 근육이

나 관절들은 운동에 의해 강화될 수 있을 것이다. 뿐만 아니라 심장기능이나 내장기관들도 운동에 의해 튼튼해지고 발전될 수 있는 것이다. 인체는 귀찮게 할수록 발전하게 되어 있다. 운동선수들을 보면 맞는 말이라고 공감할 수 있을 것이다.

그런데 삶이라는 게 언제나 여유롭고 한가하지가 않다. 운동선수들처럼 운동만 하고 살 수는 없는 노릇이 아닌가? 차분하게 계획적으로 운동을 지속할 수 있는 상황을 유지하기도 쉬운 일이 아니기도 하거니와 규칙적으로 운동을 할 만큼 계획적인 삶을 유지하기도 어려운 것이 현실이다. 말하자면 삶의 우선순위가 먹고 사는 문제가 최우선인데 그것이 여유롭게 해결되지 않는 이상 운동할 겨를이 없는 것이 우리네 삶인 것이다. 그러다보니 자신도 모르게 신체는 허약해져가고, 그런 삶의 반복 속에서 어느 날 갑자기 청천벽력 같은 건강의 적신호를 받게 되는 것이다.

5. 부정적 사고

생각이 행동을 지배하는 것은 다 알고 있는 사실이다. 심지어는 그 행동들이 습관이 되고, 습관으로 인해 인생이 좌우된다는 논리까지도 우리는 다 잘 알고 있다.

세상의 모든 상황이나 환경을 보는 관점에는 긍정적인 관점과 부정적인 관점으로 양분 될 수 있을 것이다.

똑 같은 한 사람을 보면서도 좋은 면이나 잘 하는 면을 먼저 보는 사람이 있는가 하면 나쁜 면이나 잘 못하는 면을 먼저 보는 사람도 있다.

어떤 사물이나 이치를 보고도 마찬가지다. 좋은 쪽으로 보는 경향을 가진 사람이 있는가 하면 나쁜 쪽을 먼저 보고 더 많이 보는 사람이 분명있다.

참 묘한 현상이다. 왜 똑 같은 상황(환경)을 보는데 다른 각도에서 보일까? 그것은 전적으로 그 사람의 인성이요 인격이며 지적수준일 수밖에 없는 것이다.

대개 사람들은 보고 싶은 것만 보고, 생각하는 만큼(아는 것만큼) 보인다고 한다. 전혀 터무니없는 긍정적 사고까지 옹호하고 싶지는 않지만 그래도 부정적인 사고보다는 낫다고 할 것이다. 어떤 사람이든, 어떤 상황이든, 어떤 이치든 간에 먼저 봐야 하는 것은 긍정의 면이다. 그것이 우선이다. 그런 연후에 어떤 문제점들을 보는 것은 부정의 문제가 아니고 건설적인 비판일 것이다.

부정적 사고는 스트레스처럼 자신을 병들게 하는 것이라는 것을 명심해야 한다.

6. 기타 : 약물의 오/남용, 기호품의 과다섭취 등

"진료는 의사에게 약은 약사에게" 라는 구호가 있다. 과거 의약 분업이 안 되어 있던 시절에는 약사가 처방을 하던 시절이 있기도 했었다.   그러나 현대는 의사가 처방을 하고 그 처방전에 준해서 약사가 제조만 해주는 실정이다. 그만큼 약의 복용이 단순한 문제가 아니라는 증좌가 아니겠는가?

그런데 어떤 질환을 장기적으로 안고 있는 환자들 중 일부는 의사나 약사의 말에 신뢰감이 떨어지게 되어 다량의 약을 임의대로 복용하는 경우가 많기도 하는가보다.

그 뿐이겠는가? 약한 몸을 가진 환자 입장에서는 귀가 얇아지기 때문에 누군가가 이게 좋다하면 이것을 먹고, 저게 좋다고 하면 또 저것을 먹는 등 오용이나 남용을 하는 경우들도 허다하다 할 것이다. 광고를 통해서 선전되고 있는 약들에 대해서도 그와 유사한 증상을 가지고 있는 환자 입장에서는 과신을 하게 되어 폭풍흡입을 하는 경우도 허다하다 할 것이다.

물론 약은 그 분야에 효과를 볼 수 있다. 연구개발 과정에서 임상시험을 거쳐 효과를 입증했을 때 시판하는 것이니 당연히 효과는 있다. 그런데 아픈 분야에는 효과를 주지만 간장에는 약 성분의 해독을 위해 또 한 가지의 부담을 갖게 되는 아이러니가 있기도 하다. 그런 부작용의 우려인가 의사나 약사는 약을 잘 먹지 않는다고 하니 약만이 능사가 아니라는 사실을 의, 약사들은 알고 있다는 증거가 아니겠는가?

그런가 하면 술이라거나 담배 등 기호품도 인체의 건강에 심대한 영향을 미치고 있음을 알아야 한다.

일주일에 한두 번 정도 신체조건이나 주량에 따라 차이는 있겠지만 보편적으로 봤을 때 소주로 친다면 한 서 너 잔 정도 마신다면 적당하다 하겠지만 그 이상 많은 알코올을 섭취한다거나 하루가 멀다 하고 매일같이 음주를 한다면 인체는 이겨내기 어려울 것이다.

앞장에서도 언급했듯이 간장은 인체 내의 독소들을 걸러내야 하는데 하루에 처리할 수 있는 용량이 있는 것이다. 그런데 그 한계를 초과하면 간장 스스로 감당을 못하는 상황이 오는 것이다. 지방간을 비롯해서 간경화라거나 간암에 이르게 되면 생명을 단축하는 환경을 스스로 만들어왔다는 것을 알아야 한다.

습관이 운명을 만든다는 말은 한마디도 틀린 적이 없는 말이다. 기호품이라고 그냥 편안하게 생각하면서 큰 신경 쓰지 않고 부담 없이 먹어왔던 술 때문에, 이런 저런 사유로 자기합리화를 하면서 끊지 못하고 피워온 담배 때문에 자기도 모르게 자기의 몸을 병들게 하고, 생명을 단축하고 있었던 것이다.

지금까지는 건강을 해치는 요인들을 알아보았다. 이와 같이 건강이 위협을 받고 있음을 알았다면 당연히 그에 대처할 수 있는 방안도 알아두어야 하지 않겠는가?

● 건강을 지키기 위한 필수준칙

1. 균형 잡힌 영양

 인체를 유지하는데 필요로 하는 영양소는 다양하다. 매일 일정량의 영양소를 필수적으로 섭취해야 하는 필수영양소가 있는가 하면, 필수는 아니라 하더라도 없으면 안 되는 영양소도 다수 있는 것이다. 하루에 밥을 세끼 씩 먹는 것은 포만을 위해 먹는 것이 아니라 실인즉 인체가 필요로 하는 영양소를 섭취하기 위한 수단일진데 정작 그 필요한 영양소들을 섭취하고 있는지에 대해서는 정확한 분석 없이 그저 습관적으로 먹고 있는 경우가 대부분 일 텐데 이제부터라도 조금이나마 상식들을 알고 필요한 영양소들을 섭취하려는 노력을 할 수 있었으면 좋겠다.

◎ 필수 영양소 : 탄수화물, 지방, 단백질, 비타민, 미네랄(무기질), 물, 식이섬유,
 이런 다양한 영양소들이 인체에 어떻게 기능하는지에 대해 좀 더 자세히 알아보고자 한다.

▷ 탄수화물

 인체에 가장 중요한 에너지 공급원이다. 근육을 유지시키는 등 주요 영양소로서 부족 시에는 신체의 기능이 저하되나 과다 시에는 비만을 초래하여 체중의 증가를 유발하는 양면성을 지니고 있다.
 탄수화물 1g은 4kcal의 열량을 발생하며 이중 일부는 포도당으로 분해되어 인체의 에너지로 쓰이게 되며, 일부는 글리코겐으로 분해되어 간과

근육에 저장되었다가 혈당수준이 낮아지거나 에너지가 필요할 때 분해되어 쓰이게 되지만 나머지는 지방으로 변하여 피하조직에 축적되게 되는데 이것이 과다해졌을 때 비만으로 발전하게 되는 것이다.

주 함유 식품으로는 쌀, 밀 등의 곡류와 감자, 고구마 등에 함유되어 있으며 단당류, 다당류, 유당류로 구분된다.

- 단당류 : 포도당(사과, 살구, 복숭아 등에 많음) 과당(꿀, 시럽 등에 많음)
- 다당류 : 녹말(쌀, 보리, 밀, 감자, 고구마, 콩, 팥 등에 많음)
  식이섬유(식물성 식품에 많음)
- 유당류 : 맥아당(엿기름), 젖당(유제품), 설탕(꿀, 시럽 등)

▷ 지방

고농축의 열량을 공급하며 지속적인 활동을 도와주는 중요 영양소로써 1g당 9kcal 의 열량을 발생한다.

지용성비타민의 용해역할과 비타민 B1의 절약효과와 체온조절, 내장보호, 콜레스테롤 합성, 필수 지방산의 보급원 기능을 하며

부족 시에는 뇌세포의 손실과 인지기능/ 학습능력 저하는 물론 시각장애를 초래하기도 한다.

그런가 하면 상대적으로 과다 시에는 체지방으로 축적되어 혈관에 혈전형성 및 혈관수축, 동맥경화증, 심장장애 등이 우려되기도 한다.

지방의 분류는

■포화지방산 : 조직 속에서 합성되지 않거나 양이 적어 식사를 통해 공급시켜 줘야 하며 생체막의 구조완성과 막의 기능 및 아이코사노이드의 생성 및 조절, 피부 보전 등의 기능을 하며 여러 가지 불포화 지방산

의 합성에 필요하다.

■불포화 지방산 : 한 분자 내에 한 개 이상의 이중결합을 가지고 있는 지방산으로써 올래산, 리몰래산, 아라키온 산 등이 있다.

■콜레스테롤 : 혈중 콜레스테롤 수치를 변동시키는 인자로서 영양조건, 체질, 운동량, 스트레스에 좌우된다.

콜페스테롤은 육류에 과다하며 저하 식품은 식물성식품, 채소류, 식이섬유이며 콜레스테롤을 줄이기 위해서는 적당한 운동이 효과적이다.

생활수준 향상에 따른 동물성 지방의 과잉섭취와 패스트푸드, 인스탄트 식품 등의 식생활의 서구화에 따라 지방 섭취량이 증가추세이며 이로 인해 비만, 고혈압, 당료, 심장병, 뇌졸중 등이 증가하는 추세에 있다. 때문에 비장의 일일 권장섭취량을 초과하지 않는 것이 무엇보다 중요하다.

지방의 일일 권장 섭취량은 섭취하는 총 열량의 20~25% 선을 유지해야 하며 포화지방산과 불포화 지방산의 1:1 또는 1.5:1을 초과하지 않아야 한다.

참고적으로 참치, 고등어, 연어, 송어, 정어리 등의 등푸른 생선과 콩제품이나 들기름 등의 오메가-3 불포화 지방산은 노화를 예방하는데 탁월하다.

▷ 단백질

신체를 유지하는 주 영양소로써 인체에서 수분 다음으로 가장 많은 비중을 차지하며 주성분은 탄소, 수소로 구성되어 있으며 탄수화물이나 지방에 없는 질소 성분을 함유하고 있다.

기능은 체내의 효소나 호르몬 등의 필수물질을 만들거나 운반하며 외부에서 침입하는 이물질에 대항하는 에너지를 제공함으로써 신체의 정상적인 성장/유지에 필수적이며 과잉 시에는 칼슘대사 곤란, 소화기관과 신장에 부담을 주게 되며 부족 시에는 성장둔화 및 저하, 각종 질병에 대한 저항력을 떨어뜨리게 된다.

주성분은 20여 종의 아미노산으로 구성되어 있는데 필수 아미노산과 불필수 아미노산으로 구분된다.

■ 필수 아미노산 : 신체에서 합성할 수 없으며 체내에서 만들어 낼 수 없는 것으로 반드시 식품을 통해서 섭취해야 하는 9가지의 성분으로 이소류신, 페닐알라닌, 류신, 레오닌, 트립토판, 메티오닌, 발린, 히스티딘, 아르기닌 등이 있다.

■ 불 필수 아미노산 : 신체에서 합성 가능한 11가지의 성분으로 알라닌, 아르기닌, 아스파라긴, 글리세린, 글루탐산, 티로신, 시스테인, 아스파르트산, 프롤린, 글루타민 등이 있다.

단백질의 종류에는
■ 동물성 단백질(육류) : 필수 아미노산을 함유한 질 좋은 단백질이지만 콜레스테롤과 포화지방산을 함유하여 과다섭취 시 비만을 초래하여 이에 따른 고혈압, 당료 등의 발병을 유발 할 수도 있다.

■ 식물성 단백질(채소류) : 지방이나 콜레스테롤은 낮지만 필수 아미노산이 부족할 우려가 있기 때문에 동물성과 균형을 유지하는 것이 중요하다.

○ 단백질의 구분은

■ 완전 단백질 : 생명체의 성장, 유지에 필요한 필수 아미노산을 충분

히 함유한 양질의 단백질로써 대부분의 동물성 식품이 여기에 속한다.

　■부분적 불완전 단백질 : 필수 아미노산을 모두 포함하고 있으나 함량이 충분치 못하므로 인체 생명은 유지할 수 있으나 성장은 정지되게 된다. 밀의 글리아민이나 보리의 홀데인 등이 여기에 속한다.

　■불완전 단백질 : 생물가가 낮은 단백질이며 필수 아미노산이 결여되어 장기 섭취 시에는 체중감소, 성장지연, 신체쇠약을 초래하게 된다. 옥수수의 제인성분이 대표적이라 하겠다.

▷ 비타민

신체 내에서 필수적인 생화학과정을 도와주며 분해나 합성의 화학반응을 원활하게 하도록 하여 생리기능을 조절하여 준다.

비타민의 효과는 항산화 작용, 항암작용, 노화방지. 면역능력 증진, 치매예방 등의 효과가 있으며 비타민이 결핍 시에는 면역지능 저하에 따른 각종 질병을 유발하며 산화작용에 의한 노화를 촉진한다.

▷ 물

인체의 약 70%는 물로 구성되어 있으며 물은 생명체의 근원이요, 모든 음식 중에 상 음식이 물인 것이다. 음식은 10여일 굶어도 생존이 가능하지만 물은 3~4일만 못 먹어도 생명의 위협을 받게 된다. 물은 1일 1.5L~2L(8~10컵)을 섭취해야 한다.

그런데 문제는 물의 질을 잘 알지 못한다는데 있는 것이다. 세계보건기구(WHO)에 의하면 질병의 원인 80%가 부적절한 식수에 있다고 하며 년 간 530만 명이 식수에 의해 생명을 잃고 있다는 발표가 있었다. 의학계 자료에 의하면 끓여 먹는 물은 생명력이 없는 죽은 물이라고 하며,

또한 보리차 등 볶은 곡류는 태운 것의 찌꺼기로써 발암물질이 내포될 위험이 있다. 지하수는 토질오염, 농약이나 살충제, 살초제 등의 사용과 지하수 개발 시에 폐공을 방치함으로 인해 세균이나 대장균 등의 오염으로 음용기준을 초과하는 경우가 허다하기 때문에 위험한 것이라고 전문가들은 말한다.

▷ 미네랄

무기질이라고 하기도 하며, 골격구조에 필수영양소로서 신체의 활동을 도우며, 열량을 발생하지 않고 소량을 필요로 하나 없어서는 안 된다.

신체내의 유기화합물을 구성하는 탄소, 수소, 산소, 질소의 96%를 차지하나 근육조직과 체액의 생리작용에 관계하며 생명유지에 절대적으로 필요한 성분이다.

미네랄의 기능으로서는 신경 충동의 전달(Na, K), 생리작용의 조절, 산이나 알카리의 평형유지, 신체조직의 형성, 골격 및 치아구성, 호르몬과 효소의 구성(티록신, 인슐린), 체내 수분 함량 조절의 기능을 한다.

■ 인체가 필요로 하는 미네랄
 - 다량 무기질 : 칼슘, 인, 칼륨, 황, 염소, 나트륨, 마그네슘
 - 미량 무기질 : 철, 망간, 구리, 요오드, 불소, 아연, 몰리브덴, 셀레늄, 코발트

■ 식품별 포함 무기질
 - 채소류 : 알칼리를 형성하는 무기질로서 나트륨, 칼륨, 마그네슘, 칼슘
 - 육류, 생선, 곡류 : 산성을 형성하는 무기질로서 인, 셀레늄, 염소, 요

오드

■ 무기질 성분 별 결핍 시 나타나는 증세
 - 나트륨, 염 :식욕 감퇴 - 철, 구리 :빈혈, 허약체질 유발 -셀레늄 :근육장애

▷ 식이섬유

영양소로 분류되지는 않으나 신진대사를 원활하게 하는데 필수적인 요소로서 기능은 장내에서 노폐물과 수분을 흡수하여 배출을 빠르고 쉽게 해주며 체내의 유익균을 활성화하고, 유해균의 살균작용을 해준다.
식이섬유를 함유하고 있는 식품으로는 콩 제품, 해조류, 채소류, 과일 등에 다량 함유하고 있다.

■ 식이섬유 종류
 - 가용성(수용성)식이섬유 : 점성성질로서 물에 옹해가 쉬우며 과일 속의 팩틴, 해조류의 아르기닌 산이 있으며 변비 조절 역할을 한다.
 - 불용성 식이섬유 : 물에 용해가 되지 않는 것으로 주로 식물세포에 존재하는 셀룰로즈, 헤미셀룰로즈, 리그니 및 게나 새우껍질에 함유되어 있는 키틴 등이 해당되며 혈당 조절 역할을 한다.

■ 식이섬유의 특징으로서는
 - 소화기관 내에서 보수성이 우수하다.
 - 양이온 교환 능력과 유기화합물의 흡착능력, 젤 형성능력 등이 있다.
 - 소화기관의 움직임을 원활하게 해 주며 대변의 양을 증가시킨다.
 - 음식물의 소화기관 통과시간을 단축시킨다.

- 장내의 압력을 저하시켜 정상화함으로 충수염이나 장기실증, 탈장, 치질 등의 발생을 예방한다.
- 장과 간에 순환하는 담즙산을 감소시키며 장내 세균의 종류를 변동시킨다.
- 식 후 혈당 상승이나 혈 중 콜레스테롤의 상승을 억제시킨다.

2. 적당한 운동

신체는 심하게 얘기하자면 혹사를 시킬수록 발전하게 되어있다.

자율신경계통인 내장 기관들은 우리가 의식하지 않아도 알아서 부단하게 운동을 계속하고 있다. 위장은 우리가 취식하는 음식물들을 소화시켜주고 있으며 대장이나 소장들도 연동운동을 통해서 영양을 흡수하기도 하고, 배설을 위해 밀어내고 하며 심장은 계속되는 박동을 통하여 96,000km에 달하는 혈관에 혈액을 공급해 주고 있기 때문에 인체가 유지되는 것이 아닌가.

그러나 타율신경계통인 근육이나 관절들은 부단하게 운동을 해 줘야 발달하는 것이다. 운동을 안 하거나 게을리 하면 근육은 탄력을 잃게 되고, 유연성이 떨어지게 된다. 또한 관절도 움직여주지 않으면 기능이 저하되어 걷거나 뛰는데 어려움을 겪게 되는 것이다.

인체는 내부와 외부가 유기적으로 연결되어 운동을 부단하게 해 주면 내장기관이 튼튼하게 되는 것인데 운동을 잘 해주면 심장이 강해지기 때문에 인체의 구석구석까지 산소공급을 원활하게 하며 소화기능도 왕성하게 되기 때문에 소화가 용이하여

영양공급이 원활하게 이루어지기 때문에 건강한 육체를 유지할 수 있는 것이다.

그런데 운동이라는 것은 적당한 운동이라는 제목에서 제시하듯이 자신

의 신체 상태와 수용능력에 따라 알맞게 해주는 것이 중요하다. 과거에는 적당히 뛰어주는 조깅을 좋은 운동이라고 권장하는 경우도 있었지만 요즈음에는 걷는 것이 최고의 운동이라는 분위기가 확산되고 있는 것이다.

매사가 과유불급이라는 말이 있는데 지나치면 부족함만 못하다고 자기의 연령과 신체조건에 부합하는 적당한 운동이 자신을 지켜주는 첩경이라는 것을 알아야 할 것이다.

3. 긍정적인 사고

육체를 지배하는 것이 정신이다. 사람이 세상을 살아간다는 것은 늘 즐겁고 행복하고 신바람 나는 일들만 거듭될 수가 없다. 희, 로, 애, 락, 애, 오, 욕이라는 오욕칠정의 거듭 속에서 삶이 이어지는 것이다. 때문에 어렵고, 힘들고, 억울하고, 분하고, 짜증나고, 화나고, 신경질 나는 경우들도 다반사로 일어날 수밖에 없는 것이 인생살이라고 받아들이는 자세도 아주 중요하다할 것이다. 이런 와중에 받는 스트레스를 어떻게 슬기롭게 극복하느냐 하는 것이 관건이다. 말하자면 그것들이 엔돌핀 형성의 발판이 된다는 긍정적인 사고, 그냥 그러려니 하고 받아들이는 드넓은 마음가짐이 무엇보다 중요하다 하겠다.

그것이 하루아침에 이루어지지는 않을 것이다. 육체를 운동을 통해서 발전시키는 것처럼 정신도 부단하게 운동을 시켜줘야 한다. 그것이 수양이고 도야다.

한두 번으로 되는 것이 아니고 꾸준하게 연마하여야 하는 것이다.

최근에 단이라거나 명상이 부각되는 것도 이런 정신건강에 아주 좋은 일환으로 각광 받고 있는 분위기이다.

대개의 많은 사람들은 자기 입장에서 세상을 본다. 사물이나 사람에 대해서도 자기입장, 자기 생각, 자기 원칙이나 기준을 대입한다. 사람은 얽히고설킨 관계 속에서 살고 있는 것이다. 그렇기 때문에 상대편에 서서 상대를 이해하는 것, 용서하는 것이 무엇보다 중요하다 할 것이다. 물론 그 이전에 상대를 배려 할 수 있다면 그보다 좋은 관계는 없을 것이다. 그러기 위해서는 무조건적으로 긍정의 사고를 갖는 것이 관건이요, 그것이 자신의 건강을 지켜주는 비결인 것이다.

4. 규칙적인 식사

　인체의 오묘하고 신비한 부분에 대해서는 누누이 얘기 했듯이 매일 매일 일정하게 필요로 하는 일정량의 영양소가 필요한 것처럼 이러한 영양소를 공급하기 위해서는 한꺼번에 왕창 보충한다거나 생각 날 때 대충 보충하는 식으로는 인체의 건강은 유지, 보전될 수가 없다.

　자율신경계통과 타율신경계통이 유기적으로 조화하면서 건강이 확보되는데 배가 고프다고 느껴지는 식사시간에는 식사를 해 줘야만 한다. 배가 고프다는 것은 식사를 해야 한다는 뇌에 보내는 신호인 것이다. 이 신호를 무시하고 식사를 하지 않게 되면 내부 자율신경계통인 위장은 자구책을 강구하게 되는데 일정한 시간이 지나고 나면 배고프다는 느낌은 사라지게 되는 것이다.

　그런데 사람들의 일상이 모두다 정기적으로 식사시간을 준수하면서 살아갈 수 있는 환경들이 아닌 경우가 많게 되다보니 끼니를 거르는 경우도 있는가 하면 12시부터 해야 하는 점심식사를 오후 한 두 세시쯤에야 하게 되는 등 위장을 혹사시키는 경우가 다반사인 것이다. 삶을 유지하기 위해 건강을 해치는 모순을 스스로 자행하는 우를 범하고 있는 것이다. 삶의 우선순위가 다양하겠지만 건강을 유지하고 싶다면 반드시 정기적인 시간에 규칙적으로 식사를 하는 습관을 지키는 것이 관건일 것이다.

5. 충분한 휴식

신체는 기계가 아니다. 육체건 정신이건 무리를 하면 거기에 반한 문제를 유발하게 되어 있다. 일주일에 주말이 왜 있겠는가. 완력을 사용하는 육체노동이건 머리를 사용하는 정신노동이건 일정시간 일을 하고나면 반드시 일정시간 휴식을 취해줘야 하는 것이다. 그런데 일부 사람들 중에는 일중독이라고 할 정도로 일에만 몰입하는 경우가 있는데 그러다보면 건강을 해치게 되는 것이다. 그래도 일에 몰두하여 육체를 혹사시키는 것은 그나마 나은 편이라 할 것이다. 일할 때는 악착같이 집중하고 쉴 때는 철저하게 일에서 벗어나 쉴 줄 알아야 한다. 사람에 따라 천차만별이지만 어떤 사람은 아주 어렵고 많은 일을 하면서도 여유를 가지고 있는 사람이 있는가 하면 어떤 사람은 많지도 않고 복잡하지도 않은 일을 하면서도 늘 바쁘다 바빠 라는 말을 입에 달고 사는 사람이 있다. 이건 왜 그럴까. 그건 간단하다. 습관의 차이라고 본다. 자기의 생활에 계획성이 있는 사람은 여유를 가질 수 있다. 그러나 계획성이 없는 사람은 늘 바쁜 것이다. 도한 일의 경중완급을 구분하지 못하면 언제나 급한 일에만 매달리면서 바쁘게 되는 것이기 때문에 계획성을 갖는 것, 경중완급을 구분 지을 줄 아는 것이 충분한 휴식을 위해서도 선결과제라 할 것이다.

Ⅱ. 정신 건강

육체가 아무리 건강하다 하더라도 정신상태가 병들어 있다면 그 육체는 병든 것이나 마찬가지일 것이다.

이 장에서는 외관상으로 표가 날 정도의 정신질환자에 대해 논하고자 하는 것이 아니라 외관상으로는 정상적으로 보이는 사람들이지만 사회구성원으로서의 기능에 대해 잘 모르거나 알면서도 눈살을 찌푸리게 하는 약간의 비정상적인 정신 건강상태에 대해 알아보고자 하는 것이다.

대개 사람들은 시각장애라거나 청각장애 또는 보행 장애나 어떤 활동장애 등 외관상으로 육체적인 불편을 가지고 있는 사람들을 볼 때는 안타깝다거나 애처로운 생각들을 한다. 그러나 외관상으로 불편한 부분을 보이지 않는 사람에 대해서는 정상인(장애인 입장에서는 비장애인이라 칭함)이라고 생각한다. 그러나 생각이 깊은 사람들은 육체적으로는 정상이면서도 정신적으로 장애가 없는 사람은 많지 않다고 말한다. 그런 의미에서 조금 과장되게 표현하자면 이 세상에 장애가 없는 사람은 없다고 말하기도 한다.

그렇다면 정신이 건강하지 못한 경우란 어떤 것들이 있을까? 한마디로 요약한다면 사람답지 않거나 사람답지 못한 생각을 하는 사람들이 정신 건장이 좋지 않은 사람, 조금 심하게 표현하자면 정신적인 장애를 가진 사람이라고 말할 수 있지 않을까? 그러한 경우들을 독자들과 같이 음미해보고자 한다.

○ 모든 것을 부정적으로 보는 사람
○ 개인의 양심을 소중하게 생각하지 않으며 자신의 양심까지도 속이는 사람
○ 효도를 모르고 부모에게 폭력행위도 불사하는 사람
○ 형제간에 우애를 저버리는 사람
○ 친구 간에도 신의를 무시하거나 못 지키는 사람
○ 고마움이나 감사를 모르는 사람
○ 준법정신이 없는 사람

○ 공중도덕이나 질서의식이 없는 사람

○ 정의로운 마음이 없는 사람

○ 늘 부정한 생각을 하는 사람

○ 다른 사람에게 피해를 주고도 미안한 마음이 없는 사람

○ 책임감이 없는 사람

○ 부도덕한 사람

○ 사회에 미치는 영향 같은 것은 생각지도 않고 자기이익만 추구하는 사람

○ 남을 미워하거나 비방, 험담하기를 좋아하는 사람

○ 남의 약점이나 단점만 보는 성향을 가진 사람

○ 다른 사람의 존엄성을 인정하지 않는 사람

○ 성을 쾌락의 도구로만 생각하여 성추행이나 성폭행을 일삼는 사람

○ 정당한 노력 없이 남의 물건이나 돈을 욕심내는 사람

등등 다양한 행태의 정신적 결함상태가 많을 것이다. 일반적으로 이를 일컬어 정신상태가 썩었다는 표현을 한다. 그렇다. 육체가 썩었다면 어떻게 될까? 부분적으로 썩은 부위를 도려내야할 것이 아닌가? 그래야만 다른 신체부위로 전이되는 것을 막을 수 있다. 그런데 정신이 썩었을 경우에 어찌해야 한단 말인가?

모든 사람들은 누구나 신체의 건강을 위해 다양한 노력들을 하고 있다. 그리고 외모의 아름다움을 위해서도 아낌없는 투자를 하며 가여울 만큼의 노력을 하고 있다.

그런데 한 번 쯤 돌이켜보자. 자신의 정신건강을 위해서는 어떤 노력을 하고 있는가? 앞장의 육체적인 건강 면에서 건강을 해치는 요인도 알아보았고, 이를 개선하기 위한 여러 가지 방안도 짚어보았다. 이렇듯이 육

체의 건강을 위해 노력하는 사람은 많지만 정신건강을 위해 노력하는 사람은 많지 않다. 또한 정신건강을 위한 노력은 해야 된다는 생각을 잘 안 하는 경향도 있고, 또 어떻게 해야 하는지 잘 모르는 경향도 있으리라 생각된다.

육체를 유지하기 위해서는 기본적으로 매일 세끼의 밥을 먹고 있듯이 정신도 매일 한 끼 이상의 밥을 먹여줘야 한다고 생각한다. 다만 그 밥이라는 것이 입으로 들어가는 음식이 아니라 머리로 들어가는 무형요소라는 면에서 차원이 다른 것이다. 안 중근의사는 "하루라도 책을 읽지 않으면 입에서 가시가 돋아난다." 고 했다. 입에서 가시가 돋아난다는 표현은 책을 소리 내어 읽었던 시절이었기 때문이리라.

어린 학생을 가르치는 선생님들이 가르쳐줘도 잘 모르는 학생들을 대할 때 "머릿속이 텅 비었다" 는 표현을 하거나 "머리에서 쇳소리가 난다."는 표현을 하는 것을 들어 본 사람들이 있을 것이다.

정신 상태라는 것은 머릿속, 가슴속에 무엇이 들어있는가를 얘기하는 것일 것이다. 여기에서도 "콩 심은데 콩 나고 팥 심은데 팥 난다."는 우주원리인 속담이 적용될 수 있을 것이다. "보석이 들어가면 보석이 나오고 쓰레기가 들어가면 쓰레기가 나온다."는 인터넷 원리하고 같은 맥락이다. 좋은 지식, 교양 있는 얘기들이 머릿속으로 들어가면 나올 때도 좋은 지식들과 교양 있는 얘기들이 나오게 되는 것이다.

육체는 정신이 지배한다. "말이 씨가 된다."는 말도 있다. 어떤 말을 사용하느냐에 따라 그 사람의 인생이 좌우되는 것이다. 말이 행동을 유발하고, 행동이 반복되는 와중에 습관이 되며 그 습관이 인생을 지배하게 되는 것이기 때문이다. 말의 수준을 좌우하는 것은 머리에 들어있는 지식들, 가슴속에 품은 생각의 수준을 나타내는 것이기 때문에 유식하고, 교양 있고, 착하고, 인정 있고, 의리 있는 좋은 생각을 하는 사람은 그런 마음이 가슴을 지배하기 때문에 그런 행동이 나올 것이고, 그 반대로 무식하고, 교양 없고, 악하고, 인정 없고, 의리 없는 나쁜 생각을 하는 사람들은 또한 그런 행위들이 나오게 될 것이다. 말하자면 전자는 좋은 씨앗을 머리와 가슴에 심었기 때문에 행동이 좋은 열매를 맺게 되는 것이요, 후자는 나쁜 씨앗을 머리에 심었기 때문에 행동이 나쁜 결실을 가져온 것이다.

그렇다면 좋은 행동을 하면서 살아가는 사람과 나쁜 행동을 하면서 살아가는 사람이 어떻게 차이가 나겠는가는 독자들이 충분히 판단 가능하리라 생각한다.

보편타당한 기본 상식들에 충실한 사람들이 많은 사회는 건전한 사회, 밝고 명랑하고 안전한 사회가 될 것이다.

말하자면 정신이 건강한 사람이 많은 사회는 살만한 세상이라는 것이다. 그렇다면 역으로 정신이 건강하지 못한 사람이 많은 사회는 어둡고, 불안하고, 위험한 환경이 되게 되는 것이 아니겠는가? 정신건강이 얼마나 필요하고 얼마나 중요한 덕목인가?

설영 육체는 약간 불편한 부분이 있다하더라도 정신이 건강하다면 그런 사람이야말로 이 사회가 더 선호하고 필요로 하는 사람이 아니겠는가?

이렇듯이 중요한 정신 건강에 대해 어떻게 하면 유지, 발전시킬 수 있을 것인가? 독자들과 같이 고민해 보고자 한다.

● 정신 건강을 위해 실천해야 할 사항들

○ 마음에 양식이 되는 좋은 책들을 많이 보고 실천하려는 노력을 한다.
○ 언제나 긍정적인 마인드를 기른다.
○ 늘 좋은 생각을 하는 버릇을 기른다.
○ 항상 누구에게나 좋은 말을 하려는 노력을 한다.
○ 한마디 말을 하기 위해서 반드시 세 번 이상 생각하는 습관을 기른

다.

○ 옳고 그름을 구분하여 되도록 옳은 일을 하려는 노력을 한다.

○ 좋고 나쁨을 구분하여 좋은 일을 선호하여 취하고, 나쁜 일은 배척한다.

○ 어떤 경우에도 정직을 택하려는 자세를 갖는다.

○ 이기적인 삶의 방식보다 이타적인 삶의 방식을 선호하려는 자세를 기른다.

○ 다른 사람의 좋은 점을 보려는 노력을 하고, 항상 칭찬과 격려하는 습관을 기른다.

○ 희생과 봉사, 헌신의 마음을 기른다.

○ 다른 사람들을 배려하는 마음과 이해하려는 마음 그리고 어떤 잘못이나 실수도 용서할 수 있는 도량을 키운다.

○ 교양강좌라거나 명상, 마음수련 등을 통해서 인격도야를 위해 부단하게 노력한다.

○ 준법정신을 고취하고 사회도덕, 질서의식 함양을 위해 부단하게 노력한다.

○ 기타 사회의 구성원으로서 밝고 명랑한 사회, 안전하고 건전한 사회 형성을 위해 보편타당한 상식을 견지한다.

  그 외에도 독자 나름 생각하는 분야들이 무궁무진하겠지만 모든 사람들이 이 정도만이라도 생각하면서 지켜준다면 더할 나위 없이 살기 좋은 사회가 될 수 있으리라고 믿어 의심치 않는다.

제 12 장
인간 면허 시험문제

책머리에 언급했듯이 자동차 면허증을 따기 위한 면허시험을 치르듯 인간이라는 자격을 취득하기 위한 면허시험을 치른다고 가정해봤을 때 그 면허시험 문제들을 출제해 본다.

총 150문항, 450점 만점
대전제 2문항 각 100점 부여
기타 1문항에 1점씩 부여 (특별한 10문항에 한해 10점 부여)

🔲 평가

◉ 400점 이상 : 모든 사람에게 귀감이 되고, 모범이 되며, 다른 사람들을 교육할 수 있고, 지도할 수 있으며, 많은 사람으로부터 존경 받을 만한 지도층 인사
◉ 300점 이상 400점미만 : 성공적인 인생을 영위할 만한 자질을 갖춘

훌륭한 인간으로서 어떤 분야에서든 주도적인 역할을 할 수 있는 리더

◉ 200점 이상 300점미만 : 주변에 피해를 주지 않고 자기스스로 자립할 수 있으며 중추적인 역할을 수행할 수 있는 사람

◉ 100점 이상 200점미만 : 주변에 피해는 주지 않으며 그저 평범하게 살아가는 사람

◉ 50점 이상 100점미만 : 주변에 전혀 도움이 되지 않으며 부담이 되고 신경이 쓰이는 사람으로서 주변에 스트레스를 초래하는 사람

◉ 50점미만 : 주변에 피해를 주는 것은 물론 불안과 공포감을 유발하는 사람으로서 사회로부터 격리가 요구되는 사람

독자나 이 분야의 전문적인 식견을 가진 학자들의 입장은 잘 모르겠다. 이런 평가기준은 오직 필자의 개인적인 생각이라는 점을 밝혀둔다.

인간면허 시험 문제

● 대 전제

1. 당신은 사람다운 사람이 되고자 하는 생각, 사람답게 살고자 하는 노력을 하면서 살아가고 있는가?
 - 늘 하면서 살고 있다.   100점
 - 이따금 해 본다.   50점
 - 그런 생각을 해 본 적이 한 번도 없다.   0점

2. 당신은 사람을 죽여 본 적이 있는가? 또는 죽이려는 생각을 해 본 적이 있는가?   - 없다. 100점   있다. -100점

● 인간성 면

1. 부모님에게 불효막심한 짓을 한 적이 있는가?　　　예 0, 아니요 1
2. 부모님에게 거짓말을 해본 적이 있는가?　　　　　예 0, 아니요 1
3. 어린 시절 어른에게 불손하게 대해본 적이 있는가?　예 0, 아니요 1
4. 어린 시절 부모님의 돈을 몰래 돌라서 써 본 적이 있는가?

　　　　　　　　　　　　　　　　　　　　　예 0, 아니요 1
5. 청소년기에 가출을 하여 불량한 짓을 해 본 적이 있는가?

　　　　　　　　　　　　　　　　　　　　　예 0, 아니요 1
6. 도박을 해 본 적이 있는가?　　　　　　　　　예 0, 아니요 1
7. 선생님에게 불경하게 대들어 본적이 있는가?　　예 0, 아니요 1
8. 선생님에게 거짓말을 해본 적이 있는가?　　　　예 0, 아니요 1
9. 형제들과 심한 말다툼이나 몸싸움을 한 적이 있는가?

　　　　　　　　　　　　　　　　　　　　　예 0, 아니요 1
10. 친구들과 심한 말다툼이나 몸싸움을 한 적이 있는가?

　　　　　　　　　　　　　　　　　　　　　예 0, 아니요 1
11. 당신은 예의범절에 예민하고 철저한 편인가?　　예 0, 아니요 1
12. 당신은 경우와 순리에 어긋나지 않는 성격을 가진 사람인가?

　　　　　　　　　　　　　　　　　　　　　예 0, 아니요 1
13. 기본적인 인간성이 어긋난 경우를 봤을 때 어떤 반응을 하는가?

　　　　　　　　　용납하기 어렵다 1. 그런 걸 잘 못 느낀다. 0
14. 공중도덕을 위반하거나 정의롭지 못한 경우를 봤을 때 당신의 반응
은?

　　　　　　　스트레스를 받으며 교정하고자 하는 노력을 하는 편이다 1
　　　　　　　　　　　　　　　그냥 그저 무신경한 편이다 0
15. 친구들에게 거짓말을 해 본 적이 있는가?　　　예 0, 아니요 1

16. 모르는 사람과 심한 말다툼이나 몸싸움을 한 적이 있는가?

　　　　　　　　　　　　　　　　　　　　　예 0, 아니요 1

17. 남의 흉을 본 적이 있는가?　　　　　　　예 0, 아니요 1

18. 알고 지내는 사람과 심한 말다툼이나 몸싸움을 한 적이 있는가?

　　　　　　　　　　　　　　　　　　　　　예 0, 아니요 1

19. 싸움을 하는 과정에서 흉기를 들어 본 적이 있는가?

　　　　　　　　　　　　　　　　　　　　　예 0, 아니요 1

20. 10대에 담배를 피워 본적이 있는가?　　　예 0, 아니요 1

21. 10대에 이성과 성관계를 가져 본 적이 있는가?　예 0, 아니요 1

22. 남의 물건이나 돈을 욕심 내 본 적은 있는가?　예 0, 아니요 1

23. 음주 후에 추태를 부려 본 적이 있는가?　　예 0, 아니요 1

24. 살아오면서 남의 물건이나 돈을 훔쳐본 적이 있었는가?

　　　　　　　　　　　　　　　　　　　　　예 0, 아니요 1

25. 계획적으로 도둑질을 해 본적이 있는가?

　　　　　　　　　　　　　　　　　　　　　예 0, 아니요 1

26. 돈이나 물건을 탈취하기 위해 흉기를 사용해 본적이 있는가?

　　　　　　　　　　　　　　　　　　　　　예 0, 아니요 1

27. 이성을 성추행해 본적이 있는가?　　　　　예 0, 아니요 1

28. 이성을 성폭행해 본적이 있는가?　　　　　예 0, 아니요 1

29. 결혼을 한 후 다른 이성과 교제를 한 적이 있는가? 예0, 아니요 1

30. 결혼을 한 후 다른 이성과 성관계를 한 적이 있는가?

　　　　　　　　　　　　　　　　　　　　　예 0, 아니요 1

31. 배우자에게 욕설을 해 본 적이 있는가?　　예 0, 아니요 1

32. 배우자에게 폭력을 행사한 적이 있는가?　　예 0, 아니요 1

33. 배우자를 속여 본 적이 있는가?　　　　　　예 0, 아니요 1

34. 자녀에게 거짓말을 해 본 적이 있는가?　　예 0, 아니요 1

35. 자녀에게 욕설이나 폭력을 행사한 적이 있는가?　　예 0, 아니요 1

36. 다른 사람의 험담을 해 본 적이 있는가?　　　　예 0, 아니요 1

37. 다른 사람이 말하고 있는 와중에 가로채서 끼어들기를 한 적이 있는가?　　　　　　　　　　　　　　　　　예 0, 아니요 1

38 남에게 물질적인 피해를 입혀 본 적이 있는가?　　예 0, 아니요 1

39. 형제나 친척에게 물질적인 피해를 입혀 본 적이 있는가?

　　　　　　　　　　　　　　　　　　예 0, 아니요 1

40. 친척이나 친구에게 안부전화를 해 본 적이 있으며 그렇게 하면서 살고 있는가?　　　　　　　　　　　　예 0, 아니요 1

41. 남을 물질적으로 도와줘 본 적이 있는가?　　　예 0, 아니요 1

42. 형제나 친척에게 물질적인 도움을 줘 본 적이 있는가?

　　　　　　　　　　　　　　　　　　예 0, 아니요 1

43. 자기가 뭔가를 잘 못했을 때 스스로 인정하고 사과하거나 용서를 구한 적이 있는가?　　　　　　　　　예 0, 아니요 1

44. 타인의 잘못을 감싸주기 위해 노력해 본 적은 있는가?

　　　　　　　　　　　　　　　　　　예 0, 아니요 1

45. 타인의 잘못이나 죄를 자신이 대신 짊어져 본 적이 있는가?

　　　　　　　　　　　　　　　　　　예 0, 아니요 1

46. 사람을 차별해서 대해본 적이 있는가?　　　　예 0, 아니요 1

47. 부모라면 가정의 화목을 위해 노력하고 있는가?(누구나 하는 일이지만 한 번쯤 짚어 보는 계기가 되면 좋겠다)　　예 0, 아니요 1

48. 자녀의 교육을 위해 노력(고민)을 많이 하는 편인가?

　　　　　　　　　　　　　　　　　　예 0, 아니요 1

49. 형제와 우애를 위해 노력하고 있는가?　　　예 0, 아니요 1

50 다른 사람을 모함하거나 이간질을 해본 적이 있는가?

　　　　　　　　　　　　　　　　　　예 0, 아니요 1

● 사회성 면

1. 직장생활을 하면서 동료나 상사와 다퉈본 적이 있는가?

예 0, 아니요 1

3. 업무와 관련된 기관의 직원과 다퉈본 적이 있는가?　예 0, 아니요 1

4. 사회 정의감을 가지고 잘못된 관행이나 규정에 대해 상사라거나 공공
기관에 문제제기를 해 본 적이 있는가?　　　　　예 1, 아니요 0

5. 어떤 도움을 필요로 한 사람이 있을 때 도움을 줘 본 적이 있는가?

예 1, 아니요 0

5. 길거리에서 무거운 짐을 든 노인이나 임산부 등을 도와줘 본 적이 있
는가?　　　　　　　　　　　　　　　　예 1, 아니요 0

6. 대중교통을 이용하는 과정에서 노인이나 임산부 등 불편한 사람에게
자리를 양보해줘 본 적이 있는가?　　　　　예 1, 아니요 0

7. 지인들 간에 싸움이 발생했을 때 중재를 통해 화해를 유도해 본 적이
있는가?

　예 1, 아니요 0(그런 상황을 경험해보지 못한 경우는 예로 간주함)

8. 운전 간에 끼어들기를 하는 다른 차량에 대해 양보해줘 본 적이 있는
가?　　　　　　　　　　　　　　　　　예 1, 아니요 0

9. 운전 간에 자기에게 불편하게 했다는 이유로 상대를 불안하게 해 본
적이 있는가?　　　　　　　　　　　　　예 0, 아니요 1

10. 주거지에서 엘리베이터를 이용하는 와중에 모르는 사람과 동승하게
되었을 때 먼저 인사해본 적은 있는가?　　　예 1, 아니요 0

11. 어린이나 부녀자가 위험한 상황에 처했을 때 도움을 줘 본 적이 있
는가?

　　예 1, 아니요 0(그런 상황을 경험해 볼 기회가 없었다면 예)

12. 불쌍한 사람을 보았을 때 측은지심을 가져 본 적이 있는가?

예 1, 아니요 0

13. 사람들과 약속을 했다가 안 지킨 적이 있는가?　　예 0, 아니요 1

14. 자기가 뭔가를 잘 못했을 때 스스로 인정하고 사과하거나 용서를 구한 적이 있는가?　　　　　　　　　예1, 아니요0

15. 타인의 잘못을 감싸주기 위해 노력해 본 적은 있는가?

예1, 아니요0

16. 나를 배신하거나 실망을 준 사람을 용서해줘 본 적이 있는가?

예1, 아니요0

17. 지인에게서 배신이나 실망을 느끼거나 손해를 당했을 때 복수를 해 본 적이 있는가?　　　　　　　예0, 아니요1

18. 강자와 약자의 다툼이나 분쟁이 있을 경우, 약자 편에 서서 도와주기 위한 노력을 해 본 적이 있는가?　　　예1, 아니요0

19. 옳고 바른 것과 개인적인 이해가 충돌했을 때 손해를 감수하고라도 옳고 바른 것을 택할 자신이 있는가?　　　예1, 아니요0

20. 다른 사람의 좋은 점을 인정하고 칭찬하는 마음을 갖고 있는가?

예1, 아니요0

21. 다른 사람의 잘 못으로 자신에게 어떤 피해가 있을 때라도 화를 내지 않을 만큼의　인성을 갖추었는가?　　예1, 아니요0

22 자기보다 약자(지위, 신분, 재산 등)에게 겸손하게 대하는 성향을 갖고 있는가?　　　　　　　　　예1, 아니요0

23 어떤 일을 잘 못하거나 결과가 잘 못되었을 때 변명하거나 핑계를 대 본 적이 있는가?　　　　　　예0, 아니요1

24. 다른 사람에게 용기와 희망을 줄 수 있는 격려와 칭찬을 잘 하는 성격을 갖고 있는가?　　　　　　예1, 아니요0

25. 약자를 경시하거나 무시해 본 적이 있는가?　　예0, 아니요1

26. 소외당한 사람을 포용하거나 감싸 안아 줘 본적이 있는가?

예1, 아니요0

27. 사람을 차별해서 대해본 적이 있는가?　　　　예0, 아니요1

28. 사람을 죽이고 싶다는 생각을 해 본 적이 있는가?　예0, 아니요10

29. 부모를 학대해 본 적이 있는가?　　　　　예0, 아니요10

30. 아동을 학대해 본 적이 있는가?　　　　　예0, 아니요10

● 도덕, 준법 면

1. 당신은 도덕이나 윤리의식이 강한 사람인가?　　예1, 아니요0

2. 당신은 준법정신이 강한 사람인가?　　　　예1, 아니요0

3. 노상방뇨를 해 본 적이 있는가?　　　　　예0, 아니요1

4. 쓰레기나 오물을 투기한 적이 있는가?　　　예0, 아니요1

5. 공공장소에 쓰레기가 있을 때 치워 본 적이 있는가?　예1, 아니요0

6. 공금을 개인적으로 사용해 본적이 있는가?　　예0, 아니요1

7. 공직을 수행하는 과정에서 뇌물을 받아 본 적이 있는가?

예0, 아니요1

8. 공직을 수행한 경우 민원을 핑계로 부당한 요구를 해 본 적이 있는가?　　　　　예0, 아니요1(해당 없는 사람은 아니요)

9. 부정한 방법으로 개인사욕을 취해 본 적이 있는가?

예0, 아니요1(해당 없는 사람은 아니요)

10. 밤중에 한적한 도로에서나 새벽녘 사람이 없는 도로에서 신호를 무시한 채 차량을 운행해 본 적이 있는가?　　　예0, 아니요1

11. 불법 유턴을 더러 하는 성향인가?　　　　예0, 아니요1

12. 신호위반이나 속도위반 등 교통법규에 대해 무시 경향이 있는가?

예0, 아니요1

13. 음주운전을 종종 하는가?　　　　　　　　예0, 아니요10

14. 차량을 운행 간에 차선을 바꿀 때나 방향을 바꾸고자 할 때 방향지시등을 항상 켜는 성격인가?　　　　　　　예1, 아니요0

15. 차량 운행 간에 새치기나 끼어들기를 예사롭지 않게 하는 성향인가?
　　　　　　　　　　　　　　　　　예0, 아니요1

16. 당신은 문서를 위조하거나 도용해 본 적이 있는가? 예0, 아니요1

17. 장사나 사업을 하는 와중에 세금을 포탈해 본 적이 있는가?
　　　　　　　예0, 아니요1 (그런 상황이 없었다면 아니요)

18. 부당한 이익을 취하기 위해 이중장부를 작성해 본 적이 있는가?
　　　　　　　　　　　　　　　　　예0, 아니요1

19. 당신은 성매매를 해 본 적이 있는가?　　　　예0, 아니요1

20. 그 외에도 법을 위반해서 개인의 이익이나 편의를 취해 본 적이 있는가?　　　　　　　　　　　　　　예0, 아니요1

21. 당신은 인신매매를 해 본 적이 있는가?　　　예0, 아니요10

22. 당신은 불법이나 폭력을 사주해 본 적이 있는가?　예0, 아니요10

23. 당신은 양심을 속여 본 적이 있는가?　　　　예0, 아니요1

24. 거짓말을 종종 하는 편인가?　　　　　　　예0, 아니요1

25. 위법을 하거나 부도덕한 사람을 보면 스트레스를 받거나 교정해주고 싶은 충동을 느끼는가?　　　　　　　예1, 아니요0

26. 행정관서에서 공금을 유용하거나 부당하게 사용하는 경우를 봤을 때 시정을 위한 노력을 하는가?　　　　　예1, 아니요0

27. 당신의 개인적인 이익을 위해 관례기관에 뇌물을 제공해 본 적이 있는가?　　　　　　　　　　　　　예0, 아니요1

28. 당신은 건물이나 차량 등을 불법으로 개조해 본 적이 있는가?
　　　　　　　　　　　　　　　　　예0, 아니요1

29. 당신은 개인적인 이익이나 어떤 불편을 해소하기 위해 불법적인 일

이나 정의롭지 않은 일에 불량한 조직이나 사람과 결탁해 본 적이 있는가? 예0, 아니요1

30. 당신은 인간관계에서 사소한 다툼이나 이해 충돌이 발생했을 때 고발 등 법에 의존하는가? 대화를 통해 화해하는 성향인가?

법에 의존한다.0, 대화를 통해 화해를 유도한다.1

● 자기 자신을 스스로 평가하는 문제

1. 당신은 효자인가?(효도를 하려는 노력을 하고 있는가?)

예1, 아니요0

2. 당신은 양심을 중요하게 생각하며 양심에 반하는 행위를 자제하는 사람인가? 예1, 아니요0

3. 당신은 착한 사람인가? 예1, 아니요0

4. 당신은 정의로운 사람인가? 예1, 아니요0

5. 당신은 매사에 성실한 사람인가? 예1, 아니요0

6. 당신은 노력하는 형인가? 예1, 아니요0

7. 당신은 신의가 깊은 편인가? 예1, 아니요0

8. 당신은 의리가 강한 편인가? 예1, 아니요0

9. 당신은 긍정적인 사람인가? 예1, 아니요0

10. 당신은 남을 배려하는 마음을 갖고 있는가? 예1, 아니요0

11. 당신은 인자한 편인가? 예1, 아니요0

12. 당신은 끈기와 인내심이 강한가? 예1, 아니요0

13. 당신은 유식하다고 생각하는가? 예0, 아니요1

14. 당신은 책을 좋아하며 매일 책을 보고 있는가? 예1, 아니요0

15. 당신은 모르는 게 뭔지 알고 있는가? 예1, 아니요0

16. 당신은 자기 자신에 대해 알려는 노력을 부단하게 하는 형인가?

예1, 아니요0

17. 당신은 변화에 대해 이해하려고 노력하며 인정하는 사람인가?

예1, 아니요0

18. 당신은 시대의 흐름이나 변화에 대해 적응하려는 노력을 하는 사람인가?　　　　　　　　　　　　　　　　　　예1, 아니요0

19. 당신은 주변 사람들이나 국가와 인류에 뭔가 도움이 돼야 되겠다는 생각을 해본 적이 있는가?　　　　　　　　　예1, 아니요0

20. 당신은 매사에 감사할 줄 알고 잘 표현하는가?　예1, 아니요0

21. 당신은 겸손한 사람인가?　　　　　　　　　　예1, 아니요0

22. 당신은 부지런 한 사람인가?　　　　　　　　　예1, 아니요0

23. 당신은 책임감이 강한 사람인가?　　　　　　　예1, 아니요0

24. 당신은 용기가 강한 사람이라고 생각하는가?　예1, 아니요0

25. 당신은 도전정신이 강한 사람인가?　　　　　　예1, 아니요0

26. 당신은 솔선수범하는 형인가?　　　　　　　　예1, 아니요0

27. 당신은 친절한 사람인가?　　　　　　　　　　예1, 아니요0

28. 당신은 희생정신이 강한 사람인가?　　　　　　예1, 아니요0

29. 당신은 사치나 허영심은 없는가?　　　　　　　예1, 아니요0

30. 당신은 절약정신이 투철한가?　　　　　　　　예1, 아니요0

31. 당신은 국가관이나 애국심이 투철한가?　　　　예1, 아니요0

32. 당신은 칭찬하고 격려하는 것에 대해 적극적인 사람인가?

예1, 아니요0

33. 당신은 말을 할 때 험하거나 거친 말을 자제하며 교양 있게 하려는 노력을 하는 형인가?　　　　　　　　　예1, 아니요0

34. 당신은 약속을 잘 지키는 사람인가?　　　　　예1, 아니요0

35. 당신은 절서의식이 강한 사람인가?　　　　　예1, 아니요0

36. 말과 행동을 일치시키려는 노력을 하고 있는가?　예1, 아니요0

37. 당신은 말하는 내용과 생각하는 속셈이 다른 이중인격적인 요소는 없는가? 없다1, 있다.0

38. 당신은 공중도덕의식이 높은 사람인가? 예1. 아니요0

39. 당신은 언제나 정직한 사람인가? 예1. 아니요0

40. 당신은 청렴한 성격의 소유자이며 부당한 이익은 배척하는 사람인가? 예1. 아니요0

그 밖에 다양한 인사들이 자기 자신에게 던진 제반 문제들을 소개하는 바 독자 스스로에게 질문하는 기회를 가져보기 바란다.

■ 인생 기출 문제

● 에드워드 권(요리사)
○ 당신의 노력을 담은 작은 노트가 있습니까?
○ 칭찬하는 사람과 칭찬 받는 사람, 어느 쪽을 택하겠는가?
○ 모르는 게 뭔지 알고 있습니까?
○ 단 30분 당신만을 위한 시간이 있습니까?

● 송 호창(법무법인 정평, 변호사)
○ 열 가지 리스트를 만들어 보세요.
가장 행복한 순가, 가장 하기 싫은 10가지, 올해 지키고 싶은 10가지, 듣고 싶지 않은 습관 10가지, 나를 다른 사람에게 설명해줄만한 리스트10가지
○ 왜 그래야 되는데?
○ 다른 사람의 매력을 발견하는 눈을 가졌나요?
○ 주로 말을 듣는 사람인가? 하는 사람인가?

○ 당신은 철든 사람인가요? 철들고 싶은 사람인가요?

○ 농경민의 삶을 살고 싶은가? 아니면 유목민의 삶을 살고 싶은가?

● 김 진혁(EBS프로듀서)

○ 삶이 먼저인가?? 꿈이 먼저인가?

○ 당신의 로망은 무엇인가?

○ 시행착오의 아름다움에 대해 알고 있나요?

○ 세상을 바꿀 수 있는 단 하나의 진실은 무엇일까요?

● 최 성각(작가, 환경운동가)

○ 밤새도록 비를 맞아본 적이 있는가?

○ 죽어가는 생명을 살려낸 적이 있는가?

○ 땅에 무엇인가를 심어본 적이 있는가?

○ 진실한 사랑을 만나기 위해 어떤 준비를 하고 있는가?

● 최 정원(뮤지컬 배우)

○ 당신의 밤은 어떤가요?

○ 나보다 친구가 더 건강해야 하는 이유를 아나요?

○ 아침에 눈을 뜨고 당신의 첫마디는 무엇인가요?

○ 당신이 20년 전에 태어났다면 당신의 삶은 어땠을까요?

● 심 상정(정치인)

○ 실패는 성공의 어머니다. 라는 경구를 믿는가?

○ 여자라는 이유로 억울해서 울어본 적이 있는가?

○ 살기 좋은 나라를 만들기 위해 진짜 사랑을 하고 있는가?

○ 혼자서 술 한 잔 하고 싶을 때가 있는가?

● 황 경신(작가 페이퍼 편집장)
○ 꽃이 시드는 것을 지켜본 적이 있나요?
○ 기억의 힘으로 아주 세밀한 부분까지 묘사할 수 있는 한 장의 그림이 있나요?
○ 지금 사랑하고 있나요?
○ 우물처럼 깊은 기다림을 알고 있나요?

● 강 도하(만화가 위대한 겟츠비 작가)
○ 행운은 정말 행복이 될 수 있을까요?
○ 사랑하는 사람이 몰래 바람피우는 사실을 알았다면?
○ 당신의 청춘은 젊은이입니까? 늙은이입니까?
○ 어느 날 갑자기 다른 사람이 된다면?

● 홍 수연(치과의사, 베트남 평화의료 연대에서 진료)
○ 세상에서 가장 아름다운 직업은 무엇일까요?
○ 당신이 살면서 필요한 돈은 과연 얼마나 될까요?
○ 당신은 친구와 이웃과 같은 출발선상에서 시작했습니까?
○ 당신은 어른이 되었나요?

● 채 연석(로켓박사 한국항공우주 연구소 연구원)
○ 당신은 휴지통에 무엇을 버렸습니까?
○ 잘 들리십니까?
○ 다시 중학생이 되시겠습니까?
○ 당신은 어디 출신인가요?

● 명진 스님(대한 불교 조계종 봉은사 주지스님)

○ 다른 누구도 아닌 나를 만난 적이 있는가?

○ 마음에 힘을 뺐는가?

○ 당신 컴퓨터의 바탕화면은 무엇인가?

● 이 상은(싱어 송 라이터)

○ 지금 당신이 품고 있는 가장 황당무계한 큰 꿈이 무엇입니까?

○ 천천히 살아가는 법을 터득했나요?

○ 인내심이 강합니까?

○ 부모님과 친한가요?

● 우 석훈(경제학자)

○ 주변에서 한 사람도 찬성하지 않는 결정을 내려 본 적이 있나요?

○ 자신이 살아남기 위해서 거짓말을 할 수도 있다고 생각하나요?

○ 라이벌을 이기고 싶은가요?

● 임 오경(서울 시청 여자 핸드볼 팀 감독)

○ 가르치는 사람이고 싶은가? 배우는 사람이고 싶은가?

○ 당신은 두려움과 눈을 마주칠 수 있나요?

○ 당신은 지금 성공의 네잎 클로바를 찾고 있나요?

○ 인생의 골을 넣으려면 어떻게 해야 할까요?

● 김 남희(도보여행가)

○ 당신의 삶의 주인은 누구입니까?

○ 미래를 위해 오늘을 생각하는 것을 미루고 있지는 않나요?

○ 실패를 기꺼이 맞을 수 있나요?

○ 불편한 진실을 목격한 적이 있나요?

● 서 희태(서울 내셔널 심포니 오케스트라 수석지휘자)
○ 우주의 소리를 들어봤나요?
○ 당신의 인생은 소나타인가요?
○ 스승 앞에서 엉엉 울어 본 적이 있나요?
○ 당신을 기억도 못하겠지만 그래도 다시 만나고 싶은 사람이 있습니까?
○ 밤을 꼴딱 새워 본 적이 있나요?
○ 가장 기억에 남는 밤샘은 무엇인가요?
○ 운동을 좋아하세요?
○ 당신에게 내 인생의 책을 묻는다면?
○ 첫 수입이 생겼습니다. 무엇을 먼저 할까요?
○ 꼭 하고 싶은 일은? 꼭 해야만 하는 일은?
○ 좋아하는 것을 포기해서 받게 된 선물이 있는가?
○ 행운은 왜 당신을 비껴간다고 생각하는가?
○ 어떻게 하면 나만의 천직을 찾을 수 있을까?
○ 가장 아까운 시간은 언제인가?
○ 잠들기 전 마지막으로 하는 일은 무엇인가?
○ 당신의 행복은 며칠짜리 입니까?
○ 당신은 당신입니까?
○ 수평적인 리더십은 가능할까요?
○ 사람들이 함께 모여서 일을 하는 이유는 무엇일까요?

책을 마치며

필자는 살아오면서 법이나 제도나 관행들이 잘못된 것이 눈에 띄거나 느껴질 때는 관련 부처에 의견을 개진하고 건의를 하거나 개선책을 제시하곤 했었다. 그런 내용이 열댓 건은 되리라 생각되는데 한 번도, 단 한 부서도 긍정적으로 답변하는 곳은 없었다. 그 내용들을 다 소개할 수는 없지만 모든 내용이 나 개인적인 것이 아니고 국민의 편의와 안전을 위한 내용이었지만 그랬다.

너무 답답하고 어이가 없어 모든 의견을 프린트해서 대통령님께 등기우편으로 보냈다. 제목은 "국가 발전을 위한 제안" 10가지를 보냈는데 해당 부처에서 실무자들이 보낸 답변은 현행법 몇 조 몇 항에 의해 안 된다. 못한다. 하는 답변뿐이었다.

한심하다. 정말 답답하다. 현행법상으로 어렵다는 것, 안 된다는 것 누가 모르겠는가? 공무원들의 그런 자세에 과연 이 나라가 발전할 수 있기는 할까? 하는 돈키호테 같은 생각을 하면서 살아온 사람이다.

그런 자세의 연장선상에서 사람다운 사람이 되는 길, 사람답게 사는 길, 인간 면허증을 엮어보게 되었다.

나는 어떤 분야의 학위도 없는 사람이다. 말하자면 전문적으로 아는 분야는 아무것도 없는 사람이라는 것이다. 그런 내가 막연하게 아는 상식들과 주워들은 얘기들과 어설프게 책 한 두 권 본 느낌들을 짜깁기하듯 이어 붙여서 책이라고 엮어 본 것이 과연 맞는 처신인지 확신이 서지 않는다.

다만 세상은 꼭 어떤 학위를 가진 사람들에 의해서 좋아지거나 발전하는 것만은 아니라는 것을, 잘나고 똑똑한 몇 명에 의해 개선되거나 살기 좋은 환경으로 바뀌어지지 않는다는 것을 삶을 통해서 느낀 바가 너무 많아 그저 서민들이 소소하게 하는 얘기에 대해 공감하는 사람들이 늘어나고, 그렇게 단 한 사람이라도 "사람답게 사는 게 좋겠구나." 하는 생각을 하는 사람들이 우리 사회에 확산된다면 하는 바람으로 넋두리를 해 본 것에 대해 독자들의 이해를 머리 숙여 부탁하고자 한다.

졸작을 흔쾌히 출판에 응해준 사장님 이하 모든 직원들께 감사를 드린다.

인간 면허증

초판발행 2021년 5월 5일
지 은 이 백규인
발 행 인 김홍열
발 행 처 율도국
디 자 인 김예나
영   업 윤덕순
주   소 서울특별시 도봉구 시루봉로 286 (도봉동 3층)
출판등록 2008년 7월 31일
홈페이지 http://www.uldo.co.kr
이 메 일 uldokim@hanmail.net
I S B N 9791187911708 (03190)